萬伯翱、馬思猛——著

孟小冬

氍毹上的塵夢

聯合推薦

我對孟小冬這個人的內心世界是充滿了尊敬和好奇。

資深演員

孟小冬——前輩戲劇大家，她對藝術的態度一絲不苟，精益求精，是我們後輩永遠的典範。

知名演員

孟小冬，非常有意義的一段時代記憶，屬於上個世紀卻永存於心靈。

世界文化史專家

真實人生中，與兩位傳奇男人紅塵並轡。絢麗舞台上，自身卻是天涯一騎的鬚眉。世人錯解「反串」二字久矣！孟小冬靈魂深處的本工，就是一位「先生」。

「相聲瓦舍」創辦人

孟小冬傳奇的一生，令人敬佩、感動、感嘆！

「表演工作坊」藝術總監

美麗的孟小冬，努力的孟小冬，他的故事讓我更加體認到藝術與生命。

知名演員

推薦序一

昨夜星光燦爛

在電影《梅蘭芳》中，大家談論的卻是孟小冬，雖然她在片中出現的只有三分之一不到，但卻是觀眾矚目的焦點，人們似乎發現這個謎樣的人物，宛轉百媚生，又有著幽怨委屈的情愫。導演點到為止，但觀眾望著銀幕幽幽含情的身影，卻久久無法忘懷。

萬伯翱與馬思猛的這本《孟小冬：氍毹上的塵夢》，則完全以孟小冬為主線，訴說一個梨園藝人拜師學藝的艱辛過程及與梅蘭芳和杜月笙的兩段驚天動地的愛情故事，讓您看到她悲歡離合的傳奇一生，不再只是一個側影而已。在那個年代京劇曾經風行一時，群星並起，有「四大名旦」，還有楊小樓等著名武生，在男明星雄踞的當下，孟小冬以一介女流，卻不讓鬚眉，演起鬚生，後來又拜師余叔岩，盡得真傳，成為「余派」的最後傳人，並且贏得「冬皇」的美名。單憑這點，就讓人嘆服。

作者以豐富的學養及專業的京劇研究，找尋了相當多的史料，寫出了這本真實而動人的傳記。雖然我們已離開那個年代有些遠了，儘

管在臺灣京劇也不像從前那樣鼎盛了，但只要鑼鼓聲響起，氍毹上我們仍能看到熟悉的身影，聽到那熟悉的曲目。《孟小冬：氍毹上的塵夢》這本書，帶領我們回到「昨夜星光燦爛」的場景，如斯地逼真，如斯地動人。

僅綴上數語，為作者賀，為京劇界所有演出者、工作者同賀。

中國國民黨榮譽主席
吳伯雄

推薦序二

萬馬奔騰　義氣高潔

孟小冬女士，是中國京劇史上著名的女老生，素有「冬皇」清譽，她的藝術成就，在近代中國京劇史上，猶如一顆閃亮的巨星。

我們常說，藝術與人文，乃人類歷史文化中最重要、最具價值的資產。孟小冬女士的藝術成就之於近代京劇，正是豐富其底蘊的最精采部分！

歷史與時代的遞嬗，不曾也不會抹滅耀眼的奇葩，在二〇〇九年初秋，由萬伯翱先生、馬思猛先生二位方家，寫就了《孟小冬：氍毹上的塵夢》一書，經北京東方出版社出版發行，廣為流傳，自斯時起，孟小冬女士生動而精采的傳奇一生，再度塵封重啟，躍然於我們這一代世人眼前；同時，對於萬、馬二位先生文采之高與用功之深，也令人至為感佩。

京劇藝術的迷人，在其萬千細膩風華，而藉由孟小冬女士的一生精采詮釋，娓娓細訴，將更讓人無限神往。

欣聞萬、馬二位先生之《孟小冬：氍毹上的塵夢》大作即將在台灣出版發行，此將讓更多愛好歷史、京劇與藝術的朋友們可以從生動優美的筆觸中，一窺孟女士的精采一生與近代京劇藝術發展堂奧，真乃吾人所至盼，爰樂意為之序。

新黨主席・孟小冬女士國劇獎學基金會副董事長

郁慕明

推薦序三

碧梧棲老鳳凰枝

戲迷認識孟小冬，通過她的唱片；不聽戲的，可能因陳凱歌的《梅蘭芳》電影而知道她。電影裡，孟小冬說了句「畹華，別怕」後，轉身離開梅蘭芳。而我關心，活到七十歲的她，剩下的四十六年在做什麼？人生路上，小冬怕嗎？

杜月笙或許是倚靠吧。而除了杜月笙之外，另有一人深深刻印她的生命，那是余叔岩，京劇余派老生開派宗師。余孟二人情深義重卻非關愛情，文化史上孟小冬的地位是余派傳人，孟小冬在藝術上的尊貴是因余叔岩，不是梅孟之戀。而《孟小冬：氍毹上的塵夢》告訴我們，鼓勵她鑽研余派唱腔的是杜月笙，杜與孟的愛情裡，有深刻的藝術相知。

離開梅蘭芳之後的孟小冬，以練余派唱腔為生命的修行；杜月笙去世後獨居二十六年的孟小冬，清唱調嗓，是唯一的生命姿態。紅顏不老，藝術青史留名，她找到了自己的聲音。

這是此書對我的啟發，我想小冬地下有知，也可能如是認定自我。

台灣大學戲劇系教授‧國光劇團藝術總監
王安祈

作者序

寫在海外發行前

孟小冬是中國京劇史上被譽為「冬皇」的女鬚生，在二十世紀二十至四十年代末中國京劇鼎盛時期，她紅遍中國大江南北，在京劇舞台上大放異彩，天津的戲迷們看完她的精彩演唱後當場激情之下，竟為之從心底裡喊出了：「冬皇！吾皇萬歲！萬萬歲！」孟小冬先生早年戲路寬雜，能文能武。九歲先拜仇月祥，因其高嗓條件習孫（菊仙）派，經常上演《逍遙津》、《轅門斬子》、《七星燈》、《哭秦廷》、《闖幽州》等劇目。後又廣納博學，先後多方求藝習譚（鑫培）派，成名之後，終於在而立之年毅然決然又立雪余門，得京劇余派創始人余叔岩先生真傳，並被乃師稱為是其唯一弟子也。主要代表劇目有《捉放曹》、《失空斬》、《搜孤救孤》、《珠簾寨》、《盜宗卷》、《武家坡》、《烏盆計》等。她一九二五年後曾先後與梅蘭芳、尚小雲、張君秋、金少山、郝壽臣、裘盛戎、蕭長華、姜妙香、徐碧雲、白玉昆、雪豔琴、王泉奎、鮑吉祥、李慧琴等著名藝術家同台合作演出，成為那個時代眾多京劇藝術明星群中十分閃亮的一顆新星。她用五年時間閉門苦學余派之後，於一九四七年在上海的中國大戲院成功舉行告別舞台義演，被菊壇一致盛讚為「廣陵絕響」，從此結束了她的粉墨生涯。她的唱功和舞台形象到底有多美？到底影響有多大？我為什麼一再稱她為「廣陵絕響」？請讀者、看官讀一下現還健在的譚派最優秀繼承人譚元壽的觀感，他的老戲《打金磚》和樣板新戲《沙家浜》都曾紅透大江南北。他在翩翩少年時，曾隨父親京劇大師譚富英有幸在上海中國大戲院欣賞了萬人空巷的孟小冬告別舞台的絕唱《搜孤救孤》，他在北京評論道：

「這件事到今天過去整整六十年了，就還跟昨天的事情一樣，如果不是親眼目睹，那真不敢瞎說，就一齣《搜孤》有什麼呢？哪個唱老生的沒學過、沒唱過？可那天，可以這麼說，全國的老生，所有參加為杜月笙祝壽演出的人，除了一個人（作者注：梅蘭芳，他因為和孟的婚姻突變，不便出場，他在家裡靜靜地聽收音機。）外，凡是有個名的都到齊了，後台邊幕都站滿了咱們內行的人。說句不客氣的話，那個陣勢誰見了也得發怵，不要說出點錯，就是有一個音唱得差那麼一點點，哪個同行能裝糊塗？結果人家孟先生唱得那叫講究，就那個「白虎大堂」的「虎」字，高聳入雲，聲如裂帛，誰聽了能不動情？能不佩服？就這麼一齣極其平常的戲，讓人家孟小冬先生唱絕了。她唱得非常精煉，每句唱腔都很乾淨，收音都特別帥氣，沒有任何拖泥帶水的地方，唱到這個程度，在咱們京劇的歷史上真可以說是空前絕後，如果讓我比喻的話，真可以說就跟爆炸一顆原子彈一樣。」

一九四七年，孟小冬和病重的「上海灘皇帝」杜月笙一起離開上海，猶如逝去的黃鶴再也沒回首。大陸觀眾六十年來再也沒有看到那漂亮的身段和扮相，不曾在舞台上聽到她如此精湛的絕無僅有的余派正宗優美唱腔。以致新中國成長起來的戲迷們竟對「冬皇」一無所知。思猛兄可謂是自幼在京劇舞台的後台裡隨父母泡大的，還時常能亮嗓唱幾句「四大名鬚」名戲名段，他的父親馬彥祥，母親雲燕銘，在京劇界都可謂是如雷貫耳的戲劇家、名演員呢！他卻從未聽雙親和圈內人士再提起過孟小冬的名諱。俗話說：「人過留名，雁過留聲。」而孟小冬的名聲為什麼會於一夜之間被抹得如此乾乾淨淨呢？孟小冬為後人留下了太多說不盡的沉重話題和想像的空間，而且至今仍然是眾說紛紜，見仁見智。

二〇〇七年逢孟小冬先生誕辰百年紀念，大陸重新掀起「冬皇」熱，歷史的封塵被漸漸拂去，《凝暉遺音》千呼萬喚重返人間。二〇〇八年又有賀歲大片《梅蘭芳》終於突破世紀禁忌，梅孟之戀的故事八十年後再成焦點熱門話題，要知道當時這段「遊龍戲鳳」引起的軒然大波，被媒體炒得沸沸揚揚，幾乎是家喻戶曉的風流韻事呢！

我們不是孟小冬先生軼事的見證人，我們只能在青燈黃卷中來回徜徉，從前輩們留下的墨蹟中，尋找其粉墨人生的艱辛甚至於悲壯的歷程。當然我仍然堅持作家要深入採訪，「只會吃別人嚼過的饃是沒有味道的」。我終於在二〇〇九年初夏獲取了一次訪問寶島台灣的機會，於是我特地採訪了杜月笙先生的親生女兒、孟小冬的義女杜美霞女士，還有杜美霞的公子金祖武先生。我們一起吃飯，一起暢談孟小冬的舞台藝術。杜女士略帶京腔的嗓音娓娓道來父母的許多陳年軼事：「爸爸太愛京劇了，才有杜孟的最後結合呀！爸爸一生經過多少驚濤駭浪，他都沒怕過，唯獨在上海熟人面前，全部披掛粉墨正式登場，扮演黃天霸『拜山』時緊張極了，演完戲，全身大汗淋漓癱坐在後台椅子上了……」杜家母子送給我大量書籍、報刊、照片等珍貴資料，這特別提高了本書的真實性和品質。

經過我和思猛兄對孟小冬的藝術成就的學習與總結，我們對當年梅孟的「啼笑姻緣」、孟小冬與杜月笙的複雜人生，以及對生活在那個時代的女伶人的命運，都有了不同於舊的詮釋和評說。除了梅蘭芳，杜月笙是影響孟小冬至關重要的人物。以往，其他關於孟小冬的著述中對杜大都語焉不詳，本書特以一章之篇幅，給杜月笙以較完整之介紹，從而豐富對於孟小冬的認識。我們以嚴肅的態度、實事求是的治學精神，試圖從一個新的視角評說這位曾經轟動中國菊壇的一代名伶的坎坷人生。希望這本小傳能使讀者重新認識那些曾被臉譜化了的一代人，重新理解那些曾被塵封了半個多世紀的主人公。

好的人物傳評應有自己與眾不同的新觀點。根據我們已經掌握的材料，我在台灣告訴杜美霞女士：「令尊大人雖然大大得罪過共產黨，但在抗戰期間，他毅然決然振臂高呼抗日，而且見諸於實際行動——募捐金銀款項及大量物品（包括孟小冬的金銀首飾和義演所得），組織了店員、幫會成員、工人、學生和失業青年等組成的游擊隊，炸毀了自己和別家公司在長江上的幾艘輪船，堵塞航道以阻擋瘋狂的日寇西進。他甚至自己掏鉅資印刷了大量《魯迅全集》、斯諾的《西行漫記》，醒目燙金印上『杜月笙贈』，廣散友人，以精神食糧鼓舞抗日鬥志！他還自掏腰包買了五千支德國快慢機步槍用來武裝游擊隊。妳爸爸雖然不能稱為『抗日英雄』，但可成為『抗日義士』或『勇士』呢！」他們母子聽後十分欣慰，認為大陸現在對於過去時代之「反面」人物的態度，是建國以來，最實事求是的了。

承蒙一代名老生冬皇孟小冬後人杜美霞女

士全家看上了我和馬思猛的作品《孟小冬——氍毹上的塵夢》，經台灣「孟小冬國劇獎學基金會」等多方努力，此評傳終於要在寶島台灣出版發行了。

這是第一次在海外付梓出書，感到十分欣然和受鼓舞。

可喜的是海峽兩岸都很重視余派藝術及其在菊壇上巨大和深遠的影響。余派藝術和他最忠實、最優秀的傳承者孟小冬的藝術成果，如今兩岸都有了像模像樣的後來人，雖然比起當年的冬皇尚有不小差距，但她們都在努力追趕著前輩先生艱苦和輝煌的藝術道路。

作為中國傳記文學學會的我還要著重寫兩句：任何歷史人物都不應該隨意妖魔醜化。比如本書中重要人物杜月笙，雖然他曾是昔日上海灘說一不二的幫會人物，但他對日本侵略軍的仇恨跟反抗則不容抹殺。他對京劇的酷愛，他對京劇名角的熱愛和慷慨支持也是有目共睹的事實。可以說沒有杜月笙就沒有這位大名鼎鼎的最卓越的余派繼承人——冬皇孟小冬。

最後我希望越來越多的中華兒女都能熱愛「被國際上推崇的中國人的也是世界的非物質文化遺產」——「京劇國粹藝術」吧！

萬伯翱

二〇一二年寒冬大雪中於京師蘋花書屋

目次

引子

六十年前，一齣孟小冬的《搜孤救孤》能在上海灘唱得萬人空巷，吸引了川、陝、平、津、台等地甚至旅居國外的戲迷都不惜重金坐飛機買黃牛票來聽冬皇的戲；唱得五十萬元（舊幣）一張門票，竟被黃牛炒到五百萬元一張，還買不到；唱得買不到票的戲迷為了收聽實況轉播爭相購買無線電（收音機），竟使上海灘無線電脫銷。孟小冬不愧為京劇舞台之「冬皇」，她創造了中國京劇史乃至中國戲劇史的奇蹟。然而一九四九年後，孟小冬的大名卻在中國大陸消聲滅跡長達半個世紀，這也是中國京劇史中的一樁咄咄怪事。此雖隔世舊聞，不妨拂去歷史塵埃，供時人飯後茶餘之談資。

京劇，清光緒年間形成於北京，其前身為徽調，通稱皮黃戲——同治、光緒兩朝最為盛行；道光年間，漢調進京，被二黃調吸收，形成徽漢二腔合流，清末統稱皮黃戲。光緒、宣統年間，北京皮黃班接踵去上海演出，因京班所唱皮黃與同出一源、來自安徽的皮黃聲腔不

盡相同，上海觀眾遂稱京皮黃為「京調」，以示區別。民國以後，上海梨園界全部為京班所掌握，於是正式稱京皮黃為「京戲」。「京戲」一名，實始自上海，而後流傳至北京。近百年來，這個劇種遍及全國，已成為在中國影響最大、最具有代表性的一個劇種。因北京於一九二八年至一九四九年間曾改稱北平，故一度亦改稱平劇。一九四九年後，隨著北平改為北京，復稱京劇。

話說當年梨園前輩程長庚、張二奎、余三勝（余叔岩祖父）等弘揚皮黃、光大亂彈，在由皮黃戲過渡到京劇的過程中，都起到了重要作用。程長庚之徒譚鑫培，幼年隨父譚志道進北京，入金奎科班學老生，因其父有「叫天」之稱，故其藝名「小叫天」。譚鑫培出科後搭永勝奎班和三慶班演出，匯前輩程長庚、余三勝、王九齡、盧勝奎、周長山等各家之長，不顧許多老顧曲家的反對，對一些傳統劇目在唱腔及表演，進行了大膽精心設計和改革創新，因此獲得廣大觀眾歡迎，漸獨成一門之藝——譚派，是京劇有史以來傳人最多、流布最廣、影響最大的老生流派。

譚之徒余叔岩精益求精，再創余派，遂有「無生不學譚，無派不薰余」之說。數十年來，學余之鬚生，雖不計其數，然得其真傳者，當首推伶界「冬皇」孟小冬一人。孟氏冰雪聰明，資質絕倫，其立雪余門之際，正值余藝爐火純青之時。眾所周知，其師徒之誼情逾父女，故能得余傾囊相授，薪火相傳。孟小冬的一生與戲劇結下不解之緣，且能夠在戲劇史上留下盛名，並不僅在於她戲唱得好，還基於另外兩個原因——一是「冬皇」的崛起，為女演員在京劇舞台上爭得了應有的地位，空前深獲輿論的讚揚。二是她面對坎坷人生表現出的極高人品，所受到人們的尊敬，遠勝於那些紛紛揚揚傳說中的離奇故事。

一九七七年五月二十五日傍晚，在台灣台北市信義路的一所小公寓裡，五月下旬的台北已是濕熱難耐，對於患肺氣腫的孟小冬來說簡直是雪上加霜，哮喘加上咳嗽折磨得她整夜難眠。那還是前一年農曆十一月中旬種下的病因。那年，孟小冬虛年七十，友人弟子起鬨非要為其做壽，活動持續兩天：第一天先在家中擺兩桌席，女兒杜美霞陪著她赴法華寺誦經——這是孟小冬到台後，年年生日必做的「功課」；第二天，在金山街金山航業公司招待所開壽宴，弟子親朋歡聚一堂。兩天下來，孟小冬又累又興奮，隔天就患了重感冒，竟一病臥床不起。期間，她始終婉拒親友們再三勸諫去醫院就醫。近日來，久臥病床的「冬皇」感到自己大限已到，她希望自己利用這生命的最後時刻，靜靜地回味一下自己酸甜苦辣的一生，向一直守護在身邊的杜美霞揮了揮手，示意自己想要靜躺一會。美霞細聲細語地說：「媽咪，有事情按鈴叫我。」照例輕輕地親吻了她嗣母的面頰，轉身離去。孟小冬慢慢地合上雙眼，腦海中浮現出一幕幕輝煌伴隨著淒涼的故年舊事……

一九四九年，她隨杜月笙離開了自己的戲迷和故鄉，從此告別了自己人生的輝煌。她本打算終老香港，不幸，一九六六年大陸發生了十年浩劫的「文革」，傳統戲曲藝術被革命京劇樣板戲所取代，舊時藝友的命運，比起當年稱霸上海灘的黃金榮的下場還慘，令她在兩岸三地傳授發揚京劇余派藝術的夢想徹底破滅。在姚玉蘭與杜美霞的力勸下，她最終下決心尋著杜月笙的歸宿來到了台灣，尋找一片屬於自己的淨土，在這塊小島上傳遞著傳統京劇藝術的香火。她特意選擇在信義路定居，「信義」二字，正是她一生所堅持、所操守的品格呀。冥想之間，忽然，兩位與她生命息息相關的男人之影像漸漸清晰起來，雖然他們都早已仙逝，卻栩栩如生地向她走來。「媽咪（對小冬的愛稱），儂還愜意吧！阿拉過去的時光，最放心不下的就是儂啊！」這是當年上海灘赫赫有名的杜月笙，孟小冬情不自禁地叫了一聲：「月笙！」他的臉依然是那麼蒼白，充滿失落、憂鬱的神情。他生前曾不可一世，身後被妖魔化、糟蹋得一無是處。往事如煙，人間是非何足掛齒，他只期待著和孟小冬在另一個世界再次團圓。在杜月笙身後站著的是她在如花似玉、含苞欲放的少女時代，曾經是她生命中之另一半的梅蘭芳。當年才三十歲的梅郎顯然是發福了，據說他在大陸名利雙收，被譽為德藝雙馨的梨園聖主。「冬妹，畹華當初愧對於妳，傷害了妳，令余至今不能瞑目哇！嗚喂呀！呀！呀！」孟小冬好似又聽到了她久違而熟悉的娘娘腔。是啊，當年也許他是有難言之隱。孟小冬還是那句常掛在嘴邊的話：「唉，一切都過去了。」她再也不願多想那些令她心碎的往事。當她轉過身來再尋杜月笙身影時，見其已經遠去。「杜先生，等一等，我來了！」孟小冬撇下發呆的梅蘭芳，匆匆追趕著杜月笙，飄飄然如嫦娥奔月般騰空而起……

孟小冬，這位為中國京劇藝術留下豐厚遺產的不幸世紀之女伶人，又一陣劇烈的咳嗽後，再也沒有醒來。

1 冬皇凌空出世

一九〇七年十二月九日，農曆丁未年十一月十六日，在上海民國路（今人民路）同慶街觀盛里（今觀津里）一條弄堂中的普通閣樓裡，一個女嬰呱呱墜地，她就是日後紅遍大江南北，被廣大戲迷們譽為「冬皇」的一代坤伶——孟小冬。

相傳民間對女子生辰素有「臘月羊，守空房」的說法，為了迴避這不祥之兆，其父母改稱小冬出生於一九〇八年。而這在中國自古流傳深遠的命學說法，讓這位菊壇一代宗師，終未能逃過這不幸的一劫，在自己的戲劇人生中，演繹了一齣「冬皇悲歌」。更不幸的是，在近年出版的有關孟小冬的傳記中，對其生辰、籍貫眾說紛紜，更有甚者，有些作者竟道聽塗說，煞有介事地演繹出小冬乃孟鴻群所領養者之奇談怪論，擾亂視聽。

孟小冬乳名若蘭，本名令輝，因生於冬天故取藝名「筱冬」，後改「小冬」，晚年自署「凝暉閣主」；原籍山東濟南府。

祖父孟七，老徽班出身，學亂彈與崑曲，

唱武生兼武淨，是與譚鑫培同時代的著名文武老生兼武淨藝人。其為謀生，一直在長江下游一帶跑碼頭。一八六〇年五月，太平軍英王陳玉成以破竹之勢，迅速攻占了江浙大部分地區。三十歲的孟七參加了太平軍，在陳玉成帳下的同春班裡任教師。一八六四年，孟七於太平天國失敗後遷至上海，帶領五個會唱戲的兒子在上海「天仙茶園」長期演出，與當時「丹桂茶園」夏月恆父子同為滬上兩大梨園世家。十九世紀末逝於滬。

大伯父鴻芳，自幼從父學藝，好讀書，愛鑽研武打的各種蕩子、把子及跟頭，在「丹桂茶園」任武打行頭。早年的武行頭全憑口頭說戲，由孟鴻芳開始，武戲場子才有提綱。他是禿子，嗓子好，會戲頗多，卻喜歡唱小丑，後由演武生改丑角。

二伯父鴻壽，因為腳跛，不便登台，孟七於是命他學習場面。那時的「丹桂茶園」，一如其他戲班，梆子、皮黃兩下鍋（就如當今名伶裴豔伶梆子、京劇雙藝絕佳），所以武場的打鼓，文場的京胡、梆胡，他們都能打得嚴實火爆，拉得脆亮高昂。而且，他還懂得不少梆子戲，因此上海的一些科班，都爭聘他當教師。也許是他太熱愛京劇藝術，也許是他要和自己的命運抗爭，在民國初年，孟鴻壽硬是跛著腳登上舞台演戲，專演以唱工為主的文丑，並取藝名「天下第一怪」；在新開張的「新新舞台」亮相，演出了《拾黃金》、《十八扯》、《財迷傳》、《戲迷傳》等戲，竟然轟動一時。更出彩的是，孟鴻壽十年後又登上了北平「吉祥園」的舞台。那天，大軸為余叔岩的《打棍出箱》，壓軸是朱琴心的《打花鼓》，中軸就是他的《拾黃金》，朱素雲的《岳家莊》和俞振庭的《金錢豹》都排在他前邊。後來又演過幾場，戲目均列在中軸。一位來自上海的跛腳小丑，能在京劇的聖地北京大出風頭，放出異彩，堪稱奇事。

三伯父鴻榮，先向王慶雲學武旦，後入小金台科班坐科，地點在六馬路（今延安東路、雲南路附近）一條弄堂內。原「天仙茶園」一批經驗豐富的老藝人如老孟七、任七、熊文通、陳桂壽等，被聘為兼任教師，藝徒共有六十餘人。孟鴻榮在坐科期間，主要向父親學武淨、武生，還向大哥鴻芳學老生。他是孟七幾個兒子中最能傳承其父衣缽者，出科後乃放棄武旦，正式改名「小孟七」，在「丹桂第一台」及「天仙園」演出。也常去蘇州、杭州，專演文武老生及武淨戲。《戰長沙・黃忠降漢》、《九更天・代滾釘板》、《定軍山・斬夏侯淵》、《戰宛城》、《下河東》、《水淹七軍》等都是他很有號召力的劇目，每到一地均受到熱烈歡迎。一九二〇年在杭州演出《鐵蓮花》時，劇中的娃娃生就是由剛以「七齡童」藝名登台的周信芳配演。周在戲中滑雪時，竟做了一個「吊毛」的身段，引起小孟七的興趣，認為這孩子會演戲。所以周信芳成名後在上海「新新舞台」主演時，常邀小孟七合作。小孟七對周信芳十分佩服，而周信芳對小孟七的紅生戲也特別讚賞。小孟七的老生戲也有一定水準，常演的有《徐策跑城》、《烏龍院》、《御碑亭》、《審頭刺湯》等，其中丑角張文遠、湯勤等均由乃兄鴻芳配演。他串演武旦，蹺功也奇佳，這原是他童年時所學。此外，他還能編劇，有不少好戲傳世，著名的如《鹿台恨》等。真是多才多藝的戲簍子，無所不能。在孟氏家族中他紅得最早，享名最大。當年的老戲迷、劇評家李浮生曾這樣撰文評說：「說實在，小孟七乃屬實至名歸，他的盛名早於麒麟童（周信芳），如若他能多活幾年，那麼坐南方文武老生第一把交椅的，很可能是小孟七，而非麒麟童了。」

孟鴻群，孟七之五子，是孟小冬的生身父

親（曾有多種版本演繹出孟小冬非孟氏所出的奇談怪論，豪無根據，純屬無稽之談）。秉承父業，攻武淨兼文武老生，得到老孟七真傳，其《鐵籠山》、《收關勝》、《豔陽樓》、《通天犀》等劇目，演來頗具乃父風範。在一九一二年前後，長期在滬與麒麟童合作。在《大名府・玉麒麟》、《宋教仁遇害》、《蝴蝶》、《要離斷臂》等劇目中，擔任重要角色。在《要離斷臂》一劇中，名伶匯集，麒麟童飾要離，苗勝春飾伍子胥，而孟五爺（鴻群）飾演的椒壯士，魁梧奇偉，英姿勃勃，牽馬飲河，排難解紛，殊有古俠士風。〈捉妖〉及〈酒樓刺要〉時，白口做工，激昂慷慨，尤為卓絕。孟鴻群一生中最光彩的莫過於能與「伶界大王」譚鑫培配戲。那是一九一二年年底，已近古稀之年的譚鑫培第五次受聘到滬，演於「新新舞台」。那時老譚早已香貫梨園，全國已是無腔不學譚了。這次他貼演的全本《連營寨》，指名孟鴻群為其配演趙雲。原來譚老早先與鴻群之父老孟七在京都曾合作多年，結為至交，對孟氏父子技藝推崇備至。鴻群那年三十五六歲，身強體壯，綠葉托紅花，演活了常山趙子龍，果然身手不凡，受到老譚的稱讚。

六叔孟鴻茂，是老孟七續弦所生，與鴻芳、鴻群等為同父異母。亦為小金台科班出身，本工銅錘，倒嗓後改隨大哥、二哥習文丑。曾和白牡丹（荀慧生）合演《小放牛》，和老旦泰斗龔雲甫配演《釣金龜》，與前四大鬚生之一的高慶奎合演《戲迷傳》，後在南方紅極一時。以《拾黃金》、《丑表功》、《八戒盜魂鈴》等唱工小丑戲享譽海上。由於他嗓音脆亮，比「天下第一怪」的二哥更能叫座。上世紀三十年代，應麗歌公司邀請灌製《煙鬼歎》唱片兩面，以丑角唱【反二黃】，規勸世人戒吸鴉片，此尚不多見。該劇為一齣時裝新戲，與夏月珊、夏月潤所演之《黑籍冤魂》題材相類似，說的是一個富家子弟，開當鋪為業，為吸鴉片，毒死兒子、氣死老母、逼死妻子，夥計縱火毀店，捲財而去。這個子弟還不戒煙，致使賣親生女兒為妓，最後淪為乞丐，倒斃街頭。配合當時宣傳戒煙，有一定進步意義。鴻茂有子名孟小帆，演文武老生，紅極一時。至三十年代，弟兄六人歿五存一，只有孟鴻茂健在，常與小冬保持書信往來。

小冬母親張氏雲鶴。二妹孟佩蘭適外行人。

小冬弟孟學科，原唱花臉，後學武生，在一次練功翻滾中，不慎摔壞了腦子，造成輕度腦震盪，遂改行學做會計弟弟娶妻何淑純，生有一女二男，長女孟俊俠，長子孟喜平（俊誠）。喜平坐科尚小雲辦的榮椿社，先學老生，後改花臉，一九四九年後分配到山東濟南京劇團。在科班結業彙報演出時，喜平的劇目為《烏盆記》。當時作為喜平的大姑母之孟小冬，代表家長應邀出席觀看演出。演畢，小冬回到家裡對家人說：「以後再也不去看孩子的演出了，原因是太緊張了！坐在下面看孩子演戲，比孩子自己在台上還要緊張十倍。」小冬說：「我在下面，兩個拳頭捏得越來越緊，汗水都捏出來了！生怕孩子在台上出錯，神經高度緊張，實在吃不消！」

小冬弟弟學科的次子孟俊泉，花臉演員，他是郝壽臣和裘盛戎的高足，現已年入古稀，退休前是北京青年京劇團團長；妻子王曉臨，老旦演員，是李多奎的得意弟子。

小冬三妹幼冬，自幼過繼予仇月祥，亦工老生，一九四〇年隨仇到北平組班出演，亦博美譽。

綜上可知，冬皇一出世就被包圍在濃郁的京劇氛圍中。孟氏門中三代共出了九位皮黃戲、京劇名角，堪稱梨園世家。

那年頭，伶人生活艱難，他們為了生存，每到一處都要倚靠地方權貴捧場，才能搭台唱戲，受到權貴們的層層盤剝和歧視，被視為玩偶。他們大都居無定所，為賣藝求生而走遍天涯，漂泊四海為家。人們稱呼這些以唱戲賣藝為生的伶人為「戲子」，他們是被有錢人消費的特殊的群體。孟小冬自然別無選擇地走上了艱辛的伶人之路，也同樣免不了飽嘗伶人的屈辱和心酸。五歲那年，剛剛記事的小冬，每日天不亮就被父親帶到上海老城鄉古城牆上吊嗓子練功，教她學習老生唱段；六歲就跟著父親跑碼頭。孟小冬天生資質聰慧，相貌秀麗端莊，頗有男子氣質。七歲那年隨父赴無錫演出，登台扮演娃娃生，她第一次感受到數百人的目光聚焦到自己一身時的一種莫名的快樂和興奮。

天有不測風雲，正當孟鴻群艱辛地走南闖北勉強維持一家生計的時候，卻禍從天降，讓孟小冬小小年紀就結束了短暫天真爛漫的童年，不得不代父挑起家庭生活的重擔——一天，父親孟鴻群在天津出演《八蜡廟》，飾演諸彪，這是一齣開場戲，在與費德恭的廝打中，走了一搶背過後，突感不適，一陣天昏地旋，倒在台上，演出被迫暫停，台下觀眾一片譁然。本來孟小冬正在上場門【注】後看戲，她看著眾人把父親從下場門抬下來，見父親掙扎著勉強站起來，表示無大礙，欲堅持繼續演出。七歲的小冬好像一下成了大人，挺身對父親說：「爹爹，您多歇一會兒，別叫台上冷了場，我去給觀眾清唱一段。」說著，便繞回到上場門，挑簾登台。小冬一出場，台下的觀眾立刻安靜下來。只見孟小冬大步走到台口向台下觀眾深深一躬，說明其父稍有不適，休息一會兒即可復演，接著說：「下面由我，孟令輝代爹爹加演一段清唱《捉放曹》。」說完又向台下深深一躬，然後又向琴師一躬，說道：「『聽他言』，正宮調。」台上台下的人，都被這俊秀大方的小姑娘驚呆了，騷亂的劇場立刻變得鴉雀無聲。「聽他言，嚇得我心驚膽怕」，一句出口，就博得滿堂彩。這一大段唱下來，

「好」聲不斷。孟鴻群簡直不敢相信眼前所發生的一切，他望著自己不滿八歲的女兒，眼圈濕潤，一陣心酸淚湧如泉。而此時台下的天津戲迷們絕對想不到，十餘年後，正是這個小女孩重返天津舞台，摘得了中國京劇老生的皇冠。

父親當晚勉強完成了演出，卸裝時，小冬見爹爹大汗淋漓，內襯濕透，臉漲得通紅透紫；她哪裡知道，父親是在以生命的代價，恪守著一個伶人的藝德。第二天清晨，孟鴻群小中風發作，經及時搶救，總算沒有留下大的後遺症。這對本來僅靠父親棉薄收人入維持生計的五口之家，無疑是雪上加霜。孟鴻群病癒後身體大不如前，拿手武戲也無法再唱了，只能在戲班裡說說戲、跑跑龍套，從此坐吃山空，家境日顯困頓，甚至窮到連鞋都買不起的地步。迫於生計，孟鴻群決定讓愛女孟小冬拜孫（菊仙）派老生姨夫仇月祥為師，學唱孫派老生。仇見小冬對京劇藝術有著天生的靈性，還有一副不帶雌音且宏亮的嗓子，是個好苗子，遂欣然應允。雖說是親戚，仍然是依照科班收徒的規矩，簽下了八年的賣身契約。小冬永遠也忘不了父親對她充滿期望的目光，和再三囑其不許入旦行的表情，她似乎在朦朧中理解著父親對女兒從藝的複雜心情。父親撫摸著小冬的頭說：「妳要記住，要想叫人瞧得起，要想成人，將來有出頭之日，就得學好本事，當角兒。」孟小冬牢牢記住了父親這句話，立志「要當就當譚（鑫培）老闆那樣的角兒」。孟小冬從此開始「臥薪嘗膽」，決心要摘取京劇藝術的耀眼皇冠。

【注】上場門，舊式劇場為四根圓柱支撐的方形舞台，在舞台正面板壁的左右兩邊各設一門，門掛門簾，演員要通過挑簾才能上下場。右端之門稱為上場門，左端之門稱為下場門。大陸後改為演員從邊幕上下場。

送走了小冬，不穩定的微薄收入仍然不能養活四口之家，眼看不滿兩週歲的兒子學詩嗷嗷待哺，孟鴻群一狠心又把次女五歲的孟佩蘭送人領養。當孟小冬得知此事時傷心得哭了一場，她幼小的心靈暗暗發誓，立志能儘快登台演出，為在艱困中苦苦掙扎的父親解勞分憂。

過去的伶人授藝完全是靠口傳心授傳承：師傅先把台詞述誦數遍，弟子強記在心，然後再教唱腔。因此許多普通藝人雖然說起話來口若懸河，但是往往是目不識丁的文盲，大多數名伶的文化知識多是在成名後靠自學獲得的。仇月祥對孟督教極嚴，動輒鞭笞，而孟小冬似乎理解「不打不成才」的理兒，故無怨無悔。她學戲刻苦，堅持每日四時起來練功吊嗓。她悟性好，雖係童伶，卻唱做老到。孟首先從仇月祥學「三斬一碰」，即《轅門斬子》之楊延昭、《斬黃袍》之趙匡胤、《失空斬》之諸葛亮、《托兆碰碑》之楊繼業。這幾齣戲，早年劉鴻升最為拿手，後為高慶奎的代表作，故孟小冬的開蒙戲並非譚派戲。當時在上海要找一個正宗學譚派者，如取鳳毛麟角一般。孟除學就「三斬一碰」之外，因受環境驅使，亦曾學《徐策跑城》、《掃松下書》等海派戲。

一九一六年，九歲的孟小冬首次在上海登台演出堂會戲《烏盆記》。小小年紀卻少年老成，竟然把孫派老生的唱工、行腔、唸白、表演神態等特點表現得淋漓盡致。關於孟小冬在京劇舞台上的首次亮相，《申報》一九三九年一月二十四日缺水生的文章稱：「回憶她初次登台，顯露色相時，年只九歲。那時滬上聞人關炯之先生，尚在職會審公堂。適為四十壽誕，親友特為之假座哈同花園祝壽，並集雅歌集與久記社諸票友登台演戲。她客串《烏盆記》，由劇評家馮叔鸞飾張別古，頗覺牡丹綠葉。一曲方罷，彩聲四起，內行均稱為童伶中之傑出人才。」

小冬初出茅廬給行家留下了深刻印象，後即隨仇月祥在滬、寧等地演出。因童聲嗓音高亢，戲路以高嗓老生為主。可貴的是，孟小冬自幼就具有勤奮好學、不恥下問的精神，她從不放過任何一次搭班演出的機遇，向同台老演員何順奎、潘仲英、沈雲祥等多方面請益文武老生戲。當時孟小冬為適應自己高嗓條件，經常上演《逍遙津》、《轅門斬子》、《七星燈》、《哭秦廷》、《闖幽州》等劇目。這些使孟小冬早年成名之劇目，多是師傅仇月祥按孫（菊仙）派唱法所授，後來孫派藝術由高慶奎、麒麟童、馬連良分別吸收於高派、麒派、馬派之中了。現代觀眾聽到的《逍遙津》、《轅門斬子》等劇目，已經是以李和曾、李宗義、李盛藻為代表的高（慶奎）派劇目了。

孟小冬

2 錫城首演一鳴驚人

在近一百五十年中國京劇發展的歷史長河中，男扮女角、女扮男角現象一直延續至今。產生這一歷史現象的社會背景，是中國社會長期處於封建制度的統治，婦女長期被禁錮在家中，因此男旦的產生是戲曲演出的需要和無奈，也是順理成章的事。即使到了民國初年，革新思想有所光大，但要衝破統治了中國數千年的封建思想禁錮、改變舊社會風氣，談何容易；當時，就連從西方傳入我國的早期新劇（後改稱話劇）舞台上的女角也是由男演員扮演的。所以在特定歷史條件下，出現男扮女角的現象，可謂是一種表演藝術的創造。毫無疑問，前輩男旦演員在發展京劇旦角藝術方面，都做出了傑出的貢獻。就以四大名旦梅蘭芳、尚小雲、程硯秋、荀慧生為例，他們在舞台上創造了各不相同的角色，在唱腔方面根據各自的嗓音條件，創造了各具特色的唱腔，塑造了中國封建社會不同社會階層、不同形象的婦女歷史人物，因而形成了各自的流派，為京劇旦角藝術的發展積累了豐富的經驗，為繁榮二十世紀中國京劇舞台藝術立下了汗馬功勞。在這個歷史時期，京劇舞台上先後湧現了一批優秀的男旦藝術家，如王瑤卿、王蕙芳、趙桐珊、于連泉、閻嵐秋、馮子和、趙君玉、歐陽予倩、張君秋、黃桂秋等，尤其是梅蘭芳，還在國際舞台上獲得了聲譽。梅派京劇舞台表演藝術，被舉世公認為世界三大藝術表演體系之一。雖然京劇舞台藝術發展至今，男旦已逐漸淡出，但京劇旦角的唱腔和表演藝術仍然是沿襲著梅、尚、程、荀、張（君秋）男旦各派的傳承。

到光緒中葉，京、滬等地出現了全部由青年女演員組成之戲班，多演唱京劇；但是她們受到歧視，亦被稱為髦兒戲。這類戲班裡沒有男演員，因此女扮男角應運而生。髦兒戲進不了大班，更登不了大雅之堂；男角被稱為名伶，女角則叫坤角，以示區別。尋其根源，一方面是受重男輕女封建觀念的支配，另一方面則是因為坤角的藝術難與男性名角比擬，早期的坤角大都只能演些掐頭去尾的唱工戲。上海是當時最開放的地方，光緒、宣統年間，有郭鳳仙專演武旦戲兼工武生；繼之又有武生小寶珊、寧小樓、小春來，武旦牡丹花、飛來風、一陣風等，紛紛亮相舞台，一時武行人才濟濟。到了清末，上海髦兒戲盛行一時，法租界群舞台有老生恩曉峰、花旦張文豔、武生小寶珊，寶善街「丹桂茶園」有青衣劉喜奎、武生牛桂芬、老生桂雲峰、花旦白玉梅，「群仙茶園」有文武老生小長庚、武旦一陣風、花旦小金仙；一時間掀起一股爭看坤角戲、捧坤角之風，好不熱鬧。然而好景不長，猶如曇花一現，中華民國成立後反而日趨衰落。然而，當時北京的女演員多習梆子腔，即使清末名噪京華的劉喜奎、鮮靈芝、金玉蘭、小香水、金鋼鑽等，也無不出身於梆子班。所有後來的京劇界成名的女演員，十有八九來自上海，因而追本溯源，上海可謂坤角的發祥地。

一九一九年三月九日至五月十五日，年僅十二歲的孟小冬在師傅仇月祥、父親孟鴻群帶領下，首次隨王家髦兒戲班來無錫演出，和她搭班的就有當時著名坤角老生桂雲峰、武生小春來等。這個戲班來到無錫，就在「新世界屋頂花園」劇場演出。「新世界屋頂花園」劇場位於工運橋南，開設於一九一六年，當時無錫有家名為「新世界大旅社」的西式旅館，是一幢頗具規模的五層樓房，其屋頂開設了一個花園式的遊樂場，設有影劇院、書場、露天劇場，並備有電梯。

孟小冬一生中的營業首演就是在無錫的「新世界屋頂花園」，演出劇目為《逍遙津》。當時錫城觀眾為目睹孟小冬的芳容和演技紛至沓來，使得平日不大景氣的劇場一度爆滿。孟小冬飾演漢獻帝，當她從簾後起：「【叫頭】伏后御妻呀，【二黃導板】父子們在宮院傷心落淚，【回龍】想起了朝中事好不傷悲。【原板】曹孟德與伏后冤家作對，害得他魂靈兒不能夠相隨。二皇兒年歲小孩童之

一九一九年七月
《錫報》所登廣告

輩，他不能在靈前奠酒三杯。我恨奸賊把孤的【慢板】牙根咬碎，上欺君下壓臣做事全非。欺寡人在金殿不敢回對，欺寡人好一似貓鼠相隨。」一大段唱腔，唱得悲涼，盪氣迴腸，把漢獻帝的無奈與對曹操的怨恨刻畫得淋漓盡致，頓時台下掌聲雷動，叫好聲不絕。站在幕後為其把場的仇月祥欣慰地笑了，父親孟鴻群更是老淚縱橫。當時錫城報紙稱：「自易此班角色，當可面目一新，別有一番盛況。」從此劇場的上座率陡升。

散戲後，仇月祥請孟小冬父女吃宵夜，席間他興奮地說：「小冬，妳沒讓師傅白操心啊！」聽了師傅的誇講，孟小冬天真地問父親：「爹爹，我現在是角兒了吧？」孟鴻群還沒張嘴，仇月祥立刻收了笑容，說：「這剛到哪兒啊，成角兒，還早著哪！」師傅的話像一盆冷水澆到孟小冬頭上，讓得意忘形的她清醒了許多，她開始陷入了沉思……

孟小冬在無錫演出時間長達兩個多月，常演劇目有《失空斬》、《白虎堂》、《斬黃袍》、《奇冤報》、《捉放曹》、《武家坡》等。孟小冬雖年紀幼小，然而在《擊鼓罵曹》一戲中，唱做唸白，面面俱到，演得英氣勃勃。《失空斬》是孟小冬的拿手戲，她在戲中扮演諸葛亮，這個角色由十二歲的孩童來演，份量是相當吃重，然而她居然演唱裕如、神韻自然，使觀眾看得無懈可擊，交口稱讚，彩聲不絕。應當說，此時的孟小冬的戲路多沿襲孫、劉派的路子，她擅用大氣口「滿宮滿調」，觀眾聽來頗有高亢激越之感，非常過癮。當時《錫報》劇評欄目曾評論：「孟小冬之工架老到、腔調圓潤、咬字清切、態度自如，為所有目睹者共賞也。」「王勃十四歲作〈滕王閣序〉，自古驚為天才；孟小冬十二歲能唱譚派各調，亦天才也。」

同年，一九一九年七月，孟小冬再次隨班

來無錫「新世界屋頂花園」劇場，盛況更是空前。劇場內甚至廊間也站滿觀眾，更有甚者索性登桌、立椅觀看，劇場顯得太小了。當時的《錫報》曾報導：「『屋頂花園』自孟小冬捲土重來，遊客陡增，日間以鄉曲為多數，晚間則人眾擁擠。深望主其事者將劇場設法擴充之。」報上又說：「孟小冬自離錫後，一般戲迷深為惋惜。今聞孟伶重行來錫，連排名劇，以饗邑人，故門票每日可售七百餘張，皆該伶一人之魔力。」這回，孟小冬在無錫共演出六十八場，兩個多月。以全本《四郎探母》、《桑園寄子》、《翠屏山》打炮，與第一次演出相比增加了十四齣新戲，共演三十多齣不同的譚派和孫派劇目。其中《失空斬》演出十四場，《碰碑》十五場，《捉放曹》十七場。最後又在無錫袁世凱的二女兒袁仲禎之婿、劇評人薛觀瀾府宅堂會演出《黃鶴樓》。小冬飾演劉備，其中「休提起當年赴會在河梁」一句，

一九二二年在無錫梅園，楊景煒為十五歲的孟小冬（左）所照合影

唱絕了，彩聲四起。這位薛某人在其晚年，列舉了孟小冬一生演出的「八次代表作」，把這次堂會所唱《黃鶴樓》列為她首次的代表作。

為了養家糊口，年僅十二歲的孟小冬就擔當戲班的主角兒，在江浙一帶跑碼頭，並於半年之內兩下無錫，連演一百三十場。就這樣，她在無錫首唱成名。從她小小年紀就能演出這麼多重頭戲，連演場次之多令人咋舌，這比起當下不少「大獎得主」頂多十多齣戲就捧稱為「著名演員、藝術家」，相比起來豈不令人汗顏，無地自容乎！

因為她少年揚名，因此結識了無錫的望門家族。除薛觀瀾氏外，孟小冬在無錫演出時和楊壽彬夫人及其子楊景煒經常來往，這成為她後來北上北京、天津時，結交上層人物及京劇名家的一點憑藉。在無錫與楊家的這層關係，成為了她後來成名的一個轉捩點。

無錫楊氏族中在當時北京的北洋政府中擔任高官的不乏其人，其中職位最高的當數楊壽枏。楊壽枏字味雲，清同治七年（一八六八）生，一九〇一年入京任內閣中書，其後歷任高官，在一九一七年三月擔任了段祺瑞內閣的財政部次長，代行總長職務，一九二二年冬又任財政部次長兼鹽務署署長。孟小冬在無錫結交的楊壽彬夫人，就是楊味雲的堂兄弟的太太。楊氏族中不但高官多，愛好京劇的也多。一九二二年春，當孟小冬再次來無錫時，酷愛京劇的楊壽彬夫人因為欣賞孟小冬的才藝，特邀請了她同遊梅園，由其子楊景煒為小冬拍下了一張至今所悉小冬最早的珍貴照片。一九二五年，孟小冬初闖北京，曾受到楊氏家族的多方關照。

小小年紀的孟小冬便挑班獲彩，並受到上流社會權貴們的追捧，初登大雅，使其眼界豁然開朗。為了讓她專心學藝演戲，父親自然是任勞任怨——熱了，執扇在旁，渴了，茶水到手，伺候女兒鞍前馬後，無微不至。日子長了，小冬也就對父親習慣地使來喚去，因為她已經是這個伶人之家的頂樑柱了嘛！何況還是戲班裡掛頭牌的角兒呢。孟小冬自身的男孩子氣，加上她所飾演的角色均是帝王、忠臣良將、壯士義僕——她整日模仿比劃的，就是這類男人中的佼佼者。舞台和現實生活早就彼此影響，潛移默化地融為一體了——更使生活中的她也變得剛烈孤傲，漸漸失去了本屬於她的女性嬌豔；隨著年齡和名氣增長，孟小冬的個性也乾坤顛倒、台上台下難分了。

3 「大世界」初遇杜月笙

封建社會男女授受不親，原本京劇科班是不收女徒弟的，早期中國的戲劇舞台也沒有女演員登台。辛亥革命後，江南首開男女同台的先河，隨後北京有了崇德社、維德社等坤班，女演員演唱京劇也盛行了起來。雖然這樣，但在很長一段時間裡，她們還是進不了大戲園子，更甭說參加盛大的義務戲演出了。那時的小冬，也只能在遊樂場演出髦兒戲。

一九一七年，上海鉅賈黃楚九在法租界的八仙橋地段創辦了「大世界」。為了壓倒「新世界」，黃楚九無論在「大世界」的建築、佈置、演出劇目還是演員方面，都力求超越。「大世界」初創時，僅造有兩層，外加屋頂平台。底層有京戲、歌舞班和電影場；二樓則有雜耍場演出南北曲藝，文明宣卷、口技快書、大鼓書灘、雙簧滑稽等應有盡有。各班演員多為名家，如彈詞的吳玉蓀、朱耀廷，蘇灘的林步青，錫灘的袁阿仁，滑稽的王無能等等。唯獨京劇只請到了三流角色。當時的京劇名伶都是各大舞台、戲館的台柱，不肯屈駕到這樣的遊樂場演出，由此，「大世界」的京劇演出場地稱為「小京班」，演出劇目有連台本戲《施公案》等。

「大世界」因其票價低，又有種種優待，在不到兩年時間裡就把其他遊樂場的看客都吸引了過來，天天盈利。黃楚九於是就又擴展建築，加高樓層。幾個場子也由小變大，座位增加，並不惜重金聘來當時名噪上海灘的武生李春來掛頭牌。由於劇場擴寬，舞台放大，「小京班」便改名為「大京班」。

一九一九年，十二歲的孟小冬正在城隍廟「小世界」遊樂場演出。黃楚九發現後，親自登門邀請。孟小冬於十一月二十四日應邀到「大世界」客串大軸《逍遙津》（壓軸戲為李春來、粉菊花合演的《獅子林》），當天就賣了滿堂。黃楚九為之大喜，立即正式聘請孟小冬到「大世界」來搭班。十二月一日，小冬正式加盟上海「大世界」遊樂場「乾坤大京班」，屆時與她同台合作的有著名演員李春來、露蘭春、粉菊花等。

初入大京班的孟小冬，因與「小世界」尚有幾日合約未滿，不得不每天在「小世界」和「大世界」之間趕場出演，並特與「大世界」約定，演出劇目也須和「小世界」相同。她在「小世界」日場演出後，並不卸妝，而是直接坐了蓋著車篷的黃包車趕到「大世界」接演夜場。別看孟小冬小小年紀，還真有點拚命三郎的勁頭呢！在「大世界」，孟小冬與名伶配戲，從倒三、壓軸戲唱到大軸戲，日夜滿場，步步登高。以下是孟小冬於一九一九年在「大世界」演出的劇目：

十一月二十四日客串大軸《逍遙津》

十二月一日《群臣宴》

二日《四郎探母》

三日《捉放曹》

四日《武家坡》（與汪碧雲合演）

五日停演一天（在戲單上冠稱孟小冬為最
　優等唱作鬚生）

六日（日場）《烏盆記》，
　（夜場）《徐策跑城》

七日（日場）《雪杯圖》，
　（夜場）《白虎堂》

八日《斬黃袍》

九日《李陵碑》

十日《空城計》

十一日《逍遙津》

十二日《上天台》

十三日（日場）《楊家將》，
　（夜場）《擊鼓罵曹》

十四日（日場）《奇冤報》，
　（夜場）《梅香節》

十五日《捉放曹》

十六日《洪羊洞》

十七日《四郎探母》

十八日《徐策跑城》

十九日《御碑亭》

二十日（日場）《捉放曹》，
　（夜場）《白虎堂》

二十一日（日場）《烏盆記》，
　（夜場）《李陵碑》

二十二日《武家坡》

二十三日（日場）《三娘教子》，
　（夜場）《上天台》

二十四日《黑水國》

二十五日《曹操逼宮》

二十六日《大翠屏山》（合演者李春來、
　粉菊花）

二十七日（日場）《雪盆圖》，
　（夜場）《探母》

二十八日（日場）《空城計》，
　（夜場）《徐策跑城》

二十九日《斬黃袍》
三十日《白虎堂》
三十一日《武家坡》

在一九一九年十二月的三十一天內，孟小冬在「大世界」共演出三十九場，上演二十三齣戲。當時，她年僅十二歲，初出茅廬，竟與上海名伶們同台，能演劇目之多令人咋舌，且越演越好，越演越紅。這種情況，恐怕在中國的戲劇舞台上也是絕無僅有的。

「大世界」的「大京班」在孟小冬登台後開創了男女合演。尤其是女唱生戲，男扮女角，真是男女難分，乾坤顛倒。黃楚九於是把「大京班」改名為「乾坤大劇場」。

孟小冬在「乾坤大劇場」其間，又向菊壇前輩，後來成為著名戲劇家的粉菊花虛心學藝，並結下忘年之交。粉菊花後離滬去香港，創辦了春秋戲劇學校，是著名的京劇戲班師

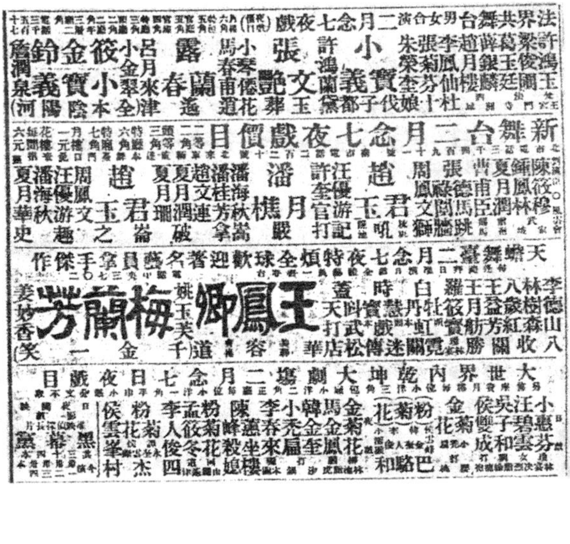
法界共舞台男女合演二月念七夜戲
新舞台二月念七夜戲價目
天蟾舞臺二月念七夜特煩全球歡迎著名藝員拿手傑作
梅蘭芳
王鳳卿
大世界內乾坤大劇場二月念七日夜戲目

一九二一年二月二十七日晚場，十三歲的孟小冬在「大世界・乾坤大劇場」與共舞台的露蘭春同時上演《逍遙津》

傳，所收的學生後來都是很有名氣的，包括林正英、陳寶珠、蕭芳芳、陳好逑、林家聲、鳳凰女、筱菊紅、張露露、楊盼盼、惠天賜、沈芝華、薛家燕、李琳琳等等。就連出演過義大利名導貝托魯奇執導的電影《末代皇帝》中溥儀一角的國際巨星尊龍（John Lone）也曾在她門下學藝。粉菊花自己更是著名的京劇刀馬旦，一九六二年她在香港親率眾弟子演出《大戰泗洲城》，至今仍為不可多得的一齣京劇刀馬旦定格的名片與紀錄片。晚年定居台灣。

十二月十三日，是上海灘一個平常的晚上，小冬飾演壓軸《擊鼓罵曹》的禰衡，當她一段【西皮快板】：「縱然將我的頭割下，落一個罵賊的名兒揚天涯。」歌聲剛落，台下已是一片喝彩叫好聲。此時，一位三十歲上下、梳寸頭、面目清秀而蒼白削瘦、身著長衫的男子，當即吩咐手下準備花籃，《罵曹》一折剛落幕，便迫不及待地放棄「大軸」戲不看，趕

少年孟小冬

到後台向孟小冬獻花籃。此人就是後來有「上海灘皇帝」之稱的杜月笙。

「孟大小姐，阿拉杜月笙這廂有禮了！」杜月笙雙手抱拳，唸著韻白，深深一躬，接著又用他那浦東味的上海話說：「恭喜孟大小姐演出如此成功！」他著實是被孟小冬的天賦和藝術魅力所折服，他斷定這個小囡將來定成大器。此時的杜月笙已經暗下決心，一定要幫襯這位上海小姑娘走向京劇藝術輝煌的高峰。

正在卸裝的孟小冬，雖平素不苟言笑，也被這位杜老闆滑稽的舉止和他那雙特有的明顯標誌——大搧風耳，逗得噗哧樂了。師傅仇月祥趕忙上前引小冬見禮。在父親的敦促下，小冬起立接過花籃，向杜月笙雙手合十還禮。這是孟小冬初次見到杜月笙，十二三歲的她，做夢也想不到，就是這位年長她二十歲的杜月笙，從此像影子一樣影響伴隨著她走過輝煌而又坎坷的一生。

青年杜月笙

孟小冬九歲那年，就在「小世界」遊樂場等處唱「髦兒戲」，那時孟亦可稱為童星了。「小世界」有一個股東，名叫杜月笙的頂級戲迷，他在那個時候已經注意到了頗有陽剛氣質的孟小冬了。不過，那時的杜月笙還是法租界探長黃金榮拿皮包的跟班。現在，孟已成為紅遍上海的名角，而杜月笙也已是與黃金榮齊名的上海灘大亨了。

不久，孟小冬與「大世界」遊樂場合同期滿，在杜月笙的熱心撮合下，於一九二〇年十二月十四日正式搭班黃金榮的「共舞台」，由此正式登上大戲院的舞台。平心而論，不能不佩服杜月笙的眼力，他並非是看重孟小冬的色相，而是賭定了孟小冬在中國京劇舞台上不可估量的前程。打從這兒以後，凡有孟小冬的戲，杜月笙必看。屆時，張少泉（電影明星李麗華之母）、粉菊花、露蘭春、張文豔、呂月樵等名角兒紛紛與這位冉冉升起的童星在「共舞台」同台演出。

杜月笙

而當時的「共舞台」為了釣住觀眾的胃口，大興所謂「海派」京劇，主要演出劇目有帶機關布景的連台本戲《宏碧緣》、《狸貓換太子》等。這是中國傳統戲曲受西方戲劇影響，嘗試戲曲改革的開端。

連台本京劇《宏碧緣》劇情，是說一叫花碧蓮的青年女子在街頭賣藝，被惡霸欒一萬橫加凌辱，駱宏勳路見不平，仗義執言，因而引起糾葛。欒一萬倚仗父勢，肆無忌憚，派人刺殺駱宏勳。花碧蓮營救宏勳，致使駱花兩家歡聚一堂。正值宏、碧姻緣行將締結，不料駱母發覺花碧蓮之父竟是當年殺貪官、落法網，後被駱父私放逃脫的花振芳，而駱父卻因此被罷職丟官氣病身亡。鑑於此因，駱家決定斷絕與花家來往，宏、碧姻緣也因此遭到橫阻。欒一萬刺殺不成又生二計，趁駱不在揚州，派人縱火燒了駱家；又是花振芳義救駱老夫人。待宏勳趕回家園，只見一片瓦礫，以為母親已被欒賊害死，怒往欒家質問，雙方約期在平山堂打擂決鬥。駱宏勳報仇心切，竟被欒賊雇傭的打手朱彪用朱砂掌打傷。花碧蓮躍上擂台為宏勳報仇，遭朱彪戲謔，碧蓮憤怒挖去朱彪一隻眼睛。宏勳命在垂危，非朱彪的朱砂丹救不得活命。碧蓮奮不顧身，潛入機關重重的四傑村，歷盡艱險方盜得丹藥。不料在突圍出村時，於吊橋上誤中機關，身陷虎穴。她遙隔護莊河，將救宏勳性命的朱砂丹擲給了雙親……

孟小冬在《宏》劇中扮演的駱宏勳（武生），居然也展現大角兒風範，唱唸做打無一不精，取得了不俗的成績。當時的評論界讚她飾演的駱宏勳「扮相俊秀，嗓音寬亮，不帶雌音，在坤生中已有首屈一指之勢」。這樣俊俏、冰雪聰明的小女孩兒，明日之星非她莫屬。

雖然，此戲劇情曲折複雜，而機關布景也很有觀賞性；但是，由於舞台劇排演的週期很長，它不可能像今天人們看電視劇那樣每天連續看。如一齣連台本戲《西遊記》，一本一本地連排帶演，就要好幾年才能演完，這畢竟不適宜舞台生存。連台本戲到了三十年代就偃旗息鼓了。

《宏》劇後來也只有精彩的幾折保留下來，成為傳統經典京劇劇目。當下六七十歲的老戲迷，可能還記得一九四九年後中國京劇院二團曾演出過〈四傑村〉、〈酸棗嶺〉、〈巴駱和〉等《宏》劇（又稱《龍潭鮑駱》）折子戲，由著名武生張雲溪飾演駱宏勳，其唱唸做打戲份很重。可見，少年時代的孟小冬除了有副好嗓子外，武功也甚是了得；這和她後來只演唱工戲，給戲迷留下不善武功的印象大相逕庭，難怪就連現年已八十三高齡的京劇藝術家雲燕銘都不曾聽說孟大姐演過駱宏勳。

一九二〇年，上海發生洋行職員閻瑞生謀殺名妓王蓮英事件，經報章大肆渲染，轟動了整個上海灘。案發不久，「新舞台」便出現了新劇（話劇）《槍斃閻瑞生》的演出，舞台上立體機關布景逼真地再現了長三堂子區小花園福裕里、一品香旅社、北新涇麥田、佘山天主教堂等場所，還把真的汽車開到了台上，一時觀者如潮，熱演半年不衰。大老闆黃金榮見此情景，便請人把新劇《槍斃閻瑞生》改編成京劇，想不到聲勢更為浩大，竟超過了新劇。這應當是上海人對戲曲革新的又一次大膽嘗試。

孟小冬在《閻》劇中也曾頂替露蘭春串演蓮英（青衣），一身時裝打扮，穿短襖，梳大辮，劇中蓮英託夢一場，有大段繁重唱工。其中〈麥田〉一折，蓮英鬼魂去活捉閻瑞生，二人在舞台上有翻，有舞，有唱，顯然是吸收了傳統京劇劇目《活捉三郎》的表演技巧，很熱鬧，頗為吸引觀眾。那段當時膾炙人口的〈蓮英驚夢〉唱段，本是露蘭春的專利，孟小冬這次頂替露蘭春飾演的蓮英卻後來者居上，讓她折桂拔了頭籌。小冬會的戲多而雜，不僅專工老生，並兼演武生、紅生，有時旦角兒也上，在《槍斃閻瑞生》中飾蓮英，就是一例。雖然這些戲的戲路與小冬的戲路大相逕庭，但要想成角兒，就得會的行當多，能演的戲多。否則，在激烈競爭的戲曲舞台上很難立足，更不用說想成角兒了。孟小冬在未成年時，多方求藝，廣納博採眾家之長，為其後來藝術上的登峰造極，奠定了十分堅實的功底。

當年這齣曾轟動一時的時裝連台本京劇《槍斃閻瑞生》，當時票房價位也頗高，在二十年代若干年中，大街小巷，大人小孩都曾傳唱著〈蓮英驚夢〉的「你把那冤枉事」這些唱段。但曾幾何時，就煙消雲散，這類戲終於不能作為文化積累而存留。當然，那時也沒有任何政治力量來維繫推行。以現代之衣冠做古代之行動的時裝戲究竟不倫不類，缺乏生命力。其原因就是，將現代生活嵌進這一整套為表現「古代」生活而設計的程式裡，本身必然要破壞這套程式，它不可能做到「古為今用」。京劇的程式並非沒有隨時創新，但都只能局限在表演「古代」的這一程式的總設計意圖裡，倘要突破，就失去了京劇原有的魅力。就其極端的例子說，二三十年代「海派」京劇的機關布景、真牛真馬上台的到底行不通就能說明問題。《槍斃閻瑞生》是根據民國初年實事所編，敘說大學生閻瑞生與妓女蓮英相識，後因債台高築，無法償還，將蓮英騙出害死，搶去首飾，案發被捕歸案，判處死刑。劇中人穿民初服裝，道白作京語，場面、唱腔則一如舊京戲。結果是：熱鬧一陣子就冷場了。當時演時裝戲，也是改革京劇的一種嘗試：如尚小雲先生自編、自演《摩登伽女》，燙髮，穿印度風格的服裝，腳下是絲襪和高跟鞋，最後跳英格蘭舞。每演該戲，票價加一塊大洋，多為募捐義演三天，青年觀眾蜂擁；又如梅蘭芳大師當時編演《鄧霞姑》、《一縷麻》等。我們從這些在京劇發展史中的陳年舊事不難發現，為了使中華民族的舞台藝術國粹永葆青春，多少界內仁人志士在想方設法地改造京劇，以吸引時代觀眾的眼球，但多以無果而終，所排新劇幾乎無一能夠保留傳承。近年來，於無奈之中，一些劇團為了挽救京劇的不景氣，一批七八十年前的連台本戲《狸貓換太子》、《宏碧緣》，居然又冠以「新編」二字重新登場，這難道不是京劇藝術的悲哀嗎？

4 黃金榮爭豔走麥城

在黃金榮的戲班裡混也很不容易，孟小冬在「共舞台」期間，曾親眼目睹了一幕權貴們為爭奪坤伶的鬧劇。

在黃氏的「共舞台」戲班裡，有位叫露蘭春的演員，能文能武，亦生亦旦，可稱全才。她與孟小冬同年進黃楚九的「大世界」，在「大京班」當台柱，主演《獨木關》、《連環套》、《落馬湖》等武戲。雖不及孟小冬藝高，但露蘭春的名聲卻不亞於孟小冬。露蘭春比孟小冬年長九歲，兩人以姐妹相稱，曾合演連台本戲《宏碧緣》，紅極一時。後來她又與孟小冬同時進入「共舞台」戲班。當時已經五十多歲的黃金榮對女老生露蘭春一見傾心，鬼迷心竅地想把露蘭春霸占到手。為此他不遺餘力，一連兩個月，親自下戲園為她捧場，又甩出大疊白花花的銀洋，不惜工本地要各報館連篇累牘地發文捧露蘭春。他還親自張羅請上海百代唱片公司一次為她灌了《宏碧緣》、《閻瑞生》、《哭祖廟》、《蘇武罵毛延壽》等六張唱片。一時間，上海各大小報紙上紛紛刊出露蘭春的俏影玉照。一時間她的名聲壓倒了上海紅伶小金玲和粉菊花。

黃金榮不惜血本地追捧露蘭春，引來了時任浙江督軍、軍閥盧永祥的大兒子、上海灘有名的四公子之一盧筱嘉的關注。盧筱嘉其人最愛聽戲，當他看到報紙上大篇幅介紹露蘭春，早已垂涎三尺，擇日便一襲青衫，輕車簡從，專程前往黃記「共舞台」。戲尚未開場，盧筱嘉就迫不及待地讓跟班的給露蘭春送去一枚鑽戒示好，約定戲散後同度良宵，卻被露蘭春推說另外有約而婉言拒絕了。

碰了軟釘子的盧筱嘉憋了一肚子氣，開戲後，露蘭春剛一出場，他就故意陰陽怪氣地喝了聲露蘭春的倒彩。此刻正坐在包廂裡看戲的黃金榮，聽見一聲倒彩傳來，氣得他暴跳如雷，不問青紅皂白，馬上派人過去給了盧筱嘉兩個「鍋貼」。盧筱嘉見打手人多勢眾，自己只有兩個保鏢，俗話說：「好漢不吃眼前虧。」只好捂著紅腫的腮幫子悻悻然地溜出了戲園。

盧筱嘉哪兒吃過這樣的啞巴虧，連夜跑到

露蘭春《連環套》飾黃天霸

杭州向其父哭訴。盧永祥雖因兒子尋花問柳生氣，但也十分惱怒黃金榮的飛揚跋扈：「這個麻皮，不過是法國佬的一條狗，我兒子再不行，也輪不到白相人來管。我到要看看這個麻皮有什麼本事，叫鄭祕書！」鄭祕書代盧永祥擬了一份電報稿，發給了淞滬護軍使何豐林。

過了幾天之後，「共舞台」正上演《槍斃閻瑞生》，露蘭春飾演蓮英。黃金榮吃罷晚飯，又帶了四個貼身保鏢耀武揚威地踏進了包廂。正看到〈蓮英驚夢〉時，盧筱嘉帶領十幾個便衣悄悄溜進了二樓包廂，用手槍頂著黃金榮的光腦袋，惡狠狠地說：「老豬玀，識相點，不然爺們現在就送你上西天。跟我們走！」說著，有人上前，輪起大巴掌，左右開弓，為盧筱嘉狠狠地加倍奉還了他幾個「鍋貼」，打得黃金榮兩眼冒金星，耳朵「嗡嗡」響，本想反抗的他再也不敢動彈，隨後被這夥人拖出包廂。待狼狽的黃金榮被連拉帶拖地出了戲園，他才發現所有路口都有拿槍的人在把守著。上海大亨黃金榮就這樣在鬧市廣眾的眼皮底下，被連拖帶打，用槍口頂著關進了何豐林家的地牢。這位上海灘不可一世的法租界包打聽出身的青幫頭子，這回可真是吃盡苦頭、丟盡了顏面，在士兵的看押下，視其豬狗不如。

後來，還是杜月笙出面，費了一番心思和周折，由張嘯林下杭州，打通了盧府內部關係。杜又親自到何豐林公館，與何交涉，花了三百萬款子，總算把黃金榮從何豐林的地牢裡贖了回來。在回黃公館的路上，癱坐在車內的黃金榮一直低著頭，一言不發，幾日來不要說澡堂不能泡，就是刷牙洗臉的份兒也沒有了，一日一餐，竟讓他吃殘渣剩飯，在地牢裡受盡了兵卒的凌辱，簡直是不堪回首。再看看自己髒兮兮、臭烘烘的狼狽相，在弟子們面前真是無地自容啊！杜月笙望著他輕輕地道了聲：「師傅受驚了。」黃金榮似乎還未從噩夢中醒來，囁嚅地說：「儂能幹啊！月笙老弟！」這「老弟」二字，不由使杜月笙一怔，忙說：「師傅，千萬不要這樣講。這兩天，弟兄們都為儂擔驚操心呢！」黃金榮這才微睜開紅腫的肉泡眼，略有羞愧地翻了杜月笙一眼，低頭歎了口氣，一手緊握住杜月笙的手，說：「這下吾黃金榮跌霸是跌到家了。」說到這兒，幾乎流出眼淚來，無限感慨地說：「月笙，多虧了儂呀！從前，儂把（給）我一張拜老頭子的帖子，明早吾就將它還把（給）儂，吾們再換一張。今後，你吾就以兄弟相稱了！」「那怎麼可以呢，師傅？」「有啥個不行？這樣才叫做『換帖兄弟』嘛！」

眼見這場官紳勢力為一女「戲子」的惡鬥，早已是驚弓之鳥的孟鴻群，深感「共舞台」戲班非久留之地，到一年合同期滿後，便和仇月祥行色匆匆帶了女兒離開上海奔赴福建做短期演出，而後又越海南洋菲律賓獻藝數月。

露蘭春是孟小冬童年在戲曲舞台上結識的姐妹之一，孟親眼目睹了露蘭春被黃金榮強娶為妻，從而淡出舞台失去人身自由的不幸遭遇，這使年幼的小冬首次感受到了「名伶」光環下的淒慘與悲涼。

露蘭春生於一八九八年，原籍山東。八歲時父親病故，母親攜她流落河北、京津一帶。不久，其母改嫁一揚州人士，故露蘭春又自稱為揚州人。繼父讓其隨一票友學唱京劇，長大後，取藝名「露蘭春」，所以她自己也不知道自己的真名實姓。一九一二年六月，露蘭春入寶來坤班，在天津「昇平茶園」首次登台演出，以《文昭關》、《戰蒲關》等唱作繁重的老生戲顯露頭角，其時年僅十四歲。同年十月，應聘南下，到上海「天仙合記茶園」與著名坤伶粉菊花同台獻藝，戲園廣告在露蘭春名字前冠以「京津著名坤角」六字以資號召。初來上海的露蘭春以《托兆碰碑》、

《九更天》、《洪羊洞》三齣戲打炮，之後又接連露演了《桑園寄子》、《天水關》、《斬黃袍》、《八義圖》、《文昭關》等三十多齣劇目，以文戲功底扎實享譽上海。次年，相繼在「群舞台」、「群仙舞台」搭班，一九一四年離滬去武漢等地演出，一九一九年加入上海「大世界」遊樂場「大京班」與孟小冬同台。一九二〇年十二月，又與孟小冬同時應聘入黃金榮的「共舞台」。此時，她的武戲表演技藝亦趨成熟，因文武兼擅而聲名顯赫。成為繼張文豔之後「共舞台」的頭牌紅角。當時上海正值京劇時裝戲、連台本戲風行之時，露蘭春和孟小冬、小寶義、小香紅、筱月紅等以連台本戲《宏碧緣》、《妻黨同惡報》、《槍斃閻瑞生》等號召座客。她在看家傑作《槍斃閻瑞生》中反串蓮英，其〈蓮英驚夢〉的一段唱，後由勝利公司灌成唱片，使其抑揚頓挫、纏綿多情的唱腔風靡一時，她也成為擅演時裝戲的京劇名角。露蘭春唱文戲音色嘹亮，工架沉穩，襲譚派遺風；演武戲台步矯健，會使真刀真槍，深得黃派精髓。她所教學生嚴綺蘭亦在「共舞台」演唱多年。

黃金榮為了露蘭春雖然丟盡顏面，但欲火並未就此息止，竟不顧一切地拋棄了曾力挺他在上海灘發跡的「賢內助」葉桂生。一九二二年，黃金榮娶露蘭春為妻，在上海麥高包祿路（今龍門路）鈞培里的黃公館新宅張燈結綵，一陣鞭炮，迎來了新主婦露蘭春的龍鳳花轎。從此，露的藝術生命遭到扼制，漸少登台演出。老夫少妻之間，黃老頭子對露蘭春事事遷就、奉迎、討好。但是，正當妙齡的露春蘭下嫁這粗陋的老頭本出於無奈，她心中看中的卻是上海顏料大王薛寶潤之子薛恆。渴望自由的露蘭春不願被長期禁錮在黃府，向黃金榮提出：「我從十幾歲就開始學戲、唱戲，是在舞台上長大成角兒的。讓我這麼突然離開舞台，我會悶死的。我就像過去那樣唱戲，有什麼不好呢？有你黃老闆在，誰還敢對我無禮呢？」見露蘭春把話說到這個份上，黃金榮不好強拗，只得勉強答應了她。但他也提出一個條件，要露蘭春答應，即她出門唱戲，進出都要由黃公館的車和保鏢接送，露蘭春也同意了。這樣，露蘭春又回到了「共舞台」，並利用在戲院唱戲的短暫自由時空，和薛恆眉來眼去。一九二五年，露蘭春終於抓住黃金榮出差的機會，攜帶錢財珠寶手飾與薛恆私奔。當黃金榮找到露蘭春時，生米已成他人碗裡的熟飯，於無奈之下，最後只得同意離婚，露蘭春也從此絕跡舞台。這是黃金榮再次因露蘭春喪盡臉面，真是丟了夫人又折兵，徹底「跌霸」了。他在上海灘龍頭老大的地位也由此徹底被杜月笙取而代之，杜月笙終於登上了上海灘的龍頭老大的寶座。黃金榮懷恨在心豈肯善罷甘休，後來他誣告薛恆拐帶露蘭春盜竊黃府家產，並對其進行敲詐勒索。薛恆認為露蘭春給他招來不少麻煩，從此厭惡，將她遺棄。露蘭春走投無路，多虧薛恆原配夫人貝氏（貝潤生長女）將她與薛恆所生的子女收養下來。露蘭春生計窮困潦倒，一九三六年病逝上海，年僅三十八歲。曾經紅極一時的女鬚生露蘭春，就這樣草草地結束了自己的紅豔薄命。孟小冬是年與章遏雲應邀從北京同赴上海參加「黃金大戲院」義演時，聽說了露蘭春不幸英年早逝的消息，她找到露蘭春早年留下的唱片，聽到其中〈罵毛延壽〉，一聲高亢悲憤的叫板：「毛延壽呀！你這賣國的奸臣！」和〈蓮英驚夢〉中，一段【西皮原板】：「你把那，冤枉的事，細說分明……」那唱得無限悽楚悲涼的聲腔，再次迴盪於天地之間，彷彿是露蘭春的遺音在向世人控訴自己的悲慘人生啊！同病相憐的孟小冬，聽著聽著潸然淚下，原定四十天的演出計畫，終因情緒不佳及健康原因只演出了二十天。

一代名伶露蘭春為後人留下了《搜孤救孤》、《逍遙津》、《轅門斬子》、《五雷陣》、《斬黃袍》、《落馬湖》、《獨木關》、《打嚴嵩》、《蘇武罵毛延壽》、《宏碧緣》、《閻瑞生（驚夢）》等，一九二一年至一九三一年先後灌製的老唱片三十餘張。

5 杜月笙其人其事

天下頭號戲迷

孟小冬雖然遠離了上海，但在她幼小的心靈裡，杜月笙的影子始終揮之不去。雖然，她也聽人們對此人有各種褒貶不一的說法，而在她眼裡，杜和其他權貴們對藝人的態度有著本質的區別——他懂戲，尊重藝術，尊重藝人。

杜月笙一生好旋，在伶界以樂於捧角而出名。因此伶界人士無不對他尊敬，他在伶界人士的心目中是尊而可親的長者。無論認識與不認識，伶界人士對杜月笙都有一份特別親切的感情，凡是到過上海的伶人不曾受過杜月笙幫忙者很少。另外，杜月笙身入虎穴搭救師傅黃老頭子的俠義之舉，也深令孟小冬所欽佩。在孟氏父女離滬之前，他們曾登門拜謝了杜月笙。杜月笙並沒有挽留他們，卻說道：「以後我到啥個地方聽小冬的戲呢？你們去跑馬頭也需要用錢，這樣吧，我請百代唱片公司給小冬灌幾張唱片，我也可以想聽她的戲就聽了，一舉兩得，大家開心啊！」孟鴻群連連道謝。孟小冬在杜月笙的幫襯下，首次由上海百代唱片公司灌了《擊鼓罵曹》、《逍遙津》、《徐策跑城》、《武家坡》、《奇冤報》、《捉放曹》等唱片。如今這些孟小冬早期充滿「海派」味道的唱片，已成為彌足珍貴的京劇文化遺產了。

孟小冬的出現，讓杜月笙對京劇藝術更是癡迷，他從此自稱「天下頭號戲迷」，並開始兼任多家票房理事。一九二三年，他還和徐品丹在老西門創辦了恆社（幫會組織「恆社」的前身）票房，成員最多時達三十餘人，除一部分名票外，多數為杜之門徒，且多為當時政、軍、工商各界上層人物。主要成員有黃寅蓀、倪潤生、馬寶剛、琴師王維忠等。名伶馬連良、高慶奎、譚富英、葉盛蘭，名票趙培鑫、趙榮琛、楊畹農等人，皆是恆社票房門徒。杜月笙戲癮很大，不光愛聽愛看，他還請專人教授，學會後就到票房裡走票，經常彩排演出，甚至登台演出過戲癮。因人多，角色齊全，且自設舞台，自備服裝道具，並創辦「徐品記」商店，出租服裝給上海各票房使用，「以戲養戲」，亦顯其市場經營的本事，故在上海聞名遐邇。

一九二二年，杜月笙在無錫榮宗敬（榮毅仁的伯父）五十壽辰的堂會上，首次粉墨登台。人們記憶最深的幾次大型演出，如一九二四年為齊（燮元）盧（永祥）戰爭的難民組織募捐義演，杜月笙和他的拜把兄弟張嘯林合演過《連環套》。一九三〇年，杭州西湖博覽會開幕時舉辦的義務戲專場，他和張嘯林合演過《打嚴嵩》。一九三一年，上海中華販濟會救濟長江水災募捐義演，他和張嘯林合演過《落馬湖》。上海證券交易所理事長張慰如主演《玉堂春》，飾王金龍，他和張嘯林分別扮演藍袍和紅袍。

許多年來，人們津津樂道的是杜月笙對孟小冬如何如何，而殊不知孟小冬所傳遞的京劇藝術魅力，又如何造就了杜月笙做人的另一面呢？當然，其中也包括造就了杜月笙與姚玉蘭、孟小冬的京劇情緣。而這正是杜與黃金榮的強娶豪奪的惡霸行徑之最大區別，所以其婚姻的結局也是截然不同的。

杜月笙喜歡結交戲曲界人士，京津滬的京劇界名人，大都與他有來往。他還專門請天津德勝魁科班出科的苗勝春教戲，此公除了不演旦角，其他行當無所不能，在梨園界得「戲包袱」（會戲極多的意思）美譽，伶票兩界無論長幼，一概尊稱他苗二爺。杜月笙虛心向苗二爺學戲，以師尊之，以禮待之。杜月笙能夠登台演出，全靠苗勝春的精心包辦，他不但教戲，還替杜設計行頭，化妝紮扮，杜在台上又由他親自擔任檢場【注一】。杜自知唱工、做工不夠，便想在行頭上出風頭——《連環套》中他演黃天霸，有四場戲，便特製了四件講究的蘇繡褶子，出一次場換一身袍。他戴的頭盔因水鑽綴得特多，份量特別重，壓得他頭昏腦脹，不時地忘詞兒。於是台上台下一起來幫忙：台上檢場的苗勝春捧著茶壺趕緊走過去給杜飲場【注二】，趁此機會在杜的耳邊提詞；

【注一】檢場，是舊時京劇舞台上的特殊行當，京劇演出中使用的大小道具和簡單的布景，行話統稱為「砌末」，包括燭台、燈籠、船槳、書信、紙墨筆硯、布城、亭子等，要方便舞美人員搬移，就只取其造型的表意效果而不講求戲劇之外的實際用途，因此不用真材實料；還有上百種的兵器（行話叫「把子」）和一些旗幟儀仗，形狀與實物相仿，也都是一些表現性的道具。所有的道具由「檢場」（專門的舞台工作人員）管理。檢場人在演出中的任務是打門簾、搬桌椅、撒火彩以及在舞台上保護演員的安全。

【注二】飲場，是京劇戲班的舊俗。舊時京劇演員在台上演出中間，常由檢場人員上台遞送茶水，讓演員當場飲用潤喉。

台下一大批捧客則齊心合力地高聲叫好和熱烈鼓掌，這樣一來，忘詞兒的窘態就被遮掩過去了。過足了戲癮的杜月笙下台鬆了口氣說：「阿拉唱一場戲賽過生一場病，實在吃不消，吾這是苦中作樂啊。」話雖如此，但他內心卻感到一絲甜美的享受。

據當年看過杜月笙演出的人回憶，杜演戲十分認真賣力，加上台下捧場者不時鼓掌叫好，頗令他感到心滿意足呢！杜月笙平時說浦東方言，唱戲也不脫本色，他在《打嚴嵩》中演鄒應龍，那大段「忽聽萬歲宣應龍，在朝房來了我保國臣」的【西皮流水】，咬字、吐音浦東腔十足。當時上海唱獨腳戲的老牌滑稽藝人王無能就編了一段〈杜月笙打嚴嵩〉，將杜月笙的浦東腔京劇學得維妙維肖，大受聽眾歡迎。此事傳到杜月笙的耳朵裡，在一次杜公館舉行堂會時，他便差人送柬，請王無能來演這個節目。王無能心驚膽顫，又不敢不

一九二四年杜月笙與張嘯林合演京劇《連環套》

到，無奈之下，硬著頭皮當著杜月笙的面表演了一回〈杜月笙打嚴嵩〉。唱完，他心虛地看了看台下杜月笙的反應，又臨時加了一句拍馬屁的話：「我唱的是杜派，杜先生已經自成一派了。」王無能活靈活現地表演讓杜月笙看得很開心，聽得也十分舒坦，不但未加怪罪，還少有地開懷大笑，連連稱道：「滿像，滿像的。」出手賞給了王無能現大洋二百塊。

上海灘的紳商大吏講究舉辦堂會，這在杜月笙家也習以為常。杜月笙在上海舉辦的京劇堂會戲，主要的有五次：一九三〇年大小姐杜美如滿月、一九三一年浦東杜氏家祠落成、一九三三年陳氏如夫人三十壽辰、一九三六年大少爺杜維藩結婚（此後因八年抗戰暫停）、一九四七年杜本人花甲大慶。這五次堂會戲中，有兩次最有特色：一次是一九三一年六月九日至十一日，將四大名旦（梅蘭芳、尚小雲、程硯秋、荀慧生）、四大老生（馬連良、言菊朋、高慶奎、譚富英）和武生楊小樓、李吉瑞，老旦龔雲甫，小生姜妙香、金仲仁，小丑馬富祿，以及南方的麒麟童、趙如泉、王虎臣、林樹森、高雪樵、王芸芳、劉奎官、小楊月樓等等，所有的南北名角，幾乎一網打盡。唯一的美中不足，是少了一位因病缺席的老生泰斗余叔岩，但其盛況在上海灘歷來的堂會戲中，已是空前絕後的了。又一次是一九四七年，因有孟小冬參加，一齣《搜孤救孤》的絕唱，足以彌補十五年前余叔岩因病不到的遺憾。其他三次堂會戲也都是名角薈萃，規模浩大：如一九三〇年那次吸引了張學良夫人于鳳至也趕來觀看，一九三三年那次假座戈登路（今江寧路）達華飯店連演三天，一九三六年那次包下了新新公司（今上海市食品一店）的全部各層樓面，設東西兩個劇場同時上演。但這三次由於各種原因，諸大名角不可能全都到齊。然而有一點卻足以使杜月笙自豪，那就是伶界大王梅蘭芳每次必到，從未缺席過。此外，梅蘭芳還陪杜月笙一起演過《四郎探母》中的〈坐宮〉一折，這也是杜月笙票戲活動中最為光彩的一頁。可以說梅、杜二人交情頗深，究其根源是他們為人均以「義」字當先，而惺惺相惜，相互敬重。尤其是杜月笙對伶人的態度，與當時的一些所謂社會名流一面捧角兒、好旋，一面又歧視藝人為「戲子」屬「下九流」之輩，截然不同。因此，像杜月笙這樣黑白兩道都頗受爭議的人物，當年卻為廣大伶人所尊敬甚至擁戴，也就不足為怪了。

上海灘的幫會大亨

說到這兒，不能不再評說一下杜月笙其人，因為他是影響孟小冬命運的兩個至關重要男人之一。而恰恰是這位在「解放」後，由於有反共歷史背景，被定性為舊社會的黑勢力、流氓大亨，是蔣介石鎮壓共產黨的幫兇。罪惡累累、罄竹難書的杜月笙這個反面人物，數十年給予孟小冬的幫助卻是正面的、無私的。而這位杜先生在上海灘樂善好施、忠義愛國、懲殺漢奸，曾有系列善舉也被長期埋沒。在他身上，十分典型地體現了人性「善」「惡」的兩面：說他是「好人」，他卻做過許多十惡不赦的壞事；說他是「壞人」，他卻做過許多愛國愛民的好事。因此，界定歷史人物之善惡好壞，是一件既複雜又困難的事情，不可妄議，評價其人當以民族大義和國家利益至上。而又恰恰是這樣一個複雜的歷史人物，幾乎像影子一樣伴隨了孟小冬的戲劇人生。

杜月笙是近代上海青幫中最著名的人物，原名月生，後改名鏞，號月笙，一八八八年出生於江蘇川沙（今屬上海市浦東新區）高橋南杜家宅。四歲以前，母父相繼去世，先後由其繼母和舅父養育。十四歲到上海十六鋪鴻元盛水果行當學徒。身材瘦弱、舉目無親的杜月笙很快就與流氓為伍，又嗜賭成性，成了地道的小癟三。不久被開除，又轉到潘源盛水果店當店員。後拜青幫陳世昌為老頭子。陳世昌是小東門一帶的流氓頭子，綽號「套簽子福生」，在青幫中屬「通」字輩。杜月笙按序排在「悟」字輩。由於陳世昌等人的關係，杜月笙獲得機會進入青幫老大黃金榮公館。他機靈詭詐，善解人意，辦事俐落，很快獲得當時法租界華探頭目、黑社會頭面人物黃金榮和夫人葉桂生的賞識，成為其親信，由傭差上升為鴉片提運，並負責經營法租界三大賭場之一——公興俱樂部。

一九一三年十一月，十九年華的梅蘭芳首次來上海「丹桂第一台」演出，去八仙僑同孚里黃金榮公館拜客，已經見到杜月笙在金榮麻皮手下當差了。隔年梅蘭芳再度來上海演出，杜月笙已脫穎而出，不復寄人籬下，而成為獨當一面的人物了。

在上海灘的三大亨中，杜月笙比黃金榮小十九歲，比張嘯林小十一歲，他出道最晚，資格最淺，可是他比黃豪爽，比張文雅，特別他比黃、張有遠見，懂謀略，善交際，因而國民黨大老胡漢民稱杜為「俠而儒者」，是有道理的。杜的這些能耐也正是他能後來居上，超過黃、張的重要因素。

杜月笙早年胸前掛著金錶鍊，手上戴著大鑽石戒指，自從踏入上層社會之後，這些都取掉了，而且把口裡的「三字經」（觸那娘）也戒掉了。平時端端正正地穿著長衫布鞋，一副文質彬彬的模樣；甚至三伏天在家裡，也一身的紡綢衫褲還是穿得整整齊齊。有人勸他脫了涼快一下，杜的回答很妙，他說：「我這裡也算豪門巨宅了，如果主人只穿一件汗衫，我身邊那幫紅眉毛、綠眼睛的手下人，都會向我看齊，甚至變本加厲，脫光了身體只剩一條短褲了的，那麼杜公館就變成洗澡堂子了。」

二十年代中期至淞滬抗戰時期，是杜月笙一生中最玩兒得轉、吃得開的時期，也就是他的口頭禪：「在上海閒話一句的時代。」當初凡上海灘無論什麼資資糾紛、勞資糾紛、拆股份、鬧工潮、販賣軍火、贖綁票、爭遺產、打官司、替要人闊老拆姘頭、白相名女人，以及修造寺廟、施衣施藥、救濟災民等等；凡是別人不太好辦的事情，去找杜商量，便沒有不能解決的。比如杜月笙歷來舉辦的京劇堂會戲，包括他本人票戲的登台演出，其中多次都是打著救濟災民的名目而為募捐演出的義務戲。

杜月笙出道之初，因其善於糾合同夥，勾結軍閥，利用租界勢力，很快使他成為鴉片提運中最有勢力的一個。一九二五年七月，杜月笙在租界與軍閥當局庇護下，成立「三鑫公司」，壟斷法租界鴉片提運，勢力日大，成為與黃金榮、張嘯林並稱的「上海三大亨」之一。同年，擔任法租界商會總聯合會主席，兼納稅華人會監察。在上海三大亨中，有「黃金榮貪財，張嘯林善打，杜月笙會做人」的說法。比起黃、張來，杜月笙確實高明一些，他善於協調黑社會各派勢力之間的關係，善於處理與各派軍閥之間的關係，善斂財，會散財。他通過販賣鴉片、開設賭台等活動，大量聚斂錢財。然後，又以這些不義之財，籠絡社會上各種人物，從政治要人、文人墨客到幫會骨幹，無所不有。由於他在上海曾善待過下台總統黎元洪，黎元洪的祕書長特撰一副對聯：「春申門下三千客，小杜城南五尺天。」他因此被其黨羽吹捧為「當代春申君」，而其影響竟深入人心數十年。到一九八二年許姬傳在大陸遙祭孟小冬時，還有詩曰：「回首春申歌舞池，繞樑遺韻落芳塵。」仍以「春申」暗諭杜月笙，可見當時杜某人享此美譽絕非虛妄之言。杜月笙也做些收買人心的事情。他持續多年購買預防傳染病的藥水，送到浦東老家，按戶免費發放。每逢上海及附近地區發生災害，他必定出面組織賑濟。他有時還做出維護工人利益的形象，出面調解勞資糾紛。他一改傳統的身著短打、手戴戒指、捲袖開懷的打扮，而是四季身著長衫，打扮斯文，給人一種溫文爾雅的形象。他附庸風雅，廣結名流，大學者章太炎、名士楊度、名律師秦聯奎都是他的座上客。由此，杜月笙的社會地位和公眾形象不斷提升。

一九二七年四月，杜月笙與黃金榮、張嘯林組織中華共進會，為蔣介石鎮壓革命運動充當打手。四月十一日晚，他設計騙殺了上海工人運動領袖汪壽華，隨後又指使流氓鎮壓工人糾察隊。他因此獲得蔣介石的支持。南京政府成立後，他擔任陸海空總司令部顧問，軍事委員會少將參議和行政院參議，雖是虛銜，但有助於提高其社會地位。同年九月，任法租界公董局臨時華董顧問，一九二九年任公董局華董，這是華人在法租界最高的位置。

一九二九年，杜月笙創辦中匯銀行，涉足上海金融業。通過結交金融界徐新六、陳光甫、唐壽民等著名人士，他的銀行業務頗為興旺。

一九三〇年七月，國民黨中央又頒佈了修正的《人民團體組織方案》，對社會團體的組織做了種種規定。在這種情況下，杜又及時地改造幫會組織舊有形式，以適應社會氣候變化，繼續混跡世上。隨著杜月笙勢力的膨脹和踏入金融工商實業界，出於躋身上流社會的需要，同時為了將城市中產階級人士納入到自己的勢力圈子，舊有幫會通常的猙獰面目顯然落後於時勢，社會和杜月笙都需要一種既體面時髦又實際有效的新型幫會組織形式。由於京劇票房恆社在社會上頗有影響，名聲也不錯，在杜月笙得意門生陸京士的建議下，把恆社票房之「恆社」冠以重新組建的幫會名稱，深得杜月笙讚許，並把籌組恆社的重任全權託付予陸京士，又親自指定了那些有較高社會地位的親信門徒如唐承宗、徐想棠、唐世昌、王先青、許也夫、萬墨林、朱學範（後為大陸首任郵電部部長）等十九人為發起人。恆社經過一段時間的精心策畫，得到了國民黨社會部的批准，並在上海法租界註冊登記。恆社是在諸多新式幫會中最成功的一個典型。社名取「如月之恆」的典故，名義上是民間社團，以「進德修業，崇道尚義，互信互助，服務社會，效忠國家」為宗旨，實際上是幫會組織。杜月笙藉此廣收門徒，向社會各方面伸展勢力。恆社初成立時，有一百三十餘人，到一九三七年達五百二十餘人，除原有戲曲界人士外，國民黨上海市黨部、上海市社會局、新聞界、電影界等許多方面的人士都參加進來。

二十世紀二十至四十年代的上海灘，充滿了各種勢力之間相互爭鬥的矛盾，如西方各國在上海的租界與租界之間的矛盾，軍閥與租界和地方勢力的矛盾，幫會之間的矛盾，勞工矛盾，工商、金融界相互競爭的矛盾等等，盤根錯節，錯綜複雜，就像一個沒有遊戲規則的「聯合國」。十里洋場需要一個有威望、有能力、有實力能壓得住場面人物出來，擺平各種勢力之間矛盾，維持平衡，保持上海的經濟繁榮和社會穩定。杜月笙就此應運而生，這位「流氓」出身的人，就這樣成了上海灘一言九鼎的「皇帝」。

抗日愛國義士

一九三七年七月七日盧溝橋事變爆發，中國進入了全面抗戰時期。面對國家安危存亡，杜月笙的人生道路也發生著重大轉折。在上海，各種群眾性的救亡團體如雨後春筍般地湧現出來。杜月笙的浦東同鄉、好友黃炎培先生建議杜月笙利用其在社會上的影響發起組織抗敵後援會。七月二十二日，上海市各界抗敵後援會正式成立，杜月笙擔任該會主席團成員兼任籌募委員會主任委員。七月下旬，抗敵後援會發出了徵募救國捐的宣言。八月七日，杜月笙為此赴電台做了慷慨激昂的抗戰專題廣播演講。「八・一三」淞滬保衛戰開始後，杜月笙以高度的愛國熱情加緊籌集資金，並輸送給養支援前線，收容和安置難民，以各種方式支援中國軍隊對日作戰。八月十九日，他在報紙上發布徵募救國捐和金銀物品的告示，僅月餘時間，杜月笙主持的籌募會就籌集得救國捐一百五十餘萬元，有力地支援了前方的抗戰。二十四日，杜月笙又馬不停蹄地參與了新成立的救國公債勸募委員會的工作。他多次在報刊、電台發表談話，呼籲上海市民「毀家紓難」、「援助政府」。在一次演講中杜月笙強調說：「從九一八到現在，匆匆地已經七年了，這七年中間，備受了敵人的壓迫，我們

穿軍裝的杜月笙

常常臥薪嘗膽地刻苦自勵，同時還期待著世界的公論。然而侵略者的野心，並沒有為了世界公論而削弱，只有變本加厲地格外侵略得厲害」，因此「我們絕不能存著依賴心來希望人家幫忙，救國完全要靠我們自己的力量」。杜月笙主動將杜美路的私宅借給財政部「勸募委員會」做辦公地點，自任上海市民勸募總隊隊長、上海商界勸募總隊副隊長。經杜月笙等人全力奔走，依靠自己在上海的影響力和人民的愛國熱情，全市共認購了救國公債七千五百萬元，幾乎占全部發行量的六分之一。

當時國民革命軍數萬人馬匯集上海對日作戰，日用品損耗短缺十分嚴重。十月一日，國民黨中央執行委員會通過上海市黨部密令市各界抗敵後援會迅募皮棉背心、青布鞋襪、衛生衣褲、手套、耳套及棉毯等匯解軍事委員會配發前方。為了完成這一任務，杜月笙於十月三日通過電台播音勸募棉背心，同一天又擔任新組建的浦東棉花運輸會常委，負責支前。「八・一三」抗戰時，杜月笙個人出資一萬多元買了一輛裝甲汽車送給淞滬戰場右翼軍總司令張發奎。「八・一三」抗戰後期，杜月笙得知駐守在四行倉庫的謝晉元團缺乏食品時，僅用了一天時間即向謝團送去了光餅二十萬塊。杜月笙在抗敵後援會期間經手籌募的錢款是大量的，工作是有成效的。事後蔣介石認為杜在抗敵後援會中曾有「賠墊」，特撥了現款十萬元作為「補償」。

特別值得一提的是，一九三七年十月，時任上海市各界抗敵後援會主席的杜月笙應八路軍駐滬代表潘漢年的要求，向晉北前線的八路軍將士捐贈荷蘭進口的防毒面具一千套，對共產黨的抗日主張表示了支持合作的態度。

「八・一三」抗戰期間，如何收容、安置越來越多的難民也是必須予以及時解決的重大問題。杜月笙對此極為重視，認真予以辦理。九月九日，他以上海市地方協會負責人的身分參加了上海市救濟會。嗣後因難民越來越多，設於仁濟堂的市救濟會辦公處的工作人員猛增至一百餘人，難以照常開展工作。杜月笙獲悉後即同意將救濟會辦公處遷至浦東同鄉會二樓，使該會一切均上軌道。

杜月笙還直接參與了上海抗戰部分軍事行動。「八・一三」抗戰爆發後不久，戴笠奉蔣介石之命與杜月笙合謀，利用幫會組織軍事委員會蘇浙行動委員會。九月間，杜月笙通過恆社發出通告，號召願意參加實際抗日工作的恆社社員踴躍報名加入該會。蘇浙行動委員會下設動員部和游擊總指揮部，淞滬別動隊歸游擊總指揮部管轄。游擊總指揮部總指揮劉志陸原屬桂系陸榮廷部，後投奔蔣介石。被劉珍年打敗後，他便到上海做了寓公。劉志陸與杜月笙關係甚好，游擊總指揮部總參謀長楊仲華也是杜月笙的門生。杜月笙自己出錢捐贈了五千支快慢機手槍，又利用自己的影響，動員了幫會成員、工人、學生、店員、失業青年入伍。新建立的別動隊下轄五個支隊，其中有半數是杜月笙的門徒。第一支隊經向海潛提名，由腳跨青、洪兩幫的軍統特務何行建（即何天風）任隊長。第二、第三支隊的隊長均由杜月笙提名，分別由恆社骨幹陸京士和朱學範擔任。第四支隊隊長張業、第五支隊隊長陶一珊均為戴笠部下。各支隊編制為一千五百人，下設三個中隊，各中隊下設三個區隊，各區隊下設三個分隊。別動隊組建後分布於浦東、奉賢、南匯和上海縣等地，接替國民黨正規軍駐防。十月，這支僅以一月時間倉促成立的游擊部隊，在上海南市和蘇州河兩岸配合正規軍與日寇作戰，儘管做戰能力差，但大多數成員異常英勇頑強，為中華民族抗戰做出了犧牲。一九三七年十一月九日，第一、二、三支隊開始投入阻擋日軍精銳的猛攻，第三、第五支隊配合國民黨正規軍五十師某旅堅守南市三天。十一月十一日，日軍在金山衛登陸後，第三支隊第九大隊在國民黨軍撤退的情況下，曾在青浦阻擊過日軍，但因敵我力量對比懸殊，被敵擊潰。上海失陷後，別動隊除四支隊在蘇州河北岸全部陣亡，五支隊化整為零轉入地下外，一、二支隊開赴浦東打游擊，三支隊一部撤回租界搞地下抗日工作。根據當時擔任蘇浙行動委員會人事科科長的文強先生的統計，在一九三七年八一三中日淞滬會戰中，別動隊官兵犧牲一千五百人以上，受傷的人數在五百餘人。據說，杜月笙頗為悲痛，他不是心疼錢，而是哀憐那些為國捐軀的青年，其中很多人是他的徒弟。

上海淪陷後，戰局急轉直下，蔣介石為了阻止日本海軍大規模溯江西侵提出了封鎖長江的計畫。此時杜月笙又顧全大局，率先指令自己的大達輪船公司開出幾艘輪船行駛至江面炸沉。在杜月笙的帶領下，其他輪船公司也紛起回應，炸船沉江，阻塞了長江航道，遲滯了日軍的瘋狂進攻。

杜月笙認為，「戰爭的最後勝利，不在軍隊一時之進退，不在一時軍事占領之廣狹，死傷之多寡」，只要「我國力戰不已，則無論戰在沿海、戰在沿江，或戰在內地，我國皆在勝利之中途也」；「任何事業、任何鬥爭，誰能持久，誰能得到最後勝利」。為了爭取抗戰最後勝利，杜月笙在上海淪陷後以市各界抗敵委員會負責人的身分仍在租界內堅持了一段時間。他曾不惜鉅資買了不少中共黨組織設法出版的《西行漫記》、《魯迅全集》等進步書籍，燙上「杜月笙贈」的金字送給租界內的各大圖書館，支持抗日宣傳，為廣大市民提供抗日救亡的精神食糧。

上海師範大學教授邵雍曾經對杜月笙在淞滬抗戰間的行動做過鉤沉，得到這樣的結論：「當時在文化上最有影響的是郭沫若他們辦的《救亡日報》，但是在具體事物上，做出貢獻最多的應該是擔任上海地方協會會長的杜月笙了。」邵雍說：「他有當時國民政府都沒有的廣泛的對社會各階層的影響力，而且肯出力。像黃金榮就貪財，只拿進不拿出，做不到像他這樣。」

一九三七年十一月二十六日晚，杜月笙拋下了所有的家屬，與宋子文、俞鴻鈞等人祕密乘船赴香港，繼續進行抗日救亡工作。杜月笙在香港期間，一直把上海作為繼續從事抗日救亡工作的重要據點。他通過專用電台與上海保持聯繫，對上海的情況瞭若指掌。一九三九年八月，國民黨中央組織部副部長吳開先奉命潛入上海，收拾殘局。杜月笙事先為吳開先安排去上海的路線，指定在滬管家萬墨林就地接應，並為吳提供住處和自備汽車。無奈吳開先在上海住了半年，遲遲打不開局面。杜月笙當即提議中央設一總的機構，全盤負責上海的地下工作。蔣介石很快採納了這一建議，決定成立以杜月笙為主任、吳開先為書記長的上海敵後工作統一委員會，統一指導在滬的國民黨、三青團、軍統、中統以及幫會組織的抗日地下活動。蔣介石還通過吳開先傳達他的口信：「上海的陣地是不能失的，以後請月笙先生多偏勞了。」上海敵後工作統一委員會建立後採取各種辦法，迫使上海資產階級的頭面人物虞洽卿等人離滬赴渝；制止了黃金榮公開出任偽職；據說，上海另一幫會頭目張嘯林投敵被暗殺，也與杜月笙有關。對上海巨大的人力資源免為敵人利用做了一些有益的工作。

一九三九年十一月杜月笙從留滬門徒徐采丞處獲悉汪偽集團的高宗武、陶希聖有反正意向後，急飛重慶向蔣介石彙報。返港後杜與高、陶代表黃群接觸面談後再次飛抵重慶向蔣彙報，請示機宜，一九四〇年一月，高、陶二人在杜月笙的周密安排下祕密離滬赴港。不久陶希聖滯留在上海的三個孩子亦經杜月笙、萬墨林的精心籌畫安全抵達香港。一月二十一日，高、陶揭露的「日汪密約」由中央社公開曝光，此舉沉重打擊了汪精衛賣國集團，全國各地紛紛掀起討汪運動。蔣介石為此特撥款二十萬元給杜月笙，以資酬勞。

吳開先後來在回憶中稱：「終汪逆之世，上海所有銀錢業較知名之士，無一敢冒不韙而參加敵偽之金融組織者。此事第一由於孔庸之部長之運用得力，第二應歸功於杜月笙先生之鼓勵成功。」

全國解放後，在大陸的報刊、書籍中，人們常看到有關舊上海青幫頭目杜月笙的文字，受意識形態和極左路線影響，大都述及他的種種劣跡，完全是一副猙獰惡棍面目；近年來，間或偶爾提到，杜講義氣，有骨氣，在抗戰中做了一些貢獻。也許這就是污點斑斑的黑社會頭子人生的另一面吧。

在上述這段艱難的日子裡，孟小冬就生活在姚玉蘭、杜月笙身旁，她也親眼目睹了杜月

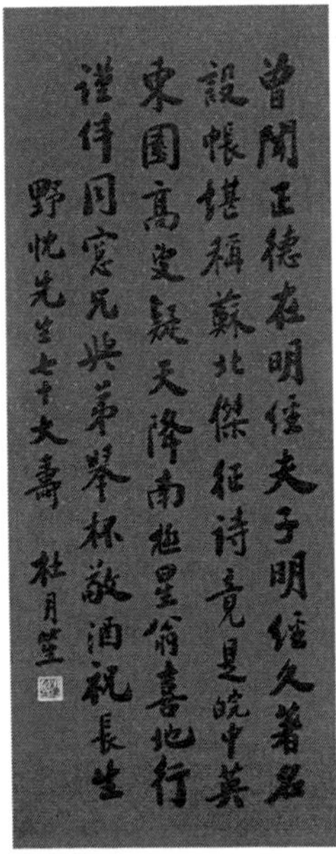

杜月笙書法楷書鏡心《野忱先生七十大壽》

笙在國難當頭的時候的所做所為，並且自己在其影響之下，也曾走上街頭參加募捐活動。她從這現實的愛國主義教育中，懂得了許多許多過去在戲曲舞台上學不到的東西。後來，當她回到已經淪陷的北平後，就決定淡出舞台，捨去名利，專心學藝，不為敵偽粉墨登場，不能不說是她親歷淞滬抗戰的經歷，對她在八年抗戰期間的潔身自好起了潛移默化的影響。

6 北上求師名揚津京

改弦更張

為了開闊孟小冬的眼界，使其廣結京劇藝術的良師益友，一九二二年，杜月笙把孟小冬拉進了自己的票房，他們經常一起參加活動，在那兒孟小冬認識了上海譚派名票程君謀。程君謀是晚清學究程十髮的四公子，到他這代家道中落，好在早年跟陳彥衡學過戲。當年白牡丹（荀慧生）找老生配戲，見其唱工好就勸他下海，當時程家潦倒，出於無奈就搭上白牡丹班子，沒想打炮就紅，被稱為「票友中的譚鑫培」，名氣尤在譚富英之上，老生中除余叔岩外沒蓋過他的。提起此人之子程之、之孫程前，如今皆是觀眾所熟悉的影視明星。孟常聆聽程君謀之唱，覺其清越之嗓音、勁亮之歌唱，與己相適，因此蓄意與程君謀學戲。經杜月笙當面說合，君謀授以《空城計》、《南陽關》等數齣戲，並為小冬操琴，後又另出「特約程君謀先生操琴」的海報，為小冬當了一期琴師。君謀本是玩票的票友，這一陣又說戲又改戲又操琴，十分辛苦。後來程君謀對朋友說：「把孟小冬的路子撥正過來，比教一個初學唱戲的人還要難。」孟小冬由此開始對譚派藝術有了新的理解和認識。孟小冬評判眼光的確立，有一個合理的過程。她少年學戲的第一個師傅是仇月祥，屬於從「老三派」之一張二奎傳至孫菊仙的那一路，氣勢充沛，鋼筋鐵骨，保留著皮黃草創時期「時尚黃腔喊似雷」的遺風。隨著京劇藝術逐漸成熟，劇場裡的觀眾也從聽「喊似雷」式的宣洩，逐漸懂得品咂滋味，以至於發展到清末民初京城「無腔不譚」。從學理上分析，譚派的興盛，還在於當時生行系統裡，武生和老生的進一步分支。從張二奎到孫菊仙的這一路唱法，更適合塑造武將豪傑；而需要有書卷氣的老生，也就是鬚生，則由譚派來演繹更為合適。孟小冬工鬚生，當然會傾向於老譚。這次她拜譚派名票程君謀為師，並請他操琴，是孟在京劇藝術道路上的一個轉折。

孟小冬

最早以譚派影響孟小冬的，應該還有曾任譚鑫培琴師的孫佐臣。孫佐臣，北京人，名光通，字佐臣，小名老元，幼入德勝奎科班學老生兼習武生和武老生。後因倒倉嗓子壞了而拜師賈祥瑞學習胡琴，他十七歲就給大老闆程長庚一度操琴，有「胡琴聖手」的美譽。後又傍過譚鑫培、汪桂芬、孫菊仙等，托腔之熟，一時無二。余叔岩在搭梅蘭芳喜群社的時候，經陳德霖介紹，孫開始給余操琴，以後余叔岩在上海「丹桂第一台」和漢口演出，都是帶孫佐臣去的；在漢口尤其大紅，人稱「全國第一琴」。他的琴音響亮，尺寸磁實，拉出的花字乾淨從無噪音；兩手剛健，單字隨腔，能把唱腔包裹得渾圓一體，托腔又平正大方。《清代伶官傳》記載：「光通手音既佳，腕復靈妙、捩出之音，清響而逸，故頗為時人所許，每演博彩聲不少。」陳彥衡說他：「手音極響，以挺拔取姿，雖好用花點而路數大方，不失

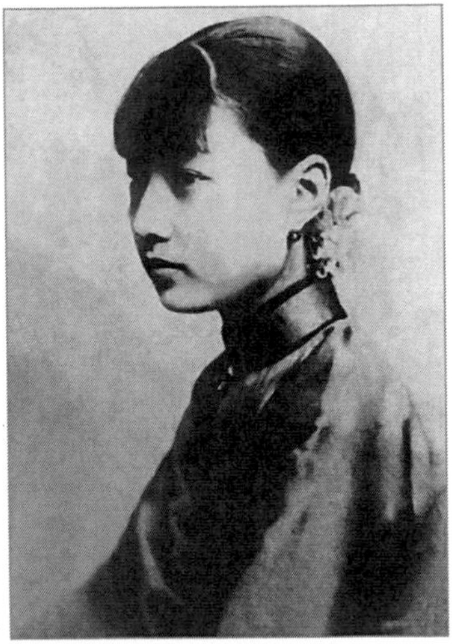
孟小冬

矩矱較之以大鼓俚曲加入過門者，其格調之高下，相去不啻天壤矣。」孫佐臣的手指特長，按琴弦高音時，無須換把位，卻能上下裕如，音高準確。

為了讓孟小冬的舞台藝術得到不斷昇華，杜月笙又煞費苦心地帶她登門拜了孫佐臣為師。拜師那天，孟小冬穿著棗紅的緞旗袍，外罩上黑獐絨的坎肩，戴著貂皮帽子，十六七歲的孟大小姐已經出落得漂亮透頂，尤其雙目靈光四射，透著不凡的氣質，真是酷極了。孟小冬一生從不塗胭抹粉刻意打扮，她認為「藝人之美，應表現於舞台之上，而不是在台下」（雲燕銘的童年記憶）。孟小冬看見的孫佐臣是一位年近六十土掉了渣的老頭兒，一張瘦馬臉，戴著一頂藍色的氈帽，穿著一襲咖啡色的綢棉袍，加上一件粗黑呢子的背心外套，「人中」上染著一撮黃灰麵，那是他抹鼻煙的留痕。這師徒二人的外表極大反差，令一旁的杜

孟小冬《南陽關》飾伍召雲

月笙禁不住「噗哧」一聲，連忙扭過臉偷著樂。出來以後他笑著對小冬說：「儂不要看不起伊這一副猥瑣相，可伊拉起胡琴來卻是音色遐其剛亮、抑揚有致的。」孫佐臣有一肚子的譚余好腔，自然對孟是傾囊相授；在以後的數年間，孫佐臣長伴孟小冬左右，為其操琴、吊嗓、說戲，成為她戲曲人生中的又一良師益友。孟早期對余叔岩的唱法能夠得窺堂奧，充實自己，大部分得益於孫佐臣。

一九二三年二月十六日，農曆癸亥年正月初一日，孟小冬赴漢口「怡園」演出，海報上突出標明：「琴師：孫佐臣。」演出劇目有《捉放曹》、《四郎探母》、《打鼓罵曹》、《群英會》、《平貴別窯》等。連唱了三個月，轟動一時。孟小冬也由此開始棄孫（菊仙）宗譚（鑫培），在京劇藝術道路上邁上了新的台階。

追尋孟小冬京劇舞台藝術發展道路，應該這樣理解，或這樣說，孟小冬單純學譚的

孟小冬《李陵碑》飾楊繼業

時間是短暫的，時逢言菊朋、余叔岩的崛起，於是她在譚派系統裡兼收並蓄。除了分別問藝於陳秀華、陳彥衡、鮑吉祥、言菊朋外，對余派票友，她也時相盤桓請教。北平有位票友李適可，又名止庵，對余派唱腔有相當研究，還曾灌過一張《沙橋餞別》的唱片。孟小冬就自薦與他過從，多次登門虛心討教。她在一九三〇年代欲拜言菊朋為師時，言派已經形成，而真心愛護孟小冬的言菊朋，不教她自己的特色戲，而授以譚派的基本戲《捉放宿店》等。後來，他深知自己嗓音起了變化，示範譚腔力不從心，於是支持、鼓勵孟小冬去向余叔岩學習。由此，孟小冬又轉向誠心學余的藝術軌跡。

一九二四年六至七月初，孟小冬應邀三赴無錫，在新開張的「慶升園」主演了《四郎探母》、《失空斬》、《逍遙津》、《珠簾寨》和《十八扯》等戲，給無錫觀眾再次留下了深刻的印象。

孟小冬

「天下頭號戲迷」的杜月笙，始終在關注著孟小冬的成長，只要孟在滬演出，他幾乎每場必至，還常常在散戲後請她吃宵夜，談戲、論戲。這時的孟小冬已經長成亭亭玉立的大姑娘了，俊秀的臉蛋卻透著君子的厚重，完全沒有舊戲班坤伶那嬌滴滴的妖豔，言談舉止落落大方，隱隱一股孤傲男子之氣。這樣在女伶人之中絕無僅有的大氣，使杜月笙更加深了幾分愛重之意。一次他們談到孟的戲路太雜，有礙其進一步昇華，杜月笙便提議說：「儂不妨到北京去闖一闖，看看有沒有機會拜譚派名師，像言菊朋、余叔岩這些人，都已經自成一派，遐其吃香，他們的唱腔交關好聽，儂的嗓音天賦遠勝於他們哪。」這席話深深打動了孟小冬，她露出了平日少有的笑容。也許是杜月笙點燃了她內心繼續深造的聖火，其額頭長長瀏海下的面龐泛起一片紅雲。是啊，對於京戲演員來說，南方名角兒，若得不到北方京津觀眾的認可，名氣再大，似總有野路子之嫌。當時京劇藝人有一句話：「情願在北京數十吊一天，不願在滬上數千元一月。蓋上海人三百口同聲說好，固不及北邊識者之一字也。」北京是京劇藝人心目中的「聖地」。孟小冬平日從余叔岩的唱片聆聽余派聲腔，並從中模仿學習，早就對余叔岩有敬仰崇拜之意。這次聽了杜月笙的肺腑之言，孟小冬當機立斷，接受了杜月笙的建議，下定決心，走譚、余派的戲路，北上求師深造。表示藝不蓋世，絕不返滬。杜月笙欣慰地笑道：「儂要演戲養家，又要拜師學戲，如有難處儘管相告，我當贊助。」從此，孟小冬不必再為生計演出所累，她後來能夠專心投入余門學藝、因病長期息影舞台，以至避亂隱居，就是由於有杜月笙長期默默無私地幫助，這件鮮為人知的祕密（孟長期得到杜的關照資助，在當時的伶界是人所共知的「祕密」），已經成為孟、杜戲曲情緣中永遠的隱私了。

輾轉北上

孟小冬在杜月笙、孫佐臣、程君謀等人的熱情鼓勵支持下，終於和她的啟蒙師傅仇月祥分道揚鑣，做出了北上求師專習譚派的重大決擇，師傅仇月祥雖極不情願，父母雖然也難以割捨，但此時的孟小冬已經是戲班的主角兒，是孟家的「大掌櫃」了，她的決定就是「聖旨」。為了平撫仇月祥的失落和傷感，孟鴻群把五歲的小女兒孟幼冬過繼給了無子嗣的仇氏。

一九二四年秋，孟小冬與著名武生白玉昆在上海組班北上，輾轉山東濟南、天津、北京演出，琴師孫佐臣、程君謀隨同前往。在濟南演出時，除在白玉昆演出前加演老生戲《空城計》、《捉放曹》等戲外，還與白玉昆合演了《狸貓換太子》、《俠義英雄鑑》等。

孟小冬飾演《狸貓換太子》之陳琳

一九二五年春季，隨白玉昆班到達天津，演出於「新民」大戲院，與白玉昆、趙美英並掛頭牌合演了《武家坡》、《烏龍院》、《汾河灣》、《二進宮》、《桑園會》、《梅龍鎮》、《槍斃閻瑞生》和《十八扯》等戲。因大受歡迎常加演日場，臨別演出當晚，還加演了雙齣。孟小冬具有極佳的天賦條件，她扮相俊秀儒雅，嗓音蒼勁醇厚，立音強，善用丹田氣，無一般女性雌音，身段端莊凝重，大氣而脫俗。就在當時，已有人在報紙上對她的劇藝迭有佳評。如一九二四年十一月《大公報》有文稱她在四本《狸貓換太子》中扮演的陳琳「神情活潑，唱唸乾淨」。之後，一九二五年六月《大公報》又載文讚譽孟小冬之《四郎探母》稱：「小冬之楊延輝，扮相端莊，而好在處處有神，唱則咬字正確，字字有勁，〈坐宮〉一場最見精彩……不唯在坤角中獨步，與現時名伶多頡頏，亦不見稍遜。」

這個時期的孟小冬，演的劇目多而且雜，既有《四郎探母》、《捉放曹》、《空城計》、《珠簾寨》、《武家坡》一些傳統劇目，也有連台本戲《狸貓換太子》、《七擒孟獲》、《俠義英雄鑑》以至時裝戲《槍斃閻瑞生》等。此時，孟小冬已經認識到要想在戲曲舞台上有所成就，就必須與過去為了「混飯吃」，練就的一身「雜技」功夫割袍斷義，不能再遵循這條藝術道路走下去。演出期間，她曾投奔新天津報社劉髯公處，復經劉介紹向天津名票王君直、王庚生、韓慎先（夏山樓主）、竇硯峰、李采繁，潛心研習譚派演唱藝術，一字一腔，認真鑽研，並向竇硯峰、李采繁等研習京劇字韻。以後三年間，往返京、津演出期間，客居新天津報社，繼續不斷求教，苦練基本功；從靠把戲【注一】到衰派戲【注二】，一字一腔，一板一眼，絲毫不苟。

一鳴震京師

孟小冬由天津到北京，當時，北京正是男女分演時期，男女演員不能同台；她於六月五日首次搭永盛社坤班在前門外大柵欄「三慶園」夜戲，與趙碧雲合演全本《四郎探母》打炮，操琴伴奏是孫佐臣，獲得成功。當天的戲碼有：㈠四大坤淨之一王金奎的《草橋關》；㈡姜桂鳳《花蝴蝶》；㈢金蓮花《嫦娥奔月》和孟小冬、趙碧雲的大軸《四郎探母》。此係孟首次在北京公演，她以扮相容貌明慧，歌聲音調諧潤，抑揚頓挫，曲盡其妙，頗受觀眾歡迎。坊間評論是：「嗓音蒼勁醇厚，高低寬窄咸宜，衷氣充沛，滿宮滿調，且無雌音。」即便是一向反對舊劇的北大教授胡適，也評說孟小冬道：「身段、扮相、做工毫無女子之氣，真是好極了。」這次京師登台亮相，是孟小冬的京劇舞台生活中，最為關鍵的一次演出。

孟小冬乍到北京，正遇上一九二五年馮玉祥倒戈成功，張作霖漁翁得利，吳佩孚逃亡四川，段祺瑞執政無權，京師被奉軍所占。雖然時局紛紛亂亂，然而北京的市面景氣指數還算可以，京劇極其興盛，正逢余叔岩紅得發紫。同時北京又是旦角兒的世界，除梅、尚、程、荀四大名旦外，尚有徐碧雲、小翠花、朱琴心、程玉菁、黃桂秋、王幼卿等，浩浩蕩蕩，

【注一】靠把戲，就是紮靠（武將的服裝）的有武打內容的戲。如《珠簾寨》之李克用、《定軍山》之黃忠、《戰太平》之花雲、《長阪坡》之趙雲等。

【注二】衰派戲，就是主角為上歲數且境遇淒慘的男人的戲。衰派老生也叫「做工老生」，傳統戲曲角色行當，老生的一種。大都扮演衰老或精神衰頹的人物。以做工為主，如《四進士》之宋世傑。

足以媲美當時的鬚生如王又宸、馬連良、高慶奎、言菊朋、楊寶森、王鳳卿、譚富英、貫大元、時慧寶、陳少霖、安舒元、楊寶忠之輩。所以此時的京劇演員，欲在北京獨當一面組班演出，絕非易事。如從上海來京的麒麟童、夏月潤、馮子和、趙君玉等，甚至與小冬一起組班北上的白玉昆，都先後鎩羽而歸。唯有荳蔻年華的窈窕淑女孟小冬，異軍突起，受到格外的歡迎。在十多個明星雲集的戲班競爭之下，能有相當的號召力，以唱大軸的頭牌身分出現，成為風靡九城的紅角兒，足見其劇藝不同凡響。當年撰寫劇評的「燕京散人」，對孟腔有過細緻的描摹和評論：「孟小冬生得一副好嗓子，最難得的是沒有雌音，這在千千萬萬人裡是難得一見的，在女鬚生地界，不敢說後無來者，至少可說是前無古人。」

這次孟小冬和白玉昆搭班北上，白玉昆無功而返滬，孟小冬卻在北京站住了腳。她遂陸續演出於「開明」、「三慶」、「廣德」等戲園及城南「遊藝園」，初到北京時，演出劇目有《南陽關》、《四郎探母》、《武家坡》、《連營寨》兼演《狸貓換太子》等；始終保持著很高的票房紀錄。同時她不忘尋找機會細心觀摩余叔岩的舞台演出。而後，孟小冬逐漸放棄了「海派」劇目如《烏龍院》、《狸貓換太子》等。當年在長城、麗歌唱片公司灌製唱片《珠簾寨》、《捉放曹》和《逍遙津》三張。

孟小冬在京定居後，又向京劇音樂家、名琴師陳彥衡學譚（鑫培）派唱腔，並拜陳秀華為師，得名票王君直指點，反覆與言菊朋切磋表演藝術。

據許姬傳先生回憶：「一九二六年，天津聞人葉庸方支持孟小冬與金少梅合作組班，在『大羅天』劇場演出。我的老師陳彥衡先生訂了一個包廂，他約我聽孟小冬的《空城計》。陳老還對我說：『此戲的唱腔是我教的。』我第一次聽孟小冬的戲，覺得她嗓音寬亮，無女聲尖窄之通病，而且出字收音、行腔用氣都有準繩，扮相瀟灑，身段凝重，難怪受到胡適之的讚許。那天，孫佐臣為她操琴。散戲後，孫佐臣拿著胡琴走到台口對陳彥衡說：『今天打鼓佬夠嗆，我要沒點道行，就下海（即走板）啦。』」

就是在孟小冬藝途如日中天的時候，誰也不曾料到命運既眷顧她又捉弄她，孟小冬在人生旅途上邁出的這一步，竟使她既創造出以後事業的輝煌，又讓她經歷了一段對她造成幾乎致命傷害的傳奇婚姻。

一九二五年八月，北京也取消了男女不同台的限制；孟小冬參加北京「第一舞台」盛大義演，與裘桂仙合演《上天台》列倒三。大軸為梅蘭芳、楊小樓合演《霸王別姬》，余叔岩、尚小雲演壓軸《打漁殺家》。這是孟小冬第一次與梅蘭芳在後台擦肩而過，她只是出於

孟小冬《四郎探母》飾楊延輝

禮貌和對梅先生的敬仰，點頭示意，叫了一聲：「梅老闆。」而梅蘭芳卻是在化妝室內豎著耳朵，認真地伶聽了孟小冬的《上天台》。

孟小冬到北方的最大目的是要求得藝術上的發展，來京根基奠定以後，除了演出以外，她又在北京先後向陳秀華、陳彥衡等名師、名票請益，鑽研譚派藝術。孟小冬見識越廣，對京劇流派藝術的精髓理解越深。她認為余派藝術不僅在唱唸做表細膩深刻，絕非其他流派所能望其向背；而在唱腔方面的三音聯用（高音立、中音堂、低音蒼），能藏險妙於平淡，更為她所愛。對余派心儀已久的她，下定決心要尋找機會立雪余門，親炙教導。但當時機緣未到，孟小冬只能暗暗到戲園觀摩余叔岩的戲。余每在各園露演，小冬必為座上客，即使遇上暴風雨雪亦必往觀摩，聽完余戲回家便模仿唱做。令孟小冬難忘的是余叔岩息影之前，最後一次於「開明」戲園登台演出之《打棍出

孟小冬反串《遊龍戲鳳》李鳳姐

箱》。其時余叔岩已身體不佳，飾演范仲禹，嗓音雖嫌稍低，唯身上嘴裡之講求，仍一如往昔，絲毫不苟。菊壇大賢余叔岩的這份戲德，成為孟小冬一生所敬佩學習的楷模。她曾表示個人果能從余學戲，志願足矣！然而這個宿願的實現，竟讓她苦苦追求等待了十三年之久啊！

天津出品的「小冬」牌香煙

7 梅黨亂點鴛鴦譜

正當十八歲的孟小冬的演藝生涯看來一帆風順、前程似錦的時候，一場幾乎斷送了她藝術生命的噩夢悄然逼近。一樁陰錯陽差、乾坤顛倒的婚姻，在一群好事之徒的撮合操弄下，亂點鴛鴦譜，終於演繹出了孟小冬的人生悲劇，而闖入她婚姻生活的另一半，正是當時已名揚天下的京劇伶界之王——梅蘭芳。

梅蘭芳是中國京劇發展史上舉足輕重的表演藝術大師，早在二十世紀二三十年代，他就把以梅派藝術為代表的中國京劇先後帶到日本、美國和蘇聯。凡是看過梅蘭芳那熱烈而動人的演出場面，都會過目而不忘，被他的藝術魅力所陶醉，沉浸在美的享受之中，他的藝術受到了所到國家人民的喜愛和歡迎。梅蘭芳輕歌曼舞的舞姿，配上那優美的唱腔和雍容華貴天香國色的扮相，形成了梅派藝術獨創的古典美，他改革、豐富了舊劇的傳統僵化的表演程式，令京劇藝術耳目一新，在國內外贏得了頗高聲譽。前蘇聯著名戲劇導演梅耶荷德在看了梅蘭芳的演出後認為，梅派舞台表演藝術已經到了登峰造極的境地，甚至對訪問蘇聯的中國戲劇家表示：「自從梅蘭芳到蘇聯來表演了中

國京劇之後，我發現所有莫斯科的男女演員，沒一個人的手足姿勢是值得一顧的，我恨不得把他（她）們的手都剁下來。」梅蘭芳以他的舞台藝術魅力，使我國京劇藝術躋入了世界戲劇之林，也為古老貧弱的中國長了臉。京劇乃「國粹」之說由此而興，原來國內的一些反對舊劇的文人名流也就此閉嘴。梅蘭芳在中國戲曲史上有著不可撼動的歷史地位。

獨具一格

梅蘭芳原名瀾，又名鶴鳴，字畹華、浣華，別署綴玉軒主人，藝名「蘭芳」，江蘇泰州人，一八九四年生於北京。他出生於京劇世家，八歲就開始學戲，十歲登台，在北京廣和樓演出《天仙配》，工花旦。一九〇八年搭喜連成班，一九一一年北京各界舉行京劇演員評選活動，張貼菊榜，梅蘭芳名列第三名探花。

二十歲的孟小冬

一九一三年他首次到上海演出，在四馬路大新路口「丹桂第一台」演出了《彩樓配》、《玉堂春》、《穆柯寨》等戲，初來上海就風靡了整個江南。當時上海里巷間有句俗話：「討老婆要像梅蘭芳，生兒子要像周信芳。」他吸收了上海文明戲、新式舞台、燈光、化妝、服裝設計等改良成分，返京後創演時裝新戲《孽海波瀾》。第二年再次來滬，演了《五花洞》、《真假潘金蓮》、《貴妃醉酒》等拿手好戲，一連唱了三十四天。

此時，一位對梅蘭芳舞台藝術有著重大影響，後來又促成孟、梅姻緣的關鍵人物齊如山出現了。齊如山是受過完整系統舊式教育的最後一代知識分子。他原名宗康，字如山，一八七五年出生於河北高陽。自幼廣讀經史，對流行於家鄉的崑山腔、弋陽腔、梆子等地方戲曲十分喜愛。他十九歲進官辦的外語學校——北京同文館，學習德文和法文，前後約五年。畢業後遊學西歐，學習和考察了歐洲的戲劇。辛亥革命後回國，擔任了京師大學堂和北京女子文理學院的教授。齊如山對戲劇和戲劇理論有深入的研究，他早年還編寫過話劇劇本《女子從軍》，戲曲劇本《新頂磚》、《新請醫》等。他對京劇尤為醉心。他喜愛京劇，但又看到了舊皮黃的一些缺點，因而產生了研究和改革京劇的興趣。

其時，齊如山經常參加譚鑫培、田際雲領導的正樂育化會的一些活動。該會還經常邀請文化藝術界的人士到會做演講，齊如山是其中之一。他為該會的會員介紹西洋戲劇的情況以及講述有關的戲劇理論，極力主張改進中國戲曲。他的演講使長期閉塞在京劇舞台一隅的伶人們大開眼界。譚鑫培和田際雲稱讚：「講得實在好。」而在台下眾多的聽眾中便有青年演員梅蘭芳。

齊、梅二人的相識在梨園界是一段佳話。一九一三年，新近嶄露頭角的梅蘭芳在「天樂茶園」演《汾河灣》，據說這是齊如山第一次觀看梅的演出。當台上薛仁貴唱到〈窯門〉一段，飾柳迎春的梅蘭芳按照師傅教的傳統演法，面向內坐，竟自「休息」了，或者說他也如台下的觀眾一樣，在一旁面無表情地背對著薛仁貴坐在那裡靜聽其獨唱。

梅蘭芳這齣戲當時已經是深受觀眾的歡迎，而當時的觀眾大都也是來聽戲的，戲迷們往往可以閉目搖頭晃腦地拍打著板眼靜聽，聽到好處便睜雙眼大聲喝彩叫好，好像並不在意其他角色和劇情的關係。因此在中國的京劇舞台的角兒們，常常是你唱你的，我唱我的。不少演員甚至為了取悅觀眾而不顧劇情一味地鬥嗓子。但齊如山從一個戲劇家的獨到眼光來看，卻發現了不少瑕疵和不足。齊如山對這位比他小十九歲的青年伶人非常看重，並很想

梅蘭芳

幫助這位年輕人。但他當時與梅蘭芳還不相識，便採取文人常用的辦法——寫信。他用毛筆蠅頭小楷寫成的這封信長達三千言，且頗費斟酌。其主要內容是以《汾河灣》為例，談了表演與劇情如何結合的問題：「假使有一個人說，他是自己分別十八年的丈夫，自己不相信、叫他敘述身世。豈能對方在滔滔不絕地敘說著，自己卻漠不關心呢？」齊如山在信中直率地批評了傳統演繹，並對梅蘭芳所演的柳迎春人物的身段設計提出了自己的建議。戲裡薛仁貴離鄉背井十八年，如今回來了，柳迎春懷疑是陌生人冒充自己的丈夫，便一氣跑回寒窯，頂住窯門不開。這時薛仁貴在窯外有一大段【西皮】唱段，回憶了當年在寒窯新婚的情景，表露自己的思念之情。可是梅蘭芳按照傳統的演法，進窯後一直背對門外的薛仁貴紋絲不動地坐著，儘管薛仁貴說得那麼動情，她還是無動於衷；臉上，身上一點「戲」也沒有。可是，當薛仁貴一唱完，柳迎春卻立刻開門相認。這就不符合生活邏輯和情理。齊如山在信中建議柳迎春在聽薛仁貴訴說時，要趁著胡琴「過門」見縫插針地加進身段、表情，隨著薛仁貴的敘說，要表現出柳迎春心理的變化。聽他唱到「常言道千里姻緣一線定」的時候，要有十分注意聽的神態，因為這句話與自己直接相關。薛仁貴唱到「你的父嫌貧心太狠」的時候，柳迎春要顯得很氣憤難過。而唱到「將你我夫妻趕出了門庭」的時候，柳迎春要為之動情，做出以袖拭淚的動作。等到薛仁貴把當年的隱情全部述畢，柳迎春就可以明白門外之人正是分別十八載的丈夫。如此，再開門相見，就如同瓜熟蒂落、水到渠成了。齊如山在信的後半部分，把薛仁貴唱段分成九個段落，一一配上自己設想的柳迎春的身段。

梅蘭芳接到齊如山的長信，十分高興。認為信中的意見切中節骨眼，建議合情合理。他深深感激這位有學問的長者的垂青和指點。他果敢地根據齊如山的建議和設計，重新編排柳迎春的身段、表情和心理活動。十天後，梅蘭芳再次貼演《汾河灣》，推出的便是齊如山設計的新版本。當飾薛仁貴的譚鑫培唱到那一段時，梅蘭芳忽然站起身來，與譚的唱段內容相配合，身段、表情絲絲入扣。散戲後，譚鑫培對別人講：「〈窯門〉一段，我說我唱的有幾句，並非好得很啊，怎麼有人叫好呢？留神一看，敢情是蘭芳那孩子在做身段呢！」齊如山看了這次演出十分激動。想不到這位風頭正健的青年名旦如此虛懷若谷，從善如流，完全按照他的意見對作品做了認真的修改，使其扮演的角色完全入戲。

此後，只要梅蘭芳有演出，齊如山就去看，看完即寫信加以指導，前後寫了一百多封。二人以「函授」的方式分享對戲劇的理解，卻從未謀面。

既然齊如山與梅蘭芳同在一個城市，而且齊如山也經常去劇場看梅蘭芳演出，為什麼不當面交談，而要費筆墨之勞呢？這與當時的社會狀況有關。舊社會戲曲演員被鄙稱為「戲子」，清末民初還流行一種「相公堂子」，一些面目俊姣的男童伶充當類似男妓的角色，供那些「風雅人士」調笑取樂，他們大捧某些男旦，相互之間還要爭風吃醋。在齊如山晚年所寫的《回憶錄》中曾談到，他當時不大願意與旦角來往，怕被朋友不齒，遭到非議。再說，那時梅蘭芳也不大肯見生人。所以這種「函授」方式才會持續這麼久。

直到有一天，梅蘭芳派人給齊如山送去一封信，邀請他來家中見面，二人才由此定交。此舉對當時的齊如山來說也是需要一些勇氣的，因為他實在太熱愛京劇了，他要將自己的人生價值通過梅派藝術的創造發展和弘揚光大體現出來。自此，齊如山正式開始為梅蘭芳排戲。

一九一六年後，齊如山陸續為梅蘭芳編寫劇本四十餘種，如《一縷麻》、《嫦娥奔月》、《黛玉葬花》、《牢獄鴛鴦》、《麻姑獻壽》、《童女斬蛇》、《紅線盜盒》、《天女散花》、《晴雯撕扇》、《木蘭從軍》、《上元夫人》、《廉錦楓》、《洛神》、《太真外傳》、《俊襲人》、《鳳還巢》（根據清代傳奇編寫）、《春燈謎》、《雙官誥》等劇。他編排的古裝戲，善於運用舞蹈手段刻畫人物，對改進旦角身段做了有益的嘗試。梅蘭芳在齊如山、李釋戡的幫助下，綜合了青衣、花旦、刀馬旦的表演方式，創造了醇厚流麗的唱腔，形成獨具一格的梅派藝術。一九一九年四月，梅蘭芳應日本東京帝國劇場之邀赴日本演出，演出了《天女散花》、《玉簪記》等戲，一個月後回國。一九二一年，編演新戲《霸王別姬》。一九二二年，主持承華社。一九二七年，北京《順天時報》舉辦中國首屆旦角名伶評選，梅蘭芳因功底深厚、嗓音圓潤、扮相秀美，與程硯秋、尚小雲、荀慧生等被舉為京劇四大名旦。一九二九年，為梅蘭芳赴美演出，齊如山曾編譯梅蘭芳介紹、劇情說明書、演出劇本、曲譜及戲曲服裝、砌末、臉譜、樂器、刀槍把子等的圖解。齊如山為梅蘭芳舞台藝術在歐美的傳播貢獻卓著，對梅派藝術的形成功不可沒。而恰恰又是這位年長梅蘭芳十九歲長者和梅黨諸君，熱心地導演了梅孟的婚姻悲劇，真應了那成語：「成也蕭何，敗也蕭何」也。一九三二年，梅蘭芳避亂舉家南遷，擺脫了梅黨對他的控制和影響，也從此終結了與齊如山的合作關係。

梅郎家事

一九一〇年，十六歲的梅蘭芳娶了第一位妻子王明華。王明華賢淑能幹、貌美懂事，比梅蘭芳年長兩歲。王明華剛嫁到梅家時，梅蘭芳尚未成名，家境還不富裕，她盡心盡力操持家務。王明華與梅蘭芳十分恩愛，結婚的第二年就生了個兒子，取名大永；隔了一年又生了個女兒，小字五十。兒子、女兒都很乖巧，夫妻感情和諧，真是家庭美滿，生活幸福。

王明華是一個精明能幹、賢慧、富有見識的女性，她不僅在生活上體貼照料梅蘭芳，甚至於在事業上也能給他很多有益的建議和幫助。王明華對於梳頭也很內行。梅蘭芳早期演戲時，化妝時隨身總是帶著一個木盒子，那裡面裝的是王明華在家為他梳好的假髮，因為她那種梳法連專門梳頭的師傅都梳不上來。梅蘭

二十五歲的王明華

芳上場前只須把假髮往自己頭上一套，一個古代美人的形象便立刻展現出來了。時間一長，便有不明真相的人誤傳為王明華是親到後台為梅蘭芳梳頭的。傳來傳去，假的傳成了真的。王明華很可能就是聽到了這個傳言，才決心真的到後台去幫丈夫梳頭的。在當時的行規裡，男女都不能同台演出，後台豈能容女子涉足。她巧妙地女扮男裝進入戲館後台，不僅在生活上照顧丈夫，還以她特有的細膩眼光幫助梅蘭芳改進化妝、設計髮型和改善服裝。在她的精心幫助下，梅蘭芳的扮相更加俊美得體，表演越發蒸蒸日上，聲名遠播在外。她為了陪伴丈夫演出，不顧一切勸阻，毅然做了絕育手術。這樣的「計畫生育」舉措，在當時是十分罕見的。從此梅蘭芳不論是到戲館演出，還是外出參加應酬活動，王明華都形影不離地陪伴在丈夫身邊。梅蘭芳去上海、天津、漢口等地演出，都有她陪在身旁。一九一九年，梅蘭芳作

梅蘭芳與王明華

為中國第一位京劇藝人到日本演出時，她也相隨同去，還負責掌握梅蘭芳的演出業務事項。

王明華陪同梅蘭芳首次出訪日本巡迴演出後回到北京，東瀛訪問演出的成功，使梅蘭芳的聲譽又高漲一層，而她對梅蘭芳的呵護和照顧也備受讚揚，傳為佳話。從此，梅蘭芳對家中事務概不過問，全由妻子一手掌管；外出演藝事務，也尊重她的意見，由她安排公事。她在為丈夫扮戲改進化妝、髮型、服裝和畫樣，戲服設計製作、色彩和畫樣如何協調得更典雅方面也越加精心，越加考究精美。甚至連頭上帶的絹花，王明華都要親自到絹花作坊去訂製新型產品。梅蘭芳對她所做的這一切不僅滿意而且很讚賞，於是事事依著她，尊重她，可以說是事事都離不開她了。夫妻二人形影不離，相處和睦，事事順利，令周圍的人羡慕不已。王明華沉浸在讚揚聲中，成功和幸福包圍著她。為了長伴在梅蘭芳身邊，支持其舞台演藝事業，王明華在與梅蘭芳生了一雙兒女之後，一時考慮不周，竟貿然做了絕育手術，卻不料後來大永和五十兩個孩子卻因病而相繼夭折了。這對梅蘭芳的打擊太沉重了，心中的傷痛是難以言表的，但他看到妻子因懷念兒女形容憔悴、不思飲食，整日裡臥床歎息、萎靡不振，他又不得不強打精神，掩蓋起自己的悲傷，反過來安慰妻子。夫妻倆互相安慰著、支撐著度過了一段悲苦的日子。而王明華在喪子後一蹶不振，幾乎不能自制，時常在半夜猛然驚醒，就再也不能入睡。更不幸的是，不久她又患上了肺結核病，久治不癒。在梅蘭芳與福芝芳婚後，王明華擔心自己的病會傳染給一家大小，更擔心傳染給梅蘭芳，影響了他的演藝事業，便決意離開家。她在一位特別護士的陪同下，到天津馬大夫醫院治療。

梅蘭芳是家中獨子，畢竟有兼祧兩房的重任。在當時為了延續家族香火而另立側室，是很平常的事情。一九二一年末，二十七歲的梅蘭芳娶了第二個妻子福芝芳。福芝芳和梅蘭芳的緣分也是來自舞台。福芝芳生在旗人家庭，早年喪父，與寡母相依為命。福母性格剛強，靠賣手工削製牙籤，硬是把女兒培養成了北京的「天橋梅蘭芳」。福芝芳上園子唱戲都是和母親坐包月的馬車，有一些追求者，為免當面觸怒福母，就寫情書往馬車裡扔，但此舉仍讓福母震怒。福母於是跟趕馬車的並肩而坐，手持長鞭，看見有人往車裡一擲東西，她就長鞭抽人，因此威名遠播。

福芝芳與梅蘭芳初見是在一九二〇年的堂會上，當時，梅蘭芳先演出了《思凡》，後演了《武家坡》，中間的一齣戲便是福芝芳參演的《戰蒲關》。梅蘭芳對眼前這個十五歲小姑娘頗有好感，覺得她人長得很大器，「天然妙目，正大仙容」，又見她「為人直爽，待人接物有禮節，在舞台上兢兢業業」，便留了心。

十九歲的福芝芳

後來，得知她正跟早年恩師吳菱仙學青衣，更是中意。梅蘭芳便以和王明華不分大小和讓她主理財政為婚約條件，在一九二一年冬，與十六歲的福芝芳結為秦晉之好。王明華深知和理解梅蘭芳對延續梅家香火所負責任，並不反對梅蘭芳與福芝芳的婚事，對福芝芳也很友善，兩人相處得頗為融洽。細心的梅蘭芳很是洞察王明華的複雜心理，為不使她難過，新婚之夜，他先在王明華的房裡陪著說了些話，而後說：「妳歇著，我過去了。」王明華本就是個通情達理的人，又見梅蘭芳如此體察她的心情，自然很是感激，便道：「你快去吧，別讓人等著。」福芝芳對王明華很尊重，當她生下大兒子後，立即提議過繼給王明華，還親自把兒子抱給王明華。王明華給嬰兒縫了頂小帽子，又將孩子送回給福芝芳，她對福芝芳說：「我身體不好，還請妹妹多費心，照顧好梅家後代。」

梅蘭芳與福芝芳

一九二九年年初，王明華在天津病危，需要準備後事了。梅蘭芳和福芝芳一面派人趕往天津，一面為安葬王明華選購墓地。經反覆比較，決定購置香山腳下東北邊一塊風景優美的名為萬花山的山坡地。選購這塊山地也因萬花山的「萬花」與梅蘭芳的字「畹華」諧音。這塊山地包括七個小山頭，方圓共約十七畝。梅蘭芳親自雇人平整，修建出一塊墓地，又差人在四周栽植松柏圍牆，南邊正中栽了兩棵倒垂槐（又稱龍爪槐）。

王明華在天津去世後，按規矩應由她的子嗣將其靈柩接回北京，福芝芳當即決定由自己的親生兒子梅葆琪作為王明華的孝子到天津去接靈柩。因葆琪患了白喉，改由年僅三歲的梅葆琛（葆琪之弟），由管家劉德君抱著打幡，盡了孝子之禮。就這樣，梅蘭芳夫婦攜帶葆琪、葆琛和葆珍（紹武）給王明華戴孝送葬，用金絲楠木棺材裝殮，葬入萬花山墓地。

梅蘭芳與福芝芳的感情很好。為支持丈夫的事業，福芝芳嫁入梅家後便放棄了演戲，專心相夫教子。閒時，她在丈夫的幫助下讀書認字。梅蘭芳又特地為她請了兩位老師教她讀書，使原來識字不多的她文化提高到可以讀一般古文的程度，也足見她的聰明好學。於是，她不再僅限於賢妻良母的角色，像王明華一樣日漸成為丈夫事業的好幫手。她常伴梅蘭芳看書、作畫、修改整理劇本，也常到劇場後台做些化妝服裝設計方面的工作，甚至戲班裡演員之間有了矛盾，她還幫助梅蘭芳一起從中說和。演出之餘，梅蘭芳最喜歡去的地方就是萬花山，那裡是夫人王明華的安葬之地，後他又種樹蓋房，取名「雨香館別墅」。後來這裡便是他躲避世俗紛擾、修身養性之地。

據記載，二十世紀五十年代末的一天，梅蘭芳與福芝芳又一次遊於此地，不知為什麼，他突然說：「我想我死後最好就下葬在這裡吧。」福芝芳以為丈夫隨便一說，便接口道：「您老百年後還不是被請進八寶山革命公墓。」梅蘭芳不無擔憂地說：「我如進了八寶山，妳怎麼辦呢？」一聽此言，福芝芳的眼淚幾乎奪眶而出，她這才知道梅蘭芳是為了能和她永久在一起，才有如此想法的。一九六一年八月八日，梅蘭芳突患心肌梗塞在北京病故。周恩來總理尊重家屬的意願，在香山萬花山修建墓穴，當時共修了三個並列的墓穴。福芝芳親自驗視，把保護完好的裝殮王明華的金絲楠木棺材挖出，與梅蘭芳的陰沉木棺材（這是國庫內保存的一口價值昂貴的棺木）一併下葬，旁邊備下一個空穴，留給福芝芳本人百年之後用。梅蘭芳去世後的福芝芳依然遵循梅先生生前的家規，「義」字當先，即使在「文革」最困難的時期，她仍然幫助接濟贍養沒有生活來源的老藝人及其眷屬，就連長期服務梅家的老褓母也被她和紹武養老送終，實在是令人欽佩。一九八〇年元月二十九日，福芝芳逝世。如今王明華與福芝芳在梅蘭芳兩側，長眠在北京香山萬花山。

福芝芳和梅蘭芳共生育九個子女，大都夭亡，成人的只有四子葆琛、五子葆珍（紹武）、老七葆玥和么子葆玖。

從梅蘭芳的一生看，他與兩位妻子和睦相處，一切看來都還算美滿；可就在一九二六年，也就是梅福結婚五年後，梅蘭芳的感情生活，在梅黨諸君的撮合下硬把孟小冬扯了進來，這次註定是有緣無份的婚姻，終對孟、梅雙方都造成了極大的痛苦和傷害。當然作為女性的孟小冬所受到的傷害又遠超過大丈夫梅蘭芳。孟小冬在舞台上雖然成功地扮演了許多機智多謀、俠肝義膽之士，一抬足、一舉手無不端莊沉穩，一句說、一聲唱莫不蒼涼激昂，而生活中尚年輕的她，對待婚姻大事卻是如此無知淺薄、聽人擺布，為此付出了一個女人一生無法挽回的沉重代價。

冬梅初放

一九二六年，已在北京站住腳的孟小冬將父母、姨父仇月祥、小妹幼冬和兄弟學詩由上海接到北京東堂子胡同，後搬遷租住到東四三條二十五、二十六號。家人居二十五號，自己獨住二十六號。孟氏一家定居北京後，孟小冬繼續演出，為求深造先後向譚派名宿言菊朋、李適可、鮑吉祥等問藝，又請余叔岩的弟子楊寶忠說戲兼操琴伴奏。一切似乎順順當當，平平靜靜。

但是，「臘月羊，守空房！」好像魔咒一樣，向本來可以在北京京劇舞台上大展宏圖的孟小冬，向已經步入荳蔻年華的孟小冬襲來。原本事業有成、婚姻美滿的梅蘭芳卻悄然走進了孟小冬的生活。

一九二六年五月四日，時任北洋政府財政總長兼銀行總裁的王克敏過生日，大唱堂會戲。這天，到會的都是當時北京城內數得著的人物，其中也不乏名伶俊秀。風華正茂、名滿京城的當紅老生孟小冬，和舉世聞名、眾望所歸的青衣梅蘭芳，自然均在被邀行列。當晚的戲碼本來已經敲定，在酒席筵上，竟有人突發奇想，提議讓孟小冬和梅蘭芳合演一齣《遊龍戲鳳》。這是一齣生、旦對兒戲，唱做並重。梅蘭芳常演這齣戲，並曾多次與余派名家余叔岩合作。而孟小冬呢，雖然師傅仇月祥也曾教過這齣戲，但在此之前尚未演過；這次出乎意外，來了一個突然襲擊，事先不知，原定劇目只是唱一齣《坐宮》。孟小冬在從未正式登台演出過此戲的情況下，居然敢和梅大師「台上見」！連她的師傅仇月祥在台下也為之捏了把汗，擔心把戲唱砸了！其實，早先的演員搭班唱戲，都必須有這樣的本事：即使從未謀面的演員，初次合作演出，也沒有事先排演、對台詞這一說。只要是照本宣科，循規蹈矩，一絲不苟，雙方在台上都會有一定的交代，也保準能把戲準確無誤地演下來，絕不會在台上砸鍋。這天，孟小冬是由師傅仇月祥替她化的妝，他將她頭上的網子勒得比較高，這樣看上去顯得長眉入鬢，又帶有點武生氣。眼皮上的紅彩抹得稍重一些，帶點浪漫氣息。孟小冬演來顯得落落大方，非常瀟灑。演出的效果出奇地好，得到了在場的戲迷一致讚賞和歡呼。初次合作的孟、梅二人把劇中人都演活了。這齣戲是寫明武宗正德皇帝微服巡視，在李家客店挑逗、調戲李鳳姐的一齣生旦戲。在舞台上卻是陰陽顛倒的，十八歲的姑娘孟小冬扮演的卻是正德皇帝，而有美男子之稱的梅蘭芳演的是李鳳姐。戲中有正德從頭到腳瞧鳳姐，用手指搔鳳姐手心等打情罵俏的情節。梅與孟雖然都是按照通常演出的戲詞和動作來演的，但是梅蘭芳面前站著的是一位年方二九的妙齡少女，而孟小冬面前站著的是一位名望頗高的美男子，這在當天與會的眾多賓客朋友看來，卻有著一種別樣的情趣和想法，他們要看一看正值妙齡年華、情竇初開的孟小冬如何主動去調戲梅蘭芳扮演的那個情竇初開的村姑。儘管小冬扮的皇帝戴著長長的髯口，而梅蘭芳扮的是活潑天真的少女模樣，但是觀眾心裡還是把他們陰陽顛倒，當著舞台下的面貌來看待：正德皇帝就是那位二九年華、楚楚動人的美麗姑娘孟小冬；而當壚賣酒的、怕難為情的小姑娘李鳳姐，就是那位美男子梅蘭芳。因此台上梅孟表演戲耍身段（動作）時，台下簡直是開了鍋，人人起鬨，不斷地拍手，不停地叫好。尤其是梅迷中的一些中堅分子，更是把他倆的這段表演視為假戲真做。當時就有那麼兩位好事者說：「這真是天生的一對兒。誰能成人之美，何妨亦生平一樂。哪位大爺要是肯做點好事，何妨把他們湊成段美滿婚姻，也是人間佳話。」其他的梅迷一聽，還真的以為是一件兩全其美的好事——說不定等他們結成了這段姻緣，中國大地上就會出現一齣真正的鴛鴦戲了。台上的遊龍戲鳳，台下的恩愛鸞儔。台上端正莊嚴的鬚生，台下卻是婉轉娥眉的愛妻；戲裡嫵媚橫生的花旦，生活裡做了噓寒問暖的夫郎。角色一時之錯亂、倒轉，竟被「梅黨」和戲迷用來為這對人間絕色「亂點鴛鴦譜」，從而演繹出一場琴瑟哀鳴的《冬皇悲歌》。

不知是命運註定，還是神差鬼使，不多日子，又遇八月二十三日文化名人馮公度在位於北京西四羊肉胡同二十四號的家宅院內，為其母八十壽辰辦堂會；由青衣提調派了一齣孟小冬與梅蘭芳合演的《四郎探母》，這更是一齣陰陽顛倒了的夫妻對兒戲，再次引起矚目，轟動一時。

戲中演繹的是北宋與遼兩國交兵，流落遼邦多年的宋將楊延輝聞知母親佘太君親征，隱姓埋名做了遼國駙馬的楊延輝，欲出雁門關卡探望其失散離別多年的母親，但因遼宋兩國交惡難以啟齒說明真相，故爾愁眉不展，在鐵鏡公主「四猜」之後，有一段楊延輝與鐵鏡公主的【快板】對唱，楊延輝【白】：「公主呀！」【快板】唱：「我和你好夫妻恩德不淺，賢公主又何必禮義太謙。楊延輝有一日愁眉得展，誓不忘賢公主恩重如山。」公主唱：「講什麼夫妻情恩德不淺，咱與你隔南北千里姻緣。因何故終日裡愁眉不展，有什麼心腹事你只管明言。」……這裡口口聲聲是夫妻情、夫妻恩。這位梅大爺也漸漸為這位年輕貌美、如花似玉的佳人所動心，如果能與這樣一位楚楚動人而會唱戲的坤伶相伴，那可稱珠聯璧合了。而孟小冬也為這位品貌兼優、名震劇壇的梅老闆所心動。在梨園界假戲真做的故事常有所聞，不算新鮮。梅、孟在台上顛倒陰陽的假戲似乎也催動著他們之間戀情的發展。此時的梅蘭芳在京華劇壇已經聲名顯赫了，而十八歲的孟小冬也正扶搖直上。這樣兩位名伶在紅氍毹上的碰撞，被當時在劇壇和媒體炒得沸沸揚揚，後來也經常為世人所津津樂道。

這兩次孟和梅的同台合演對兒戲，是否真的如當時報界和後來者所描述的那樣，彼此由此心生愛慕之意，就看怎麼捅破這層窗戶紙了？恐怕也並不盡然。

話說「梅黨」的中國銀行總裁馮耿光、戲劇家齊如山、李釋戡等核心人物，可謂是梅蘭芳的智囊團。尤其是齊如山、李釋戡二人對梅派藝術的發展形成有著卓著貢獻，許多梅派劇目皆出自他們之手；正是由於這層深厚的關係，青年梅蘭芳也不自覺地受到了「梅黨」轄制。另有傳說，福芝芳在梅宅內也是掌管全盤，頗為強勢，她對「梅黨」日漸操控梅蘭芳非常不滿，雙方產生芥蒂。這也招致「梅黨」諸君想極力促成這梅、孟天生一對。如此結合，以後夫妻演出生旦對兒戲將是劇壇一絕，又可藉此削弱福芝芳的強勢。齊如山等人便快刀斬亂麻，向梅蘭芳傳遞了願出面為梅牽線搭橋的意願。梅蘭芳一聽自然高興！因為已和孟在堂會上兩次同台，配合默契，在心底留下了極深的印象，特別認為小冬是位難得的坤老生人才，又是個漂亮而充滿靈氣的女孩子，心想，若能與之結合，也能像王明華、福芝芳那樣，協助他在京劇藝術上大展宏圖，豈不美哉！但是又怕福氏作梗，故採取瞞天過海之法，暫時在外面找房「金屋藏嬌」。這些梅黨的朋友們一切商量就緒，決定由齊如山、李釋戡二位去孟家說媒。他們先到東四三條二十五號，拜會孟父。孟鴻群就怕小冬嫁過去做偏房，要受欺負。而齊、李則一口允諾並非偏房，也是正室。並說明暫時在外找房單住，不會和福芝芳衝突。他見一些朋友不斷地要求促成梅孟百年之好，也就不再堅持梅蘭芳已有家室的己見，同意與大家一起促成這樁婚姻。

隨後大家一起轉到二十六號院再說孟小冬。小冬見父親陪著齊、李二位老先生笑嘻嘻地駕到，對這兩位「梅黨」不速之客的突然光臨，加之對外界對她與梅蘭芳之間林林總總的說詞早有耳聞，但對十八歲的孟小冬來說，這似是不可能實現的「春夢」，因此她並未在意，對即將發生的事情也毫無心理準備。眾人落座後，辦事老到的齊如山開門見山、單刀直入地說：「馮（耿光）六爺邀我們二人替畹華做個大媒，讓孟大小姐和畹華結為秦晉之好，這也是咱梨園界一段幸事，我們也好討杯喜酒喝！不知小冬姑娘有何想法？」孟小冬聽了齊如山直奔主題而不容你不立即決斷答覆的話，不禁心潮起伏。她想：「『梅蘭芳』三個字，全國家喻戶曉，婦孺皆知，社會上不知有多少千金小姐、名媛貴婦暗戀於他而求之不得。我若真能與梅老闆走到一起，朝夕相伴，同台演戲，在藝術上對我必定會大有幫助。」接著，李釋戡又將答應孟鴻群的那些條件，對小冬又複述了一遍。其實，孟小冬早就知道了他是有家室的人，但是固執而堅持的她，卻始終抱著那份少女的純真——她沒有多想，也來不及多想，就如此輕易草率地應允了這門充滿隱患的婚姻大事，使之本應該屬於自己更美好的人生，遭到致命重創，為此付出了無法挽回的代價，卻為天下人留下了百年「冬皇」情怨傳奇。雖說當時孟小冬已是名冠津京，但她畢竟只有十八歲，哪裡知道人生世故之深淺喲。

在梅孟的婚姻問題上，唯一表示堅決反對的只有仇月祥，並在一怒之下帶著七歲的仇樂弟（孟幼冬）離開了東四三條，返回上海家中，開始一心一意培養樂弟學戲。

這樣，一宗親事就此說定。據說在一九二六年秋，梅和孟還專程到天津井上醫院，看望在那裡住院治療肺病的梅的原配夫人王明華，徵得了王對梅、孟結合的首肯。這一年八月二十八日，天津《北洋畫報》首次有署名傲翁者披露了有關梅、孟婚戀的消息，文中云：「聽說現在小冬已採納我的勸告，決心找個丈夫。這未來的新郎，不是個什麼闊老，也不是什麼督軍省長之類，卻是那鼎鼎大名的梅蘭芳。梅蘭芳現在年紀才過三十，不能算是老，然而『闊』的一字，他可很夠得上呢！」還同時刊登了「將娶孟小冬之梅蘭芳」的戲裝照片和「將嫁梅蘭芳之孟小冬」的旗裝照片各一幀。

梅、孟的這場愛情戲，經過友人一番魯莽卻精心的鼎力撮合，已是水到渠成，梅、孟均是新潮觀念，頭腦裡沒有封建意識，什麼生辰八字、瞎子算命，一切全免。經過幾次醞釀，擇定良辰吉日，一九二七年春節過後的農曆正月二十四日，所謂的婚禮就在東城東四十九條三十五號中國銀行馮總裁的公館裡舉行，馮耿光任證婚人。明眼人一看便知，舉行婚禮乃人生中大事，把婚禮地點設在他人府內，實屬不倫不類，既不合理，也缺乏正當性。凡天下辦婚事者，恐唯有孟梅之「婚禮」是這樣操辦的。始作俑者之梅黨諸君，就是這樣輕輕鬆鬆、一手操辦導演了一齣中國京劇史上的「冬皇悲歌」。不知道是不是因為這樣的簡單才註定了這段姻緣，也同樣會因為這樣的簡單而很快地崩潰，還是簡單本身就是一種疏忽。正像後來的孟小冬在回憶中提到的那樣：「當初的興之所至，只是一種不太成熟的思想衝動而已。」

金屋藏嬌

孟小冬與梅結婚後，他們另外在城東內務部街一條胡同裡租了一個獨門獨院，三房四妾在舊社會裡本是司空見慣、不足為怪的，而梅卻採取避開嗣母、妻室，在梅宅之外另起爐灶，使得孟小冬和梅的結合從開始就缺乏嚴肅性和正當性，從而為她後來遭遇的不幸埋下隱患。婚後，梅的舞台演出和社會活動一樣不少，而孟小冬卻被「藏」了起來，過著金屋藏嬌的生活。小冬不能再上舞台了，原先人們期待的「乾坤絕配」並沒有在舞台上出現。畢竟，孟小冬嫁的是伶界大王梅蘭芳，難道梅的妻子還要拋頭露面為生計唱戲掙錢嗎？

適梅時的孟小冬，是什麼樣子的呢？齊如山的兒子齊香曾在晚年回憶說：「平時我看她並不過分打扮，衣服式樣平常，顏色素雅，身材窈窕，態度莊重。有時候她低頭看書畫，別人招呼她一聲，她一抬頭，兩隻眼睛光彩照人。如今六十年過去了，她那天生麗質和奕奕神采，就在目前。」可見，孟小冬跟一般的新嫁娘沒什麼兩樣：美麗、端莊、溫婉，而大她十多歲的梅蘭芳，對於孟也應該是非常呵

孟小冬旗裝照

護愛憐的。有一幀小照很有意思，便裝的梅蘭芳十分活潑，正用手往牆壁上投影做動物造型，孟則在右邊問：「你在那裡做什麼啊？」梅在左邊答：「我在這裡做鵝影呢。」梅蘭芳一向持重儒雅，這般活潑的樣子著實少有。可見，與孟小冬結合之後，梅蘭芳的心情是愉快的，甚至，在沒有外人在場時，也會自導自演「梅郎」與「冬妹」的調情戲，還真有點雀躍呢。孟小冬雖然有時也在家裡吊吊嗓子，唱一段「讒臣當道謀漢朝，楚漢相爭動槍刀」，梅蘭芳為她請了一位教戲的老師上門教身段、把子，說余派戲。這位老師就是熟悉余派戲的鮑吉祥。孟小冬還習繪畫、書法和讀書，開始日子還算平靜。如果沒有日後那些風波，她也許就會慢慢淡化了身上的「帝王將相」，以一個溫柔妻子的面目終老一生。梅、孟二人的結合在當時被認作是人世間最完美的結合，一時間轟動了大江南北。有關梅孟的新聞、賀詩、

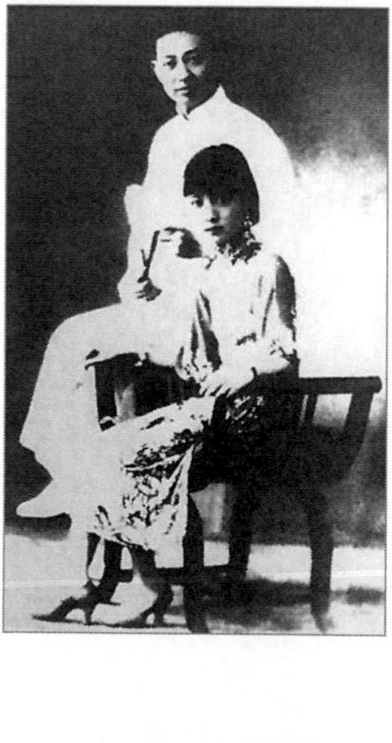

金屋藏嬌如膠似漆

軼事，鋪天蓋地充斥了大大小小報紙。我們今天從中也不難看出當年人們對這乾坤顛倒的戲中戲並非是完全讚美，其中也不乏有質疑的聲音。現將當時〈詠梅孟婚事〉七言絕句擇錄三首如下，以使讀者對當時的情景有一個更多的瞭解：

慣把夫妻假品嘗，今番真個做鴛鴦。
羨他梅福神仙侶，紙閣蘆簾對孟光。
真疑是戲戲疑真，紅袖青衫倆俊人。
難怪梅嶺開最好，孟冬恰屬小陽春。
曾聞冬嶺秀孤松，恰稱寒梅冷淡容。
一幅寒歲好圖畫，霜中月下詫奇逢。

在這場「梅孟之戀」中，相對十九歲的孟小冬來說，梅蘭芳是主動的。這個充滿浪漫色彩的結合，完全不同於梅蘭芳前兩個由長輩出面做主明媒正娶的婚姻，孟、梅假借

孟小冬生活照

馮府舉行的所謂婚禮，從來沒有得到梅家上下的承認，實際上梅蘭芳將孟小冬處於「二奶」的地位；由於梅二夫人福芝芳及家人對此事的不滿，他只能將她置於外宅。其次，梅蘭芳依照福芝芳與他婚後即退出舞台的先例，使孟小冬也心甘情願地離開了舞台，像金絲鳥一樣圈在了家中。當然，出現這樣的結果，孟小冬也是有責任的。她的思想較諸梅蘭芳更加陳舊，她所受過的教育及那個時代貧寒出身的「女戲子」的地位，都使她感到能夠嫁給梅蘭芳這樣一個英姿俊秀的京劇泰斗，已是她人生的最好歸宿。今生能陪伴梅蘭芳左右，是她在江南唱戲時做夢都不敢想的事情，因此，她心甘情願地扮起了梅家外室二奶的角色，只要梅蘭芳來到她這裡，她便傾心地伺候好他。她心甘情願地為梅蘭芳放棄了她原來所追求的藝術事業。對於唱戲，她只有陪梅蘭芳在院中吊嗓子唱和時，才能回味些昔日舞台的風光。而福芝芳畢竟是一個受過舊式教育的賢妻良母，她雖然對梅孟戀情不滿，但還是默默地接受了現實，她沒有當眾給梅蘭芳任何難堪；但是她也從來沒有把孟當作梅家的成員，絕對禁止孟小冬踏進梅家大門一步，是她允許自己丈夫在同一個城市的兩個宅子間往返的底線。孟小冬的退出舞台，使獵奇的觀眾不僅沒有看到梅孟同台續演戀情的奇觀，連孟的舞台風姿都不見了，失落之情油然而生。小報記者抓住讀者的這種心理，不時地造出梅孟的新聞吸引讀者，所登消息大都均不可信。原本名伶的婚戀就很容易生出些是非來，這也是常情。真的是樹欲靜而風不止，本來還算平靜的梅、孟結合，竟引出了一宗驚天血案，這是大家都始料未及的事情。

血濺馮府

孟小冬嗓寬韻厚，扮相俊美，台風瀟灑，蜚聲菊苑，不知傾倒了多少戲迷。台下除了「太太團」的追捧，為之魂不守舍迷戀癡情的男子也不乏其人。李志剛就是其中一個，他是山東人，後遷居天津，正在北京某大學讀書；他雖家境不富裕，但喜歡聽戲、捧角兒。他捧孟小冬，並暗戀著她。現在，聽說孟小冬嫁了梅蘭芳，一股無名火從胸中燃起，就找機會向梅蘭芳尋隙滋事。一天，梅蘭芳去馮耿光家赴約，李志剛從無量大人胡同梅宅尾隨到東四十九條馮宅，想綁梅敲詐。開始謊說要見梅老闆求助，梅的朋友，《大陸日報》經理張漢舉出去敷衍。後來李志剛對張妄言：「梅蘭芳搶了我的未婚妻孟小冬，我要找他算帳！」他拔出手槍來，把

血濺馮府，貌合神離

孟小冬（左）梅蘭芳（右）在內務部街寓所門前

張漢舉當作人質，索款五萬元。馮耿光一面讓梅從後門逃走，一面趕快報警。後來偵緝隊趕到，李志剛見有埋伏竟開槍打死了張漢舉，並擊傷偵探兩人。軍警見他拒捕，將他當場擊斃。後來，奉軍大帥張作霖還命令將李志剛梟首示眾。這樁血案，雖然梅蘭芳毫髮未損，但他與孟小冬在心靈上都受到了深深的刺傷。

在中央文史館，著名作家蕭乾館長主編的「新編文史筆記叢書」《海上春秋》卷中，吳文漫先生寫的〈張漢舉做了梅蘭芳的替死鬼〉一文，是這樣記敘當年梅蘭芳遇刺事件的：「某晚馮耿光在家宴客，梅蘭芳也被邀請在內，席間忽報外面有人要見梅先生，張漢舉自告奮勇地說：『我去看看……』誰知還未出走到大門口，已身中數槍，當場死亡。」關於此事，前前後後說法不一，至今流傳版本五花八門，但有當年當局第二天的「布告」和李志剛被梟首示眾的照片為證：

軍警聯合辦事處布告：

為布告事，本月十四日夜十二時，據報東四牌樓九條胡同住戶馮耿光家，有盜匪闖入綁人勒贖情事。當即調派軍警前往圍捕。乃該匪先將被綁人張漢舉用槍擊傷，對於軍警開槍拒捕，又擊傷偵緝探兵一名。因將該匪當場格殺梟首示眾。由其身邊搜出信件，始悉該犯名李志剛，合亟布告軍民人等，一體周知。此布

中華民國十六年九月十五日

司令王琦　旅長孫旭昌　總監陳興業

大風吹起小冬天

梅、孟原以為他們結合後會非常美滿幸福，誰知接踵而來的卻是綿延不斷的是非和煩

惱。「梅蘭芳搶了我的未婚妻孟小冬，我要找他算帳！」這句李志剛口出的瘋話狂言竟被媒體炒得沸沸揚揚，孟小冬原來有個情人的緋聞不脛而走，其流傳之廣、之深入人心，時至今日還有梨園界的老人尚認為此乃促梅、孟分手之事實真相。這樣的謠言落下的話柄對於一個女子的殺傷力是致命的，它讓處世不深的孟小冬有口難辯。它就像一把殺人不見血的利刃，在梅孟之間重重地劃了一道無法癒合的傷痕。一場血案驚魂未定，而福芝芳又以梅的安全為由，開始與梅吵鬧。梅蘭芳在重重的重壓之下對孟小冬逐漸淡化，到金屋次數也逐漸減少了。此時，孟小冬才感到初戀時的夢幻，已在無情的現實生活中損耗殆盡，新婚初始的美好憧憬已不復存在，梅孟共建的內務部街的「鳥巢」已不再有那曾經的溫馨，隨之而來的是難以忍受的悲涼和孤寂，此外，媒體捕風捉影地對她人身的侮辱，也讓小冬心中很不是滋味。

為了抗議梅對她的冷落，為了表示自己的清白和問心無愧，一九二八年九月，她毅然擅離金屋，與雪豔琴在天津搭班公演十餘天。孟小冬這次來到天津春和戲院復出獻演，因其本來在天津就很走紅，號召力極強，一批老觀眾闊別兩年有機會再看到她演出，春和戲院連日爆滿。重新登台亮相，可謂：「士別三日，當刮目相看。」三天打炮戲：第一晚孟小冬與雪豔琴合演《四郎探母》；第二晚孟與一代名淨郝壽臣合演壓軸《捉放宿店》；大軸則為雪豔琴之頭二本《虹霓關》，第三晚雪豔琴壓軸《貴妃醉酒》，小冬與郝壽臣以《失空斬》列於大軸。孟雪並掛頭牌，堪稱旗鼓相當，她們互相謙讓，可謂珠聯璧合。其時，郝壽臣已開創了其「架子花臉銅錘唱」的郝派藝術風格特色。從他的演唱、唸白中雖然嗓音有些悶啞，但咬金嚼鐵，每一個字都有沉甸甸的份量。他把鼻腔音變為口鼻共鳴，靈活運用，洋溢著一種深厚的韻味，形成了獨特的郝派唱唸。由於孟、郝的此次合作頗為成功，孟小冬更是受到了天津戲迷的熱烈歡迎。

孟小冬此次赴津演出，真乃是無心插柳柳成蔭，竟引出了天津《商報》編輯沙大風，在副刊《遊藝場》上撰文〈孟話〉，專門記述了孟小冬的生活起居，大捧孟小冬，並稱孟：「吾皇萬歲！」當時有署名「斑馬」者寫打油詩一首云：「沙君孟話是佳篇，遊藝場中景物鮮，萬歲吾皇真善禱，大風吹起小冬天。」此次小冬天津之行，原本只是為了和梅較勁鬥氣，想不到意外贏得如此美譽，從此京劇老生的皇冠非孟小冬莫屬。梅蘭芳也被這天津颳起的「沙大風」吹起的小冬天，吹得自省，覺得自有愧對小冬之處，而更讓梅掛心的是自己的戀人在舞台上拋頭露面令他感到難堪，故不得不又暫時在福、孟之間兩邊敷衍，趁赴香港演出時之便，又背著福芝芳，帶著孟小冬隨行，歷時三個月。

一九二九年十二月，梅蘭芳離京赴美國演出，梅與孟依依惜別，並在寓所送別合影留念。他們就是在這樣時好時壞的吵吵鬧鬧中，勉強維繫著本來就根基脆弱的所謂婚姻。

一九三〇年二月，原《商報》編輯沙大風得到天津中原公司（今百貨大樓）經理黃文謙及京劇名旦荀慧生資助，創辦了《天風報》。沙大風在該報再次撰文〈冬皇外紀異言〉大捧孟小冬，云：「奉天承運，統一環宇，當今冬皇，名震四海，光被九州。聲容並茂，加恩德於萬民。聰明天睿，傳譚余之一脈。」從此，「冬皇」之稱不脛而傳，報章雜誌多以「冬皇」冠之。然而，孟小冬輕金重藝，不以票房收入為滿足，一心向學，不到山窮水盡、捉襟見肘時，絕不輕易公演。後來沙翁還集了一副對聯云：「置身乎名利以外，為學在荀孟之間。」讀者還以為他自喻學究荀卿與孟軻，然而其所謂荀孟，乃指男旦荀慧生和孟小冬，意在男伶獨服荀慧生、女伶獨服孟小冬矣。「冬皇」名揚天下，得到天下戲迷對其德、藝雙馨的認可。

「無量大人」弔唁受辱

一九三〇年，梅蘭芳在齊如山的陪同下自費率京劇團赴美演出。一時間，京劇藝術風靡美國。梅蘭芳這次訪美是經燕京大學校長司徒雷登介紹，所以受到美國教育界的極大重視。梅蘭芳成為溝通中美文化的使者，他所到之地，各大學教授、專家抱著研究東方文化、探討中國古典戲劇藝術的目的前來觀賞，並在美國各報刊上撰文大加稱讚。哥倫比亞大學、普林斯頓大學、三藩市（舊金山）大學、芝加哥大學及芝加哥美術博物院等院校紛紛款待梅蘭芳，邀請他來參觀、演出或舉行座談會。羅森城波摩拿大學還決定贈予梅蘭芳文學博士榮銜。該校畢業生授銜典禮本應於六月十六日舉行，但因梅蘭芳將去檀香山演出，學校破例將授銜典禮提前到五月二十八日舉行。典禮上校長親自向梅蘭芳頒發了文學博士證書。不久，在南加州大學五十年校慶之際，梅蘭芳又榮獲該校授予的文學博士榮銜。當梅蘭芳上台領取文憑時，全場上千人起立鼓掌表示祝賀。從此，梅蘭芳不僅被譽為中國京劇藝術家，還被冠以梅博士的頭銜。

在梅蘭芳訪美期間，婚後長期未孕的孟小冬為此頗感困惑，倍感壓力。便到私人醫院做了婦科檢查，得到的是一個讓她無法接受的結果——婦女病。這使她對繼續維持與梅蘭芳的婚姻的願望徹底破滅。儘管孟梅婚後事事並不順利，但夫妻情感尚在。中國人傳統素來「母以子貴」，孟小冬本以為往後生下一男半女，堂堂正正地由內務部街搬進無量大人胡同梅宅是遲早的事情；而偏偏人間不幸接踵而至，讓她僅有的一絲幻想徹底破滅。是她孟小冬應了那「臘月羊，守空房」的宿命嗎？「婦女病」，這令孟小冬難以啟齒的隱私在她生前被她深深地埋藏在心底，就連梅蘭芳也始終不曾知道這個祕密。

梅蘭芳於八月由美國載譽凱旋而歸，時逢其嗣母梅雨田的夫人逝世，發喪這天，孟小冬按照與梅蘭芳事先約定，特別剪了短髮，頭帶白花，身穿素裝，滿懷期望地在家等候梅府送孝服來，然後去無量大人胡同梅宅奔喪弔唁，藉此機會以家屬身分名正言順地踏進梅宅大門。但那天孟小冬在家裡一直等到將近午時，也未見梅家孝服的蹤影，方知上當受騙。仍不死心的小冬便急匆匆地趕往無量大人胡同，而令她更沒有想到的是福芝芳毅然以自己已身懷六甲相要脅，把她擋在了門外，堅拒其入府弔唁。梅蘭芳聞聲出來，「畹華，……」孟小冬低聲叫道，幾乎是以哀求的目光注視著面無表情的梅蘭芳，她好像是在默默地等待著梅大法官的最終判決。梅蘭芳滿臉一副苦相，看看嚴如冰霜的福芝芳，無奈地說：「妳先回去吧。」這句話如五雷轟頂，令孟小冬心如刀絞，身受如此奇恥大辱，令她徹底泯滅了對梅蘭芳的最後期望與幻想。她咬緊牙關，強忍淚水，轉身向南小街方向快步走去。性格倔強的孟小冬在離開時，撂下一句被廣為流傳的話：「今後我要唱戲，不會比你差，還是頭牌；要嫁人，我要麼不嫁，要嫁就嫁一個一跺腳就滿城亂顫的！」「小冬！」梅蘭芳面無表情地望著遠去的戀人，從嗓子眼裡冒出一聲最後的呼喚，呆呆地看著孟小冬由南小街向北拐去。

孟小冬沒有叫車，徒步走回東四十三條二十六號院內，匆匆關上院門，一頭扎在床上，蒙面放聲而泣，淚如雨下。「難道我孟小冬真的只有要強的心，沒有要強的命嗎？小冬呀小冬，妳今後當如何是好？」隱隱約約一曲

【哭皇天】的曲牌，伴隨著孟小冬的抽泣聲，徹底結束了勞燕雙飛的夢幻。這天的夜空顯得慘澹無光，伍子胥過昭關一夜急白了頭，小冬本以為此乃《文昭關》戲文中的誇張說法，而自己的身心疲憊卻真的使她一夜之間蒼老了許多。而後數日的絕食面壁，她的身體素質也從此走了下坡路。這場乾坤顛倒的噩夢，使孟小冬過早地跨過了她的青春年華，甚至幾乎斷送了她的藝術生命。自打這天起，她整日以淚洗面，水米不進，面壁發呆。有時候招呼小侄女作伴，拿出糖果來分發給她，一邊用手帕擦拭著紅腫的眼窩，一邊呆呆地看著孩子在院中戲耍。此時的孟小冬對自己未來的婚姻生活已經絕望，精神狀態瀕臨崩潰的邊緣。父母和弟弟學詩深知她的脾氣，也不敢多說多問，一切由著小冬的性子。經過十來天的自我煎熬，萬念俱灰的孟小冬終於選擇了佛門靜修，決意擺脫紅塵。隨即卸去女兒裝，改為一身男裝打扮去了天津，寄寓皇戚詹姓家中，隨女主人茹齋念佛，並在某寺院受戒，出入於居士林。

梅蘭芳也因此事演繹出種種緋聞，被報界炒得沸沸揚揚，備受困擾，不得不選擇遠離北京這傷心是非之地，於一九三二年初舉家南遷上海。這一走就是近二十年，也從此擺脫了梅黨對他的影響，直到一九五〇年才舉家回遷北京。

而更不幸的是，經歷這次精神上的打擊，使孟小冬的病情加重，腹痛不時地影響她的生活和後來的正常演出。其病因又無法向旁人啟齒，只得對外謊稱胃疾，沒有得到及時治療。多年後，還是在杜月笙的關心下請遍滬上名醫精心治療調養才得緩解。

若從一九二八年至一九四一年孟小冬在津十四年間的演出當中，追尋一下她的藝術軌跡，可知孟小冬曾同不少名伶合作，其中有：華慧麟、李香匀、胡碧蘭、程玉菁、周里安、李盛斌、侯喜瑞、李春恆、李多奎、李寶魁、范寶亭、慈瑞泉等。但最值得稱道的是，她曾與「四大名旦」之一尚小雲的三次同台，而且在一九三三年十一月與一九三五年十月的兩次義演中，他們兩人合作的《四郎探母》，贏得觀眾佳評。

再有，一九三七年四月，孟小冬正當而立之年，在天津中國大戲院演出《失空斬》、《奇冤報》、《盜宗卷》。同時，她為提攜比自己年輕十三歲、剛入菊壇不久的張君秋，特與張合演《武家坡》、《法門寺》、《四郎探母》等劇。直到一九五〇年，張君秋在香港與孟小冬議起舊事，對孟小冬當年對自己的幫助，依然是感恩不盡。

《天津商報畫刊》四月十七日載文論述孟小冬首晚打炮戲《失空斬》：「孟之孔明臉部不塗胭粉，台步大方，扮相雍容，不知者幾難辨其為女子，唱、唸、做均較前益臻火候，純無劍拔弩張之勢。」緊接，四月二十三日，天津《大風報》發表當時著名劇評家哈殺黃之文章〈喜孟小冬出台〉，讚頌孟小冬之唱工酷似余叔岩。

可惜，抗戰開始後她終止了營業演出，只於一九四一年七月在英租界陳秀峰（光遠）私宅舉辦的堂會戲露演。此時，孟小冬已處於藝術高峰時期，她上演的全部《失空斬》，列為堂會戲的大軸。那天，孟小冬前面的劇目有：開場全班合演《大賜福》、《百壽圖》，新豔秋、楊寶森合演《坐宮》，蕭長華、程繼先合演《連升三級》（連升店），李少春、李寶魁、高維廉、毛慶來合演《金錢豹》，金少山演《牧虎關》，馬連良、張君秋、葉盛蘭、李多奎、袁世海、李洪福演壓軸戲全部《龍鳳呈祥》。在眾多京劇名伶中，孟小冬的戲碼能列大軸，足見她當時聲譽之隆。這股「冬皇」勁風，由天津颳到北平，再由北平颳到上海。

一九四七年秋，孟小冬在上海中國大戲院公演的《搜孤救孤》，堪稱孟小冬一生中的藝術精品。然而，令人遺憾的是，這股「冬皇」之風沒有能繼續颳下去，而是倏忽間消失了，且消失得無影無蹤。一個久享盛名的卓越京劇表演藝術家，從此舞台上再也見不到她的身影了。真是痛哉！悲哉！

孟小冬在天津時所攝

8 小冬患難見真情

孟小冬與梅蘭芳的婚姻不幸破裂之消息，很快傳到上海杜月笙的耳朵裡。雖然，他心底裡一直隱藏著對孟小冬的暗戀，對孟梅之戀也不免有幾分醋意，但梅蘭芳畢竟是他多年的摯交，他還是希望孟梅的結合能使孟小冬幸福，並使他們的戲緣開花結果，卻萬沒有料到會是如此結局。他聽說孟在天津自我禁閉，念佛誦經，立刻和四夫人姚玉蘭商量，由姚出面電函邀請讓孟小冬到上海來散散心，以免其就此沉淪。

早在一九二二年八月，十五歲的孟小冬隨師傅仇月祥及胡琴聖手孫佐臣到漢口搭班演出時，由於孟的演出轟動了漢口，引起了同在漢口演出的同是唱老生的筱蘭英、姚玉蘭母女的關注。尤其是姚玉蘭聞聽得孟小冬之藝如何了得，她特意親往劇場觀摩了孟的《斬黃袍》、《逍遙津》的演出；對年幼自己四歲的小冬的才藝十分喜愛、欽佩，便託人介紹相識。姐妹一見如故，相處情同手足，竟義結金蘭之好。

姚玉蘭九歲在漢口坐科學藝，十二歲就正式上台演出，十四歲到煙台演出。其時，其妹姚玉英也學成出師。姐妹兩人同台演出《虹霓關》，玉蘭唱王伯當，玉英唱東方氏；到二本又互換角色，分別飾演丫鬟和東方氏。姚玉蘭還能演關公，當時坤伶能演紅生戲的極少，她則每唱必紅。她曾和母親、妹妹合演《群英會》帶《華容道》，筱蘭英前魯肅後曹操，姚玉英前周瑜後周倉，姚玉蘭演關公，一時傳為菊壇佳話。後筱蘭英帶女兒去上海參加「共舞台」演出，在上海定居。一九二九年，經黃金榮的長兒媳李志清從中說合，杜月笙將孟小冬的金蘭之好，同是唱老生的姚玉蘭娶為側室。杜月笙婚前兌現不讓姚玉蘭同住華格臬路杜公館的許諾，在辣斐德路另建一所新宅。婚後出入新宅的客人以戲曲界居多，這使喜好京劇的杜月笙得識不少京劇界的名流以及愛好京劇的票友。按照婚前的約定，姚玉蘭婚後不再從事

姚玉蘭《虹霓關》飾王伯當

演戲職業，她只在一九三一年的一次賑災義演演了一次《刀劈三關》和《轅門斬子》。為了排遣姚玉蘭脫離舞台後的生活寂寞，杜月笙特約來文武場面（樂隊）到新宅，組織家庭內部排戲吊嗓，這座新宅幾乎變成一所票房。後來孟小冬每次到上海，就住在她好友姚玉蘭的這座新宅。著名女演員章遏雲拜杜月笙為義父，認親儀式也在這裡舉行。姚玉蘭和孟小冬是孩提時的玩伴，長大後的閨中密友，關係非比一般。

一九三一年初，冬皇一副男裝，拖著虛弱的身子回到了闊別了六年多的上海。當她走進了杜月笙為姚玉蘭新建的宅邸時，姚玉蘭被這位身著青布長衫，腳蹬一雙青色千層底布鞋，留著中分頭的爺們兒驚呆了。這難道就是六年前，躊躇滿志地北上求藝的令輝妹妹嗎？「小冬！」姚玉蘭情不自禁地跑上去一把抱住小冬，二人默默相擁。許久以來，滿腹哀怨無處傾訴的孟小冬，一股暖流湧上心頭，她的眼圈濕潤了——這個世上還有玉蘭、杜先生理解她、同情她、惦念她，一切盡在不言中。姚玉蘭後來發現，孟小冬在與人交往時，無論長幼，經常是以雙手合十的佛門禮儀表達敬意或謝意。她完全變了一個人。

自打杜月笙在滬得知孟梅的婚姻破裂，鬧得「天下大亂」，氣兒就不打一處來。這次孟小冬趁來滬之便，要通過法律形式向梅蘭芳討個說法，杜就一邊倒地站在弱者孟小冬一方，要為這弱女子爭個說法。但梅蘭芳也畢竟是杜近二十年的朋友，杜長梅六歲，後來梅蘭芳遷滬後，每年正月初二都親自到梅家拜年，可見他們之間情義非同一般。於是，由他和律師鄭毓秀出面調解。鄭毓秀是當時上海最有名的女律師，也是杜公館的御用律師之一。杜還親自打了個長途電話到北平給梅蘭芳：「現在律師信已經發出了，要儂出庭。今後大家還要見面的，不要弄得太難看。不是吾偏心，好男不跟女鬥，還是吾來做個和事佬吧。」接著，他擅自決定，要求梅出贍養費四萬塊了結此事。四萬大洋，可不是個小數目；梅剛從美國公演回來，雖然名聲大震，卻虧空甚鉅，為了籌這筆錢，真是讓此時囊中羞澀的他吃了點苦頭。這段時間也是梅蘭芳人生中的低谷，他的戀人離他而去，而他最疼愛的小兒子也不幸夭折。這樣，在杜月笙的調停下，梅蘭芳給了孟小冬四萬元作為補償，宣布正式脫離關係。這次出面為孟小冬撐腰的杜月笙已經是今非昔比，早在一九二七年「四一二」蔣介石鎮壓共產黨的大屠殺中，為「黨國」立下汗馬功勞，此時已經是和國民政府蔣委員長稱兄道弟、威震上海灘的頭面人物。自從孟小冬北上後，他每月資助孟小冬數百大洋，希望其藝有所成就。而令他意想不到的是孟嫁給了梅蘭芳，曾有一股莫名的酸楚湧上心頭，他此時才意識到自己一直對

孟小冬學騎自行車照

這位才、藝、色、氣質和人品俱佳的小姑娘，有著說不出的特殊情感。他甚至悔恨當初不該放走孟小冬。所以說，所謂杜月笙出面調解，不如說是杜老闆給梅蘭芳點顏色看，為孟小冬出出氣，也為自己出出氣而已。有傳說，孟小冬後來沒有接受梅的那四萬元補償，她只是為討個說法，討個公道。事實真相究竟如何恐怕只有天知地知了。

為了化解孟小冬抑鬱心境，杜月笙邀請程君謀每日上午來為小冬吊嗓說戲，下午姚玉蘭請女友來家打麻將消遣，還經常找些票友到家裡來過過戲癮。數月下來，孟小冬的心情漸漸開朗，身體也逐漸恢復。只是，當初絕食落下「胃疾」重症，腹痛時有發作，杜月笙不惜花重金請遍了滬上名醫為其調治。

杜月笙於民國初年在上海發跡後，成了全國著名的「聞人」，社會地位與「名望」日高。但他深知，他的主要影響在黑社會中。社會的上層名流，特別是知識階層，對他這樣的人無不內心鄙視，多採取敬而遠之的態度。杜月笙認為，要想光大其「事業」，擴展其影響，光依靠租界外國勢力、僅有流氓打手與勾結軍閥政客還不行，還必須拉攏、利用乃至控制一批知識分子，特別是那些有名望的大知識分子。為此，他採取了一系列措施。

首先，他告誡手下說：「衣食足，應該禮儀興了，再不能讓人一看就害怕討厭我們。」他將自己與其黨徒的服飾做了變換：不准再穿上海流氓傳統的短打裝扮，而要一年四季穿長衫，盛夏季節也不准赤膊露體。他還規定身邊黨徒言談不准有粗話，要給人以文質彬彬的印象，特別要給那些知識分子以儒雅可親、可登大雅之堂的感覺。接著，他就用各種手段，利用各種機會，接近與籠絡各種類型的知識分子，或請客，或送禮，或拜會，或急人所難、慷慨解囊，或卑詞厚禮、長期供養等等。例如，當時上海灘上有一位著名律師秦聯奎，有一次為好奇心驅使到杜月笙開設的一家賭場參賭，沒想到一會兒就輸了四千大洋，十分懊喪。杜月笙得知此事後，便問手下人秦是何許人。當他得知秦是一位著名律師，心想此人今後必然用得著，立即拿出四千大洋託人送給秦，並說：「當律師的靠搖筆桿、費口舌為生，沒多少錢可賺，我不能贏他的錢。」這使秦聯奎十分感激，從此為杜效力，成為杜的「義務法律顧問」。杜月笙就用類似的手段與方法，籠絡了各行各業的一大批知識分子，使這些人成為杜門食客或杜的「學生子」。其中有許多十分著名的人物，如章士釗、楊度、江一平、鄭毓秀、陳群、楊雲史、楊千里、朱學範等。而令人費解的是，桃李天下的國學大師章太炎，也成為其中的一員。

章太炎晚年居住蘇州講學，經濟並不寬裕，但名聲很大。有一次，居住在上海法租界的章太炎侄兒，與一位頗有身分與背景的人發生房屋糾紛，相持不下，就請章太炎幫忙。章太炎雖是名滿中華的革命元老與國學大師，但是在只認權勢與金錢的上海租界裡卻是無能為力的。無奈之中他忽然想到杜月笙是法租界炙手可熱的人物，只得放下名流學者的身段，親筆寫去一封信，請杜幫忙。杜月笙見信後，心中大喜，以為結識章太炎的機會終於來了。他不僅即刻竭盡全力為章太炎侄兒排難解紛，而且，在問題解決後，專程去蘇州拜訪章太炎，藉口是向章報告他調解房屋糾紛的經過與結果。章太炎熱誠接待，相見甚歡，言談熱烈。杜月笙在臨告辭前，還悄悄將早準備好的一張兩千銀元的錢莊莊票壓於章宅茶几上的一隻茶杯底下，卻不說破，作為對章太炎的饋贈。在杜月笙走後，章太炎才發現了這筆重禮，已無法推謝不收了。杜月笙既給章太炎送了一筆厚禮，又顧全了章的面子，對章太炎這樣的知識分子的境況與心理特點真是瞭解到家了。章太炎對杜月笙既感激又敬佩，認為杜月笙為人講義氣，重禮節，禮賢下士，有古豪俠之風。自此以後，二人開始定交。杜月笙每月都派人給章太炎送些錢，接濟章的生活；章對杜也另眼相看，不僅為杜做事，而且常常講杜的好話，甚至還以一代樸學大師的身分，用古色古香的文句為杜月笙修訂了家譜。

這次在上海休閒，讓孟小冬對杜月笙有了進一步瞭解。她看到的杜月笙儼然是一位文雅、多謀善斷、仗義疏財，壟斷經營上海主要工商、金融事業的大財東，上通黨國政要，下達基層工會民眾的「上海灘皇帝」。杜月笙雖是出身粗人，自知年少失學，胸無點墨，但心中一直有對文化的嚮往與敬畏，「萬般皆下品，唯有讀書高」等傳統意識深入其心。一次，他在和孟小冬的閒聊中回憶童年時透露：「當時一個月學費只有五角錢，可惜因為

孟小冬：這時候我只得暫且忍耐在心下

家裡實在太窮了，讀到第五個月，先母交不起學費，只好停學。」孟小冬從他的話中還聽出了縷縷的心酸：「『友天下士，讀古人書』，是吾的座右銘，但吾識字太少，做到讀古人書就難了。只好請了說書先生長期為吾講《三國》，說《水滸》，用這種辦法學歷史知識和處世方法。」身為滬上聞人的杜月笙免不了附庸風雅，與一些文人墨客舞文弄墨，他不僅努力讀書學文化，還勤練書法。功夫不負有心人，雖然沒有什麼大成就，但「杜月笙」、「杜鏞」幾個字終可瀟灑地到處簽寫。他留下的一些贈友人的賀詩、輓聯的遺墨也可鑑其心志。孟小冬深受影響，也隨之揮腕舞墨練起擱置已久的書法。在和杜的接觸中，她觀察發現杜月笙十分注重儀表文明，不論天氣多熱，其長衫最上面一顆鈕扣從不解開，並禁止衣冠不整、赤膊袒胸的徒眾出入杜門。他對子女學業要求嚴格，嚴禁其沾染煙賭娼。長子杜維藩一次逃避考試，被他搧了兩個耳光。在杜家的這段日子裡所見所聞，更讓孟小冬對杜月笙肅然起敬了。

杜公館門庭若市，車水馬龍，氣派非凡。杜月笙重義氣、愛朋友，在上海灘有口皆碑。一九二三年，北京國民政府大總統黎元洪被迫下台，流落於上海，受到杜月笙熱情款待。事隔八年，黎元洪已經作古，而其祕書駢文大家饒漢祥在杜氏祠堂落成大典時，特地從天津趕來上海，贈杜月笙賀聯曰：「春申門下三千客，小杜城南五尺天。」上聯寫是戰國時期楚國的春申君，其門下多養食客，以仗義疏財，交遊廣闊而聞名；下聯指唐朝京城長安南郊杜曲，此地盛唐時為貴族住宅地，因門第顯赫，大有去天五尺的顯赫氣勢。作者以此典故暗喻盛讚當時杜的人脈。這是出自一位在落魄時受過杜月笙恩惠者之手筆，絕非一般之阿諛奉承。

做女人難，做一個已經成為世人矚目的

「冬皇」更難。在經歷了短暫乾坤顛倒的失敗婚姻後，孟小冬似乎在迷茫之中找到了可以信賴、可以託付終身的男人。但此念僅僅一閃而過，杜月笙畢竟是有四房太太、滿堂兒女之長者，一九三一年六月十日，孟小冬作為受邀女賓，她依然一身男裝，頭戴禮帽，一副墨鏡不為人知地全程觀禮了杜氏祠堂落成大典。那天一大早，法租界華格臬路（今海寧路）杜家附近的馬路已被幾萬人的儀仗隊和賓客擠得水泄不通。儀仗隊分為六個大隊，第一大隊由幾十面兩丈見方的國民黨旗和「杜」字旗做前導，每面旗由四人抬舉，前後左右有一百人自行車隊護衛。接著是由法租界和英租界巡捕房派來的英、法、印、越巡捕組成的騎隊。後面跟著「金榮小學」的學生和幾年來各地送的十幾把「萬民傘」，以及掛著蔣介石、張學良、何應欽等人送的匾亭等，還有一個上百人的樂隊。其餘五個大隊是由警察局和保安警

孟小冬男裝照

察大隊、陸海軍樂隊、陸軍第五師和吳淞要塞司令部步兵各一營。再後面還有救火會、保衛團、童子軍、緝私營、偵緝隊、工會等組成的隊伍。每隊都分別佩有南北新舊官僚政客及社會名流送的大匾及外國駐滬領事送的祝詞和禮品，其中最耀眼奪目的有：「孝思不匱」——國民黨委員長國民政府主席蔣介石賀、「好義家風」——陸海空軍副總司令張學良賀、「世德揚芬」——軍政部部長何應欽賀、「慎終追遠」——實業部部長孔祥熙賀、「千國棟家」——司法院院長王寵惠賀、「光前裕後」——前北京警察總監吳鐵成賀、「敦仁尚德」——前北京國民政府大總統徐世昌賀、「俎豆千秋」——前北京國民政府大總統曹錕賀、「望出晉昌」——前北京國民政府臨時執政段祺瑞賀、「武威世承」——前北京國民政府將軍吳佩孚賀、「武庫遺靈」——國學大師章太炎賀、「源遠流長」——著名書法家、國民黨元老于右任賀、「慎終追遠」——西藏活佛班禪額爾德尼賀、「東方望族」——法國駐滬領事館領事甘格林賀、「孝思不忘」——海陸空總司令蔣介石賀、「名望之後」——國防部部長林輝賀、「明德之後」——日本駐滬日軍司令阪西利太郎賀，蔣介石送的一篇祝詞彩亭殿後。杜月笙的祖宗牌位是用特別紮成的「神轎」抬著，前面用八百面銅鑼開道，幾十個鮮花花籃和幾十個徐徐升煙的大香爐，由穿著彩衣的少女捧隨在「神轎」前行，杜月笙攜眾子跟在後面。最後是集中了手持京戲班子裡用的宮鑾和戈矛劍戟等幾百件兵器組成的儀仗隊。這支隊伍浩浩蕩蕩走了三個多小時，在黃浦江畔登乘一百四十艘汽輪擺渡船，女賓另備專輪。渡船後面再拖著拖駁和舢板，每船桅頂高高飄揚的紅底白字的「杜」字旗，在滔滔的江面上猶如一條浮動的長龍，緩緩游向高橋。捨船登陸，碼頭上搭著五丈多高的五彩牌樓，有汽車相接，駛向陸家堰杜氏家祠。沿途兩旁擠滿人群，盛況空前。當天，上海郵政局還在那裡設立了一個臨時郵亭，贈送來賓每人一套「杜祠落成典禮紀念」信封信紙，並加蓋了紅色紀念郵戳。凡去道賀者還可以得到一枚精製的紀念徽章，憑此徽章可去看戲、吃飯。

舉行靈主入祠典禮時，由陸海軍、警察軍樂隊奏樂，要塞司令部在附近鳴禮炮二十一響。首先由楊虎以國府中將參軍身分代表國民政府和主席蔣介石道賀，公祭由吳鐵城、宋子文、孔祥熙、何應欽等執祭，杜率子嗣在旁答禮。接著是各界來賓道賀。此外，各省市主席、市長代表，各地幫會頭子，上海工商界、金融界等各界頭面人物，參加者多達一萬多人。真可謂是擺足了排場，出盡了風頭！

當然，最吸引人的還是南北名伶大聚會的京劇堂會演出。四大名旦齊聚一堂，那次梅蘭芳是特從廣東趕來，程硯秋從哈爾濱來，尚小雲從天津趕來，為了照顧上海的賓朋，特請荀慧生在上海「大舞台」出演。還有，多年未到南方的老旦演員龔雲甫也破例到了，王又宸也抱病趕到，生行名角馬連良、言菊朋、高慶奎、譚富英，武生名角楊小樓、李吉瑞，小生名角姜妙香、金仲仁，名丑蕭長華、馬富祿，以及麒麟童、劉奎官、趙如泉、小楊月樓等南方京劇名家，群星薈萃於一堂，稱得上是空前絕後的堂會。下面特錄當時堂會三天的戲碼以饗戲迷朋友。

一九三一年六月九日，農曆辛未年四月二十四日，上海杜氏祠堂落成會演第一天：

下午三時開演

《天官賜福》天蟾全班

《金榜樂》（徐碧雲、言菊朋、芙蓉草、姜妙香）

《鴻鸞禧》（荀慧生、馬富祿、金仲仁、

張春彥）

休息

七時開演

《百花亭》（雪豔琴）

《汾河灣》（張藻辰、尚小雲）

《打花鼓》（華慧麟、蕭長華、馬富祿）

《落馬湖》（李吉瑞）

《蘆花河》（程硯秋、王少樓）

《龍鳳呈祥》（梅蘭芳飾孫尚香，楊小樓飾趙雲，馬連良飾喬玄，高慶奎飾前劉備，譚小培飾後劉備，譚富英飾魯肅，龔雲甫飾國太，金少山飾張飛，蕭長華飾喬福，姜妙香飾周瑜，曹毛寶飾孫權）

一九三一年六月十日，農曆辛未年四月二十五日，上海杜氏祠堂落成會演第二天：

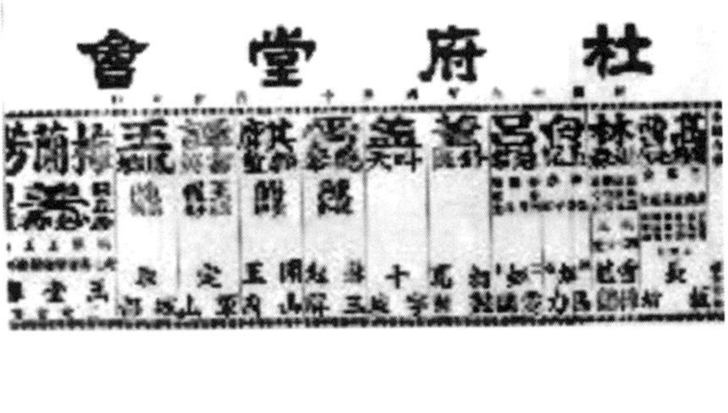

杜府堂會戲單

中午十二時開演

《富貴長春》（麒麟童、趙如泉）

《八百八年》（袁履登、王曉籟）

《空城計》（郭繼雲）

《宇宙鋒》（季小姐）

《群臣宴》（孫化成）

《慶頂珠》（王庾生、小楊月樓）

《安天會》（劉宗楊）

《北湖州》（鄭永泉）

《狀元譜》（張藻辰、金仲仁）

《玉堂春》（芝英夫人、高慶奎、姜妙香、張春彥）

《定軍山》（譚富英）

《坐宮》（王少樓、華慧麟）

《兩將軍》（李萬春、藍月春）

《罵殿》（程硯秋、貫大元）

《獨木關》（李吉瑞、小桂元、苗勝春）

《賣馬》（王又宸）

《長阪坡》（楊小樓飾趙雲，高慶奎飾劉備，雪豔琴飾糜夫人，雪豔舫飾甘夫人，劉硯亭飾張郃，劉奎官飾張飛，蔣寶印飾曹操，劉斌昆飾夏侯恩）

《全部紅鬃烈馬》

《彩樓配》（徐碧雲）

《三擊掌》（尚小雲、貫大元）

《別窯》（麒麟童、王芸芳）

《探寒窯》（程硯秋、龔雲甫）

《趕三關》（郭仲衡、芙蓉草）

《武家坡》（梅蘭芳，譚富英飾前薛平貴，言菊朋飾後薛平貴）

《算糧》（譚小培、雪豔琴）

《銀空山》（譚小培、荀慧生、姜妙香）

《大登殿》（梅蘭芳、荀慧生、馬連良、龔雲甫）

一九三一年六月十一日，農曆辛未年四月二十六日，上海杜氏祠堂落成會演第三天。

中午十二時開演

《滿堂紅》（楊鼐儂、金碧玉）

《岳家莊》（小楊月樓、小奎官）

《瓊林宴》（言菊朋）

《戰宛城》（麒麟童飾張繡，荀慧生飾鄒氏，劉奎官飾典韋，金仲仁飾曹昂，曹毛包飾曹操，陳鶴峰飾賈詡，馬富祿飾曹安氏，蔣寶印飾許褚）

《取滎陽》（馬連良、金少山）

《取帥印》（高慶奎）

《花木蘭》（徐碧雲）

休息

七時開演

《馬蹄金》（尚小雲、貫大元、龔雲甫）

《挑滑車》（劉宗楊）

《二進宮》（梅蘭芳、譚小培、金少山）

《林沖夜奔》（李萬春）

《弓硯緣》（雪豔琴、姜妙香、雪豔舫）

《臥虎溝》（李吉瑞）

《忠義節》（程硯秋、譚富英、王少樓）

《八大錘》（楊小樓飾陸文龍，馬連良飾王佐，劉漢臣飾岳雲，劉硯亭飾金兀朮，劉奎官飾狄雷，高雪樵飾何元慶，馬富祿飾乳娘，張質彬飾嚴成方，張國斌飾岳飛）

《五花洞》（梅蘭芳、程硯秋、尚小雲、荀慧生飾四潘金蓮，高慶奎飾張天師，金少山飾包公）

《慶賀黃馬褂》（麒麟童、王英武、趙如泉、劉漢臣、金素琴、劉奎官）

雖然這次堂會是中國京劇史上空前絕後的名伶大薈萃、大會演，而孟小冬卻實在沒有心思湊這份熱鬧，便由姚玉蘭陪同於當日返回上海。是夜，小冬久久未能入眠，一位在江湖中摸爬滾打過，而今在上海灘頂天立地的男人——杜月笙，待她總是彬彬有禮，在她面前說起話來細聲細語，多年來在精神上、經濟上，他都是她的支柱和後盾。此次來滬，杜為她求醫調養費盡心力，撫慰她心靈的創傷，鼓勵她不要自悲自棄，堅持走余派的戲路，要做一個不可一世、名副其實的京劇鬚生「冬皇」，可謂呵護關照無微不至。他像是她的兄長，又像是痛愛自己的慈父。自己永遠也報答不完他的知遇之恩哪！

孟小冬男裝照

9 冬皇重振紅氍毹

一九三一年十二月，父孟鴻群患病，孟小冬由上海匆匆返回北平探視。躺在病榻上的父親老淚縱橫，他悔恨自己當初沒有阻止女兒與梅的婚事，如今不僅遭受名節屈辱，又幾乎斷送了她藝術事業的錦繡前程。眼看自己將不久於人世，如何放心得下風華正茂的女兒就此沉淪！他深知性格倔強、固執的女兒很難聽進別人的話，吃力地拉著孟小冬的手，好像是喃喃自語：「唉！妳學得這一身功夫，不容易啊，就這麼荒廢糟賤了，甭說對不住過去教你、捧你的人，連妳自己都對不起妳自己呀！」性格堅韌的小冬，此刻再也無法控制自己壓抑了許久的情緒，淚如雨下，她咬緊牙關，強忍聲咽，默默地點了點頭。

在傳統的觀念裡，女伶無非就是以色悅人。然而，孟小冬的出現，徹底地改變了這種世俗觀念。從小，她就是一個刻苦的孩子，在梨園世家的背景下，孟小冬所體現出來的絕對是戲劇家的天賦。其實在其沉寂的這段時間，她已由開始的悲憤和衝動中冷靜下來，她實在捨不得京劇藝術哇！再說，拜余師的夢想還沒實現，為了這不值得留戀的匆匆過客和私情，使自己二十年苦功半途而廢，太不值了。所以，在經過了感情的波瀾和自己靜心的再三思考之後，她毅然決心重新走上舞台。畢竟，生活還要繼續。不過，這一次，她選擇了從頭再來。她決定重新拜師學藝。打這兒起，孟小冬徹底放棄了早年所演的孫派、海派劇目，橫下一條心，一定要把真正的余派學到手，再現「冬皇」昔日輝煌。

幾天後，東四十三條二十六號院傳出了孟小冬的余派唱腔和明快的京胡伴奏聲，那是楊寶忠為其說戲吊嗓。孟小冬在她的京劇藝術成長的道路上是幸運的，在她再次重新起步的時候，她遇到了因嗓音失潤不得不輟演，而改練京胡的余叔岩大弟子楊寶忠。楊寶忠早年學習老生，從裘桂仙（裘盛戎之父）、陳秀華學戲，早在一九二三年拜一代宗師余叔岩為師——正值其在舞台蒸蒸日上，不幸倒倉輟演，改從父學京胡。一九三四年又按梨園行裡的規矩改行另行拜師，於是拜場面前輩錫子綱先生，與王瑞芝、鍾德揚同列門下，先後與馬連良、楊寶森合作，終成一代京劇著名琴師。此乃後話。

住在二十五號院的孟鴻群老人又聽到了女兒高亢甜美的聲腔，他從中聽出女兒的唱腔發生了明顯的變化，「唱中有戲了」，父親的嘴角欣慰地露出了一絲微笑。性情剛烈、頗有男子氣質的孟小冬終於結束了自我禁閉的日子，除了延請楊寶忠每日為她吊嗓說戲外，她又拜著名裡子老生【注】鮑吉祥為師，鮑是經常給余叔岩配戲的老搭擋，凡余師演唱之特點、氣

【注】「裡子」，也稱「二路」，按現在話講就是「配角演員」。比如稱呼好的「裡子老生」為「硬裡子」。「裡子老生」在戲裡是扮演比較次要一點的角色，如《搜孤救孤》的公孫杵臼、《捉放曹》的呂伯奢等。

口、腔調無不熟悉。所以孟從鮑師學戲，聘楊伴奏，也就是間接研學揣摩余派藝術，深得余派唱法精髓。

在父親病重期間，孟小冬對其送湯送藥，始終如一盡孝守護。

一九三二年二月，孟父鴻群病逝。喪畢，鑑於北方的一些小報經常捕風捉影，嘰嘰喳喳，又聞戲劇教育家蘇少卿在上海電台每晚自教老生戲三四個小時，兼播講劇壇評論及梨園掌故等，小冬便邀楊寶忠同赴上海，入住姚玉蘭府上，白天由楊寶忠操琴吊嗓，堅持每晚收聽蘇先生教課，並經常參加蘇少卿自辦的票房「蘇聲社」活動，屆時當面請教。蘇少卿也熱心地送給小冬一些自編的資料，供其自學。半年下來，小冬不僅對京劇藝術有了更深的領悟，而且在戲劇理論和表演藝術方面也獲益匪淺。雖然是廣播函授學藝性質，但出於對蘇少卿的敬仰，九月正式拜蘇少卿為師。蘇少卿再

孟小冬緊要啓事

啓者冬自幼習藝[illegible]守家規雖未讀書略聞禮敎蕩檢之行素所不齒[illegible]

所不堪忍受者茲為社會明瞭眞相起見爰將冬之身世略陳梗概惟海內賢[illegible]

《孟小冬緊要啟事》載天津《大公報》
一九三三年九月六日

次鼓勵小冬繼承余派。

這次小冬在滬期間，還向譚余派名師陳秀華求教。陳秀華早年拜師賈麗川，學習譚派老生，藝名陳喜奎。倒倉後開始教戲，在「春陽友社」和余叔岩本人以及許多余派名票一同長期切磋余派藝術，成為譚余派名師。一九三一年應李桂春之邀來上海，擔任李少春的老師。這次陳秀華親授小冬余派戲《打棍出箱》、《三娘教子》，並在學戲當中認識了她後來的余門師弟李少春。

孟小冬對余派藝術的執著和堅韌不拔的追求，杜月笙看在眼裡，喜在眉梢，樂在心中，欽佩之至。但眼下對孟小冬來說，最大的障礙是擺脫社會輿論的困擾，從人生的低谷中走出來。經過一番深思熟慮，身為長者的杜月笙和小冬進行了一次開門見山的長談……杜隨即請了律師為孟草擬了一份〈孟小冬緊要啟事〉的聲明稿。

一九三三年九月五日、六日、七日在天津《大公報》第一版上，孟小冬連登三天〈孟小冬緊要啟事〉：

啟者：冬自幼習藝，謹守家規，雖未讀書，略閳禮教。蕩檢之行，素所不齒。邇來蜚語流傳，誹謗橫生，甚至有為冬所不堪忍受者。茲為社會明瞭真相起見，爰將冬之身世，略陳梗概，唯海內賢達鑑之。

竊冬甫居八齡，先嚴即抱重病，迫於環境，始學皮黃。粗窺皮毛，便出台演唱，藉維生計，歷走津滬漢粵、菲律賓各埠。忽忽十年，正事修養，旋經人介紹，與梅蘭芳結婚。冬當時年歲幼稚，世故不熟，一切皆聽介紹人主持。名定兼祧，盡人皆知。乃蘭芳含糊其事，於祧母去世之日，不能實踐前言，致名分頓失保障。雖經友人勸導，本人辯論，蘭芳概置不理，足見毫無情義可言。冬自歎身世苦惱，復遭打擊，遂毅然與蘭芳脫離家庭關係。是我負人？抑人負我？世間自有公論，不待冬之贅言。

抑冬更有重要聲明者：數年前，九條胡同有李某，威迫蘭芳，致生劇變。有人以為冬與李某頗有關係，當日舉動，疑係因冬而發。並有好事者，未經訪察，遽編說部，含沙射影（引者按，時傳李某乃孟小冬的未婚夫），希圖敲詐，實屬侮辱太甚！冬與李某素未謀面，且與蘭芳未結婚前，從未與任何人交際往來。凡走一地，先嚴親自督率照料。冬秉承父訓，重視人格，耿耿此懷，惟天可鑑。今忽以李事涉及冬身，實堪痛恨！

自聲明後，如有故意毀壞本人名譽，妄造是非、淆惑視聽者，冬惟有訴之法律之一途。勿謂冬為孤弱女子，遂自甘放棄人權也。特此聲明。

緘默了三年的孟小冬在杜月笙的再三鼓勵支持下，終於打破沉默說話了。她在短短四百餘字的啟事中，歷述了孟、梅結合後，其所遭受到的不平等待遇；駁斥了當時報界利用李志剛事件，歪曲事實捏造誹聞。字字句句，鏗鏘有力，不容質疑。她向那些歧視女權的低級趣味的文痞和狗仔們莊嚴宣告：「勿謂冬為孤弱女子，遂自甘放棄人權也。」看！好一個「冬皇」孟小冬，說得是何等的好啊！孟小冬自己解放了自己，也使廣大「冬皇」的崇拜者欣喜若狂。時隔七十五年，〈孟小冬緊要啟事〉仍然活生生地向我們展示了當年孟小冬所面臨的不公和險惡，作為一個年少女性名伶，敢於奮起抗爭，捍衛自己的人權，實在令人敬佩。而不幸的是，一些無中生有的傳奇故事和歷史偏見卻仍流傳至今，為了吸引讀者眼球，還被一些人當作正史誤導後人，實在是可惡，可悲，可歎！

一九三三年九月二十五日，孟小冬東山再起，復獻藝於紅氍毹上。她自己組班「福慶社」在北京吉祥戲院演出《四郎探母》。是日戲碼如下：

㈠周少安《南陽關》
㈡陳喜星《黃金台》
㈢李春恆《草橋關》
㈣周里安、侯喜瑞《連環套》
㈤俞步蘭、楊寶義《鴻鸞禧》
㈥孟小冬、李慧琴、姜妙香、諸如香、鮑吉祥《四郎探母》

此時孟小冬已拜鮑吉祥為師，並成為孟小冬所離不開的重要配演。孟也正是由此時開始銳意揣摩余叔岩的玩意兒。鮑是繼孫佐臣之後對孟小冬宗余的又一位關健人物。鮑吉祥，出身梨園世家，以演裡子老生為主。先後搭楊小樓、郝壽臣、梅蘭芳、余叔岩、馬連良、程硯秋的班社，尤與余叔岩合作的

冬皇之師鮑吉祥

時日最長，成為其重要輔弼。早年他的嗓子極佳，後因病體弱，高音不足。陪余演唱，由於余的調門略低，故能應付裕如。陪孟演唱，則多行低腔，但仍富有韻味，被公認為硬裡子老生中之資深者。

一九三三年，余叔岩已輟演多年，楊小樓年事已高，梅蘭芳長期逗留於南方，北平的老生有馬連良、高慶奎、王又宸、譚富英、言菊朋等，旦角有程硯秋、尚小雲、荀慧生、小翠花等，坤旦有雪豔琴、陸素娟、新豔秋等。此時北京被南京國民政府更名北平，世面已呈不景氣，京劇亦臨迴光返照之境地。然而，孟小冬復出之後，以余派老生的全新面貌獻演，她的藝術頗有進步，再次引起了平津戲迷的轟動。十月十九、二十、二十一日在天津明星戲院貼演《失空斬》、《捉放曹》、《四郎探母》、《烏盆記》等，合作者侯喜瑞、蕭長華、胡碧蘭等，程君謀為其操琴。她的演唱情

楊寶森

味濃郁，被壓抑了多年的戲迷們在散戲後久久不肯退場，他們為了表達自己對「冬皇」藝術的熱愛，表示對孟小冬不幸遭遇的同情，高喊出：「冬皇！冬皇！」「吾皇萬歲，萬萬歲！」此刻在後台卸裝的孟小冬已是激動得熱淚盈眶。這不是一般的戲迷捧角兒，也不是「太太團」捧男旦，更不是權貴們捧姿色嬌豔的坤伶，是孟小冬在中國戲曲舞台上，為女藝人爭得了應有的自尊和廣大觀眾發自內心的尊敬。

此後，孟小冬不定期地在北平、天津等地演出。並向鮑吉祥學演余派戲《失空斬》、《捉放曹》、《四郎探母》、《烏盆記》等。

一九三五年九月二十七日，孟小冬在北平吉祥戲院與王泉奎、鮑吉祥合演《捉放曹》。此次演出曾被薛觀瀾譽為是冬皇的傑出代表作之一。是夜戲碼如下：

㈠周少安《開山府》
㈡李春恆《御果園》
㈢李多奎《釣金龜》
㈣周里安《安天會》
㈤李慧琴《女起解》
㈥孟小冬、王泉奎、鮑吉祥《捉放曹》

此時京劇在故都已走下坡，諸多名伶的日子都不好過。而旦角唯章遏雲甚紅，她以《燕子巢》、《紅刺虎》等新戲為號召，吸引了不少觀眾。冬皇則是碩果僅存的女鬚生，深為戲迷所推崇。這除了她固有的粉絲外，廣大余迷們也紛紛轉投孟小冬的名下，追捧這位余派冉冉升起的新星。

這天演出開場後，余叔岩為了掩人耳目，悄悄地來到劇場後排旮旯的座位坐下。他是被冬皇的轟動效應所吸引而來，他要親眼見識見識這位偷學他戲的女子倒底是怎樣一位鬚生之皇。這次是孟小冬首次正式按鮑吉祥教授的余派唱法演出《捉放曹》。開場後，余叔岩便聚精會神地觀注著孟小冬的每一句唱段和表演動作，一板一眼、一招一式，他看得仔仔細細。尤其，孟小冬《宿店》之唱殆與余賢無稍差別，嗓音也與其極為相似，令觀眾大飽耳福。當小冬演到〈殺曹〉時，藏劍的身段妙到秋毫，尋馬及撳動門閂之動作，亦較其過去演出時不同，完全是余派招式，看得余叔岩嘴角露出絲絲微笑，心中暗自稱道。整場演出過程，只見余大賢頻頻點頭，甚至情不自禁地和觀眾一起喝彩叫好。由於怕觀眾認出他來，戲還沒散，他便匆匆離去。應該說，孟小冬的天賦和才藝，此時已經征服了余叔岩。

一九三五年十一月，孟小冬與章遏雲應邀同赴上海於黃金大戲院義演，演出劇目有《空城計》、《捉放曹》、《法門寺》、《盜宗卷》、《珠簾寨》、《南陽關》、《烏盆記》等。正當孟小冬躊躇滿志、如日中天的時候，

孟小冬《珠簾寨》飾李克用

老病發作；原定四十天，只演出二十天，因其病倒不得不輟演。隨即滯留上海，住在姚玉蘭家調養治病。許姬傳先生後來回憶當時的情形十分感慨地說：「我到辣斐坊姚玉蘭女士家中探病，問了病情，並囑她安心養病。臨走時，小冬對我說：『許姬老，我是從小學藝唱戲的，但到了北方後，才真正懂得了唱戲的樂趣，並且有了戲癮。這次原定唱四十天，現在突然病倒了，我覺得此後不能長期演出，我的雄心壯志也完了。』我從她沮喪的面容、微弱的聲音中，覺得一個演員正當壯年和奮發有為時，預感到自己舞台生活遠景不祥，心情一定是淒涼而痛苦的。」

許姬傳是業餘曲家、著名梅派藝術研究家。一九三一年起與梅蘭芳合作，主要為梅擔負文墨事宜。一九四九年後，為梅記錄整理《舞台生活四十年》，考訂精詳，先後結為三集陸續出版，影響頗大。後隨梅蘭芳一家定居

楊寶忠為孟小冬操琴

北京護國寺街，以梅蘭芳祕書任職於中國戲曲研究院，又為梅記錄整理《我的電影生活》、《東遊記》、《梅蘭芳文集》等著作出版，一生為其中包含大量梅蘭芳崑曲藝術的內容，一九八二年他為梅蘭芳著述成書付出大量心血，一九八二年他為《中國大百科全書‧戲曲卷》撰寫了「孟小冬」條目。

此刻，雖然孟、梅之間已經恩斷義絕，而許姬傳卻仍然保留著對冬皇的尊崇和關心。足見冬皇藝術之魅力及人品之深入人心。

一九八二年冬，剛剛完成「孟小冬」條目的許姬傳在北京聞孟小冬於五年前於台北逝世，感慨萬千，寫下〈憶孟小冬女士並序〉悼曰：五十年前在天津，陳彥衡師約觀孟小冬女士之《空城計》於「大羅天」劇場，孫佐臣操琴。一九三六年曾在上海觀其余派劇目十餘齣。一九四七年獲睹其《搜孤救孤》，藝已精能。爾後即不復再見，嗣聞病逝台北，不勝悽

《空城計》孟小冬飾諸葛亮，蕭長華、馬富祿飾二老軍

愴，壬戌冬偶成一律：

丁沽初睹玉精神，羽扇綸巾意態醇。
殫志尋師求絕藝，余門立雪得傳薪。
滄桑幾度魚書隔，瀛海聞驚墓草蓁。
回首春申歌舞池，繞樑遺韻落芳塵。

10 與金少山鬥嗓子

說老實話，少年得志的孟小冬，十二歲時雖在江南小有名氣，但尚未懂得表演藝術之精髓，自以為憑自己的一副好嗓子便可吃遍天下，心中難免自鳴得意。孟小冬在晚年曾回憶說：「早年時，我學的是孫派，高唱入雲，講究鬥嗓子。」

論嗓子，孟小冬沒服過誰。過去戲班裡有句話，叫做：「台下不見台上見。」演員之間相互叫板的事情時有發生。那時候，沒有麥克風、擴音器，「戲」不是那麼好唱的，不像現在，什麼人都能拿著麥克風上台「卡拉ＯＫ」喊兩嗓子。孟小冬憑著自己天生的一副好嗓子，曾兩次在台上和同樣有一副好嗓子，有「金霸王」、「鐵羅漢」之稱的金少山叫板、鬥嗓子，留下了一段梨園軼事趣話。

金少山是京劇花臉名家，幼從父學戲，兼學何桂山、韓樂卿、何通海、劉永春等名家戲。他正式拜師卻是小生德珺如。初搭保勝和班。與梅蘭芳合演《霸王別姬》一舉成名，有「金霸王」之譽。又因擅演包公戲，與擅演曹操戲的郝壽臣並稱「黑金白郝」。一九三七年自組松竹社，開花臉組班先河。他嗓音宏亮，聲震屋瓦，既有堂音又有立音，音色很有厚度，寬亮雄渾，宏曠無比，有黃鐘，大呂之美。其發聲總體共鳴非常好，尤其是頭腔、胸腔共鳴的結合，用氣通暢，聲音雄壯，富於自然美。在花臉聲音造型中，一直被認為是一個正格。他高、中、低音都好，尤其是高音更見功力。金少山改變了前人一些笨拙的唱法，改造了那種接近喊叫的聲音，甩掉了累贅的尾音，他的新唱法具有工穩、流暢、大方的特點，代表著三十年代、四十年代花臉的最高演唱水平。代表劇目有《鍘美案》、《打龍袍》、《大保國・探皇陵・二進宮》、《大回朝》、《刺王僚》、《御果園》、《法門寺》、《忠孝全》、《紅逼宮》、《李七長亭》、《取洛陽》、《黃一刀》、《清風寨》、《丁甲山》等。由於他戲路寬闊，故有「十全大淨」之讚譽。

那是一九三五年十一月間，小冬應邀到上海黃金大戲院和金少山合演壓軸《法門寺》，

銅錘名淨金少山

她的趙廉，金的劉瑾。等孟都扮完戲，眼看名旦王芸芳倒三的《遊西湖》快要下場，號稱金嗓子的金少山才邁著八字步走進後台。孟小冬對金素有「玩世不恭」、「誤場怠工」、「放蕩不羈」之名聲早有耳聞。看見金三爺這派頭，她腦海中浮現出一樁樁金少山軼事趣聞：

金少山早年在上海的戲院中當「基本演員」，有人說他就倚仗自己的好嗓子，從不把誤場當回事，經常發生戲都開場了，還不見金三爺的影子。戲院的後台老闆黃金榮有時恨不得把他槍斃了，都不解氣。有一次黃金榮在二樓包廂裡看戲，又遇到金少山誤場，正在發火之際，匆忙趕來的金少山上場了，連續幾嗓子高腔，弄得整個劇院喝彩不斷，黃金榮也又笑又罵地說：「這個赤佬，還得是他，還得是他……」

據說，一次金少山在南京與著名武生王虎臣首次合作演出全本《連環套》，雙方演職員都早早來到後台認真做著各自的準備工作，王虎臣這邊的人在化妝室一邊忙活著，一邊閒聊，其中一位說：「依我瞧，金少山沒什麼了不起的，恐怕他演不過咱們王老闆！」這話正巧被少山那位管戲裝的聽見了，馬上傳給了正在勾臉的金少山。少山一聽，並未作聲，而心裡卻冒出了一個歪點子。

開場後的《盜御馬》少山在台上是特別卯上，觀眾的情緒也特別高漲。從〈坐寨〉到〈盜馬回山〉共五場戲，台下觀眾的喝彩聲不斷。據《金陵日報》次日報導：金少山演唱的《盜御馬》，贏得了不下四十次的熱烈掌聲。少山演完「盜馬」後，趕忙卸裝、洗臉，換上皮夾克，戴上眼鏡，撂下一句：「我出去溜溜，一會兒就回來！」便離開了劇場。

舞台上接著演下面的幾場戲，直到「黃天霸準備拜山探御馬」時，後台經理陳野禪才發現化妝室裡不見了竇爾敦，情急之中，趕忙派人四處尋找，並請前台經理趙萬和上台向觀眾謊稱：「金少山老闆有點發燒，眼下到醫院去了，打了針就回來，大約需要三四十分鐘，希望觀眾朋友諒解一二！」台下觀眾剛才看了少山的《盜御馬》聽得過癮，看得帶勁，對其十分欽佩與讚賞，聽了趙經理的這番話，都表示：「沒有關係，我們等他！」有的觀眾甚至喊道：「一個鐘頭也可以！」無奈之下，只好臨時加演一齣墊場小鬧劇《瞎子逛燈》，等候金三爺回來。

過了三十多分鐘，金少山被從一家劇場附近的咖啡館找了回來，趙萬和趕忙迎上前去，說道：「金老闆，要喝咖啡，打個電話不就送來了，何必還跑那麼老遠！」

「嘿！幹嘛等我呀！誰不能演哪。」「不是有人說我金少山沒什麼了不起的嘛！」

……這檔子事，雖然後來圓滿收場，但金少山「玩世不恭」、「誤場怠工」、「放蕩不羈」之名聲也不脛而走。而就在這件事後不久，金少山又上演了一齣讓梅蘭芳驚魂的戲外戲。當夏，華北地區發生特大水災，數百萬災民流離失所。是年冬，時任杭州商會會長兼中國銀行行長的金潤泉發起「支援華北賑災義演」活動，並邀梅蘭芳大師來杭演出。梅蘭芳當即應允，他將原先的演出安排或推或改，率團即時趕到杭州，在延令路（今延安路）大光明戲院舉行賑災義演。大光明戲院是當時杭州面積最大、條件最好的戲院，舞台可以旋轉，二樓設有包廂。義演的門票分十元、五元兩個檔次，這在當時可稱得上是價格不菲了。但杭州市民怎能錯過看梅大師演出的好機會呢？劇院門前排起長龍，人們爭相購票。每晚劇場內外都是人山人海，盛況空前。最後一場是梅蘭芳與金少山合演的梅派名劇《霸王別姬》，使得這次義演的氣氛達到高潮。其在坊間市肆引起的轟動，在這座江南名城裡，實屬難得一見。而偏偏這位金三爺在梅劇團於杭州貼出梅金連袂義演《霸王別姬》的海報後，執意不肯來杭，原因是他一年前曾來杭州，因與其配戲的花旦不夠水準，上座率不高，票房不景氣，致使他的收入有些捉襟見肘，甚至住店都難以上檔次了。非但如此，節外生枝的是金少山因在旅館吸大煙竟被杭州警察局抓住，經人說情才得以保釋。受到如此磨折打擊，金少山曾發誓再不來杭州唱戲了。但是梅劇團更改戲碼是絕無可能的，梅蘭芳焦急萬分，只好電請杜月笙在上海勸說金少山，同時又要求杭州警局網開一面，不要再來找金的麻煩。如此這般，金少山才勉強答應赴杭。金潤泉即請上海鐵路局掛了特快專列，等他到車站將金少山接到劇院，離開演只剩下兩三個鐘頭了……

想到這兒，孟小冬計上心來，心想藉此機會教訓教訓這位號稱「鐵羅漢」、「金霸王」的金三爺。金的嗓子已經夠高了，在當時的京劇舞台上，各種行當的演員中，無人能與其比肩。但她孟小冬要比金少山還高，她暗地裡告訴自己的琴師王瑞芝，在廟堂一段【西皮散板轉哭頭】的調門調到正宮調（E調）。王瑞芝有些疑惑，向小冬問道：「這成麼？」孟小冬微微一笑，說道：「有什麼不成的，您就瞧好吧！」孟小冬這一著兒，差點把已過中年的金少山撂倒在台上。金少山的嗓音宏亮，不亞於當今義大利的美聲男高音之王帕華洛帝。他平平常常的道白發出的音量，就蓋過了孫玉嬌的歌唱。當孫玉嬌唱完後，王瑞芝京胡過門忽然調到正宮調，孟小冬接唱：【西皮散板】「才知道小劉彪是殺人的兇犯，有誰知這其中有許多的牽連，在廟堂恕為臣才疏學淺，」【轉哭頭】「千歲爺呀！望千歲開宏恩限臣三天。」一曲歌罷，台下一片叫好聲。金少山飾演的劉瑾端坐廟堂中央，一聽孟小冬突然提高了調門，一下愣住了。但時間不容他多想，只有順著調門往上爬了，心想：「坐著唱是唱不上去了。」只見本來端坐的劉瑾狠狠地瞪了郿鄔知縣趙廉一眼，忽地站了起來，大喝一聲：「咂！」卯足了勁接唱：【西皮散板】「好一個膽大的郿鄔知縣，將一樁人命案審問倒顛，在佛堂限三天人犯帶見，少一名將人頭懸掛高竿。」一氣唱完後，金少山的內襯前心後背已經濕透，氣喘吁吁，一屁股坐回原座，台下又是一片喝彩聲。韓金奎演的賈桂在台上忍不住大樂。此時，孟小冬飾演的趙廉背對台口跪在台上，也禁不住低下頭來咯咯私笑，使得袍角隨之抖動，台下觀眾還以為郿鄔縣的顫抖是孟的做工呢，竟又大喝其彩。這段劉瑾的【西皮散板】本來是坐著唱的，打這兒起，後來其他演員再演此戲時，索性都改站起來唱了。

韓金奎到後台說：「金三爺，您也有今天哪！讓孟老闆給壓過去啦。」金少山哭笑不得，無奈地說：「好傢伙，可把我累死了。」轉臉一眼瞅見正要去卸裝的孟小冬，故作惱怒狀，說：「爺們兒，妳可把老夫坑苦啦！」孟小冬衝著金少山深深一躬，用韻白答道：「千歲，下官多有得罪了。」說完又扭過臉偷著樂去了。

據說，金少山有意「誤場」，也是他針對把持著劇場的那些財東、老闆、經理對演職員工的盤剝和壓榨的抗爭。那時候，他們當面稱你「老闆」，私下卻叫你是「唱戲的」、「戲子」。你的演出叫座，他們就捧你，儘量讓你唱，好為他們賺更多的錢；一旦你在台上失去了光彩，他們覺得無利可圖的時候，就會一腳把你踢開。少山從心底裡痛恨他們，咒罵他們是「喝演員血」的惡魔，他唯一抗爭的手段就是「誤場」——演出時，越是賣滿堂，越是有什麼「高官要人」，他就越誤場。他就是要捉弄他們，讓他們生氣。而孟小冬哪知這位金三爺是個不滿於黑暗現實的低能反抗者呢。

關於金三爺「誤場」的故事，流傳最廣的是一九三七年，金少山到北平挑班兒松竹社。第一天在「華樂」戲園與周里安合演《連環套》，這一天金沒有誤場，從「挑（台）簾」出場的一剎那，觀眾無不被金的頂天立地的氣勢所震懾。這場戲一散，關於金的「口碑」不脛而走，第二天就需要在走道當中加凳子了。誰知，自第二天起，金少山就再也沒有準時上過場。觀眾硬是拿他沒輒，雖然上場晚了，但他只要撒開嗓子，那種聲震屋瓦的氣勢就讓人心花怒放。戲園子拿他更是「沒輒」，只好把經勵科的人都撒出去，一路打探金的起居和動身情形。金當時家住在宣武門外東側的一條胡同裡面，如果是在西單路口的長安戲院演出，那就至少得放出七八名經勵科的人：第一站放進金的家裡，金要是在晚上八點鐘起床，這位馬上跑到門外向胡同西口高喊：「金三爺起床嘍！」站在胡同西口的第二位經勵科的人，則朝著宣武門高喊：「金三爺起床嘍！」第三位站在宣武門，第四位站在「烤肉宛」的門外，這麼著一路排下去，直到第七或第八位，才站在「長安」戲院的後台門。等這最後一位聽到了，他就「噔噔噔噔」跑進後台，把消息一直送進後台管事的耳朵。反之，如果後台著了急，管事的則通過後門這位「經勵科」，把催金三爺「快一點兒」的請求，一站站地傳出宣武門。當然，等傳進金三爺的耳朵，這聲音也變得有氣無力了。

金少山這樣戲弄劇場、經勵科的笑話曾在戲迷中廣為流傳。

自從孟小冬與金少山在滬合演《法門寺》後，再未遇機會同台演出。一晃過了七八年，抗戰期間北平百業蕭條，孟小冬又長期「胃」疾纏身，氣力欠佳。一九四二年《三六九畫報》有報導曰：

巾幗鬚眉孟小冬，在千呼萬喚的熱烈情勢中，終於出台了。一演《失街亭》，再演《捉放曹》，演成長安門前只賣了一張散票的最高紀錄，給臘鼓敲殘、急景凋年的北京城，平添了許多生氣。巾幗鬚眉的孟小冬能博到這種情勢，一般鬚眉，望之應當有愧色。近年來的孟小冬，雖然占據了「余派」最高權威的位置，可惜「身子骨兒」也太不堅實，一年中的「三百四十天」裡，總愛鬧個「頭痛腦熱」的，所以她也不能長遠露戲，像這次答應唱義務戲，就完全是面子問題，一時推脫不開，而不能不勉為應付。在她出演《捉放曹》的前一夕，按著照例公事，讓王瑞芝給吊一吊嗓子，唱「六字調」還覺得有一點吃力，她真想通知前頭一聲，把戲「回了」。不過又念在是義演，所以硬著頭皮，帶疾登場。

這兒要說明的是，抗戰期間，北平淪陷，孟小冬和許多愛國藝人一樣，停止了營業演出，她一心入余門學藝，只有賑災義務戲才登台獻演罷了。

這齣《捉放曹》，孟小冬飾陳宮，金少山飾曹操，二位「冤家」又在台上見面了。依此時的孟小冬的身體狀況，實在再沒有和金三爺「金霸王」叫板鬥嗓的本錢了。

然而，冬皇畢竟是冬皇，不知是孟小冬那顆極要強的心所使，還是歸諸於她太走運了，上得台去，病態皆無，嗓子特別給勁。〈捉曹公堂〉一場，曹操與陳宮有大段對唱，二人都博得了滿堂彩。到了〈殺家〉一場，孟小冬曾三次示意王瑞芝長弦兒。當呂伯奢出門沽酒，陳宮望門一笑之後，就低聲示意琴師王瑞芝說：「長點兒。」趕到〈殺家〉【搖板】之後，又示意瑞芝：「再長點兒。」當曹操下場，陳宮望門要唱「背轉身自參詳……」那一段的時候，居然又要王瑞芝：「還可以長一點兒。」經過三次長弦，曹操乃大感制壓，〈殺呂〉後，孟突以高調唱：「陳宮，一見咽喉啞，白髮的老丈染黃沙……」曹操大笑介，陳宮轉面對曹操說道：「……也不怕天下之人咒罵與你！」按常規演，曹操應接唸：「這個……，哎呀！俺曹操寧負天下人，不叫天下人來，負我！」陳宮驚叫：「哦！」曹操怒介，按劍唸道：「嗯……」陳宮接唱：「聽他言嚇得我……」這本是捉放一劇唱唸的重點戲核之一，是陳宮聽到曹操的驚人之語，最終將曹操做人處事的哲學看透的時刻。這場對白雖然只是短短幾句，如果曹操不把他的「人生格言」唸到家，陳宮就無法失聲驚叫：「哦……！」和接唱「嚇得我心驚膽怕」一段。這段生淨對白，要是唸足、唸好，足以令觀眾聽得有毛骨悚然之感。可是這次金少山遷怒於孟自提調門，不打招呼，心中不快，到這個要勁的地方卻一反常態，淡淡地將「寧負天下人」一句低音帶過。到此時，孟的台詞「哦……」就無法高聲了，她也顧不得多想，只好順口「哦」了一聲。不想這一「哦」，為孟引來了戲迷許多批評和爭論，大概這回是該著金三爺偷著樂了。其後孟小冬「聽他言，嚇得我心驚膽怕……」「一輪明月照窗下……」幾大段膾炙人口的獨唱，嗓音越聽「使喚」了，滿宮滿調，每句均獲彩聲。

小冬畢竟是帶病出演，而她又不肯在舞台上有絲毫懈怠，終因用力過度，戲後第二天「胃」病發作加劇，經醫診治，囑其靜養，為此曾赴西山靜養數日才恢復元氣。這種「要戲不要命」的精神，可謂是貫穿了孟小冬的舞台生涯，正應了豫劇表演藝術家常香玉那句話：「戲比天大。」而當代京劇、崑曲、河北梆子三藝兼備，文武崑亂不擋的藝術家裴豔玲說：「戲是我的天，戲是我的魂。」皆是一脈相承的肺腑之言，也同樣是她的前輩孟小冬的寫真。這些中國戲曲舞台上的藝術大師們，都是視戲德重於生命的。

這是金與孟的最後一次合作演出，到後來再邀他出演《搜孤救孤》時，金少山苦笑道：「還是讓（裘）盛戎上吧。」

孟小冬與金少山合演《捉放曹》

11 一介坤伶愧煞鬚眉

一九三七年農曆正月初一晚，休養生息將近一年的孟小冬，以一齣《黃金台》（〈搜府〉、〈盤關〉）小戲唱大軸於吉祥戲院。按京市每屆正月初一、初二兩晚，任何戲班，名角兒上座均不佳。除夕守歲一夜後，人們均不願此大好良宵再消磨於戲院中。因此，平日都沒有人敢以單齣《黃金台》唱大軸。而「冬皇」卻藝高人膽大，在大年初一叫了個滿座，震驚了菊壇。

在早，戲班演戲習慣，角兒多，戲碼多，一場戲有七八齣。看戲的人，看的是戲好，不在乎戲大、戲小。就以民國初年來說，梅蘭芳、王鳳卿《汾河灣》唱大軸，余叔岩、陳德霖《南天門》唱大軸。到了梅蘭芳、余叔岩合作時期，一齣《三擊掌》照唱大軸，這都是小戲，而都賣滿堂，這說明觀眾是看精不看多。後來由於戲曲舞台名伶薈萃，票房競爭激烈，四大名旦競排雙齣戲，老生班也跟進，都以連演到午夜，或一人兼飾二角來號召。於是，風氣改變，戲班都成了明星制了。以老生來說，馬連良夠紅了，《借東風》也要前魯肅後孔明、《龍鳳呈祥》前喬玄後魯肅了。到了奚嘯伯挑班時期，他的劇藝、上座率都比不了馬連

良，就更是層層加碼了，他首創雙「寺」，就是先演《甘露寺》，再演《法門寺》，連飾喬玄、魯肅、趙廉三角，幾乎從開戲就上，唱到散戲為止，在台上要唱四個鐘頭，可謂已近魔道。李少春在北京挑班，成名在連演《戰馬超》和《擊鼓罵曹》雙齣，一文一武，水準很高。但是他受累也在此舉，他初期單齣《戰太平》、《打金磚》、《水簾洞》，都能賣座不錯。雙齣一上，日子久了，除了猴戲可以只演齣能賣座以外，唱老戲非要雙齣不可了。三十年代左右，他在「三慶園」演出時，一定要先唱《挑滑車》後唱《空城計》或先唱《三岔口》後唱《奇冤報》才能賣座，真是作繭自縛了。

自民國以來，京劇票房的盛衰和各戲班之間的激烈競爭，始終伴隨著中國戲曲發展的進程。在不景氣的時候，伶人們為了生存，不得不絞盡腦汁，想方設法，變換花樣，用盡奇招來吸引觀眾。因此，在中國的京劇舞台上就出

孟小冬《盜宗卷》飾張蒼

現了「海派」的機關布景連台本戲，梅蘭芳、尚小雲的時裝戲，和明星們的演雙齣、一趕二趕三等等曇花一現的奇景。往往是費力不討好，與事無補，戲迷不買帳。筆者於八十年代中期，在長安看中國京劇院青年演員李岩持勇單挑雙齣，前《戰馬超》飾張飛，後《失空斬》飾諸葛亮；終因功底不濟而不得不中途換將，請其父李宗義救場代唱了。可見出演雙齣文武繁重的劇目不是一般演員能拿得下來的。

這年正月初一日場，李少春在新新戲院仍然排出雙齣，在《青石山》前邊加一齣《林沖夜奔》，結果仍是沒有賣滿座。

而孟小冬大年初一當晚在吉祥戲院的《黃金台》，不但座無虛席，而且凡有空地都加了凳子，更有不少觀眾站著聽。孟小冬飾田單，李春恆飾伊立，慈瑞泉、慈少泉父子飾衙役和守城官。《黃金台》一折包括〈巡城〉、〈搜府〉、〈盤關〉三場戲，全劇演出時間約五十

孟小冬反串《四郎探母》鐵鏡公主

分鐘上下，孟小冬飾演的主角田單唱詞不過三大段二十句。從田單出場巡城【二黃倒板】「聽譙樓打四更玉兔東上，」【回龍】「為國家秉忠心晝夜奔忙，」接【原板】「西涼國欠三載未把貢上……」到〈盤關〉時【二黃碰板】「千歲爺休得要放悲聲，驚動了把關人難以逃生……」都唱得神完氣足，博得一句一彩。而彩聲之後，竟自鴉雀無聲，台下的觀眾都在屏息凝神，跟著田單的歌唱搖頭晃腦。「冬皇」就是憑這樣的一齣戲份唱段不多的折子戲，吸引大批觀眾並能滿足他們的戲癮，這樣的場景連余叔岩也不曾有過。簡直神了，絕了。

當時的三位名老生，高慶奎排過《樂毅伐齊》，中間含《黃金台》一折。馬連良演過全部《火牛陣》，中間含《黃金台》一折。金少山到北平不久，譚富英與其合作演過《黃金台》，但是後面還有一齣《黃鶴樓》。如果單貼《黃金台》一齣，高、馬、譚三位名老生，你打死他們也不肯，因為戲太單薄了，叫不進座來，誰也沒有這麼大膽子。而孟小冬竟在大年初一辦到了，並且賣滿堂，創下梨園百年奇蹟！

孟小冬雖是女伶，一向不善交際，為人孤介，與人往來極少，所以賣滿座絕非私人捧場，恐怕在那上千觀眾裡，不見得有幾人在劇場外能認識她。如果說觀眾是為看女伶的戲，是看她的色相而來，演員唱花旦還有可說；孟小冬是唱老生的，掛上鬍子一副老男人相，絕無以色相號召之可能。所以，這滿堂的觀眾，都是忠實戲迷，是衝著她的精湛劇藝而來的。孟小冬出場以後，全場鴉雀無聲，真正是來欣賞藝術，絕非單為捧角兒而來。由此可見，孟小冬在觀眾心裡的地位，遠在高、馬、譚諸人以上，是不言而喻的。有人撰文稱：「那晚《黃金台》的滿座，是孟小冬一生演劇史中最光榮的一頁。」又有人稱：「一般人以單齣

《黃金台》，又正值正月初一，竟有如此號召能力，實出人意外，即任何角色演此恐亦無此種盛舉，冬皇真愧煞鬚眉！」所以，到了孟小冬晚年，好友吳彬青還對此往事記憶猶新，形容說：「那時的孟大姐，稱得起是唯我獨尊，並世無雙，如日中天，紅極一時。」盱衡古今，老生敢以《黃金台》唱大軸，且能滿堂紅者，恐怕只有孟小冬一人而已。

12 舞台姐妹的塵夢

一九三七年五月，始終惦念著孟小冬的杜月笙，以黃金大戲院的名義，邀請孟小冬與章遏雲、陸素娟三位菊壇明星同赴上海參加重張典禮的剪綵活動。章遏雲是有著和孟小冬相似不幸婚姻的女伶人，而陸素娟的命運則更加悲慘，她們二人都是當時赫赫有名的坤旦，也許是她們的遭遇和不幸及其勇於反抗、爭取自由解放的精神，引起了愛戲而又多情的杜月笙的同情和敬重，故特意邀請她們二人與孟同行。在赴滬的火車上，三姐妹一見如故，互訴衷腸。一路上，孟小冬聆聽了章遏雲和陸素雲各自講述了自己的身世和不幸的婚姻，大有同病相憐之感慨。

章遏雲幼小冬四歲，原名鳳屏，字珠塵，晚年別號「珠塵館主」，北京人，祖籍廣東。自幼由養母鄧氏撫養成人，養母妹夫是名武生張德俊。在養母教養下，七歲開始拜師學戲。十一歲隨北京新明劇團登台，十二歲從名票王庾生習老生，於上海首次登台演出《武家坡》。又改學青衣、花旦，於天津演出《汾河灣》。後遷居北京西城舊簾子胡同，經議員佘子立取藝名「遏雲」，曾於北京「城南遊藝園」邊學藝邊演出。幾乎北京名伶如梅蘭芳、尚小雲、李寶琴、榮蝶仙等人，她均先後拜門求藝。又從李壽山、張彩林、江順仙、律佩芳、陶玉芝等名師學藝，她聰慧穎悟且練功刻苦，其水袖功、圓場功及蹺功【注】均稱上佳。她博採眾長，青衣、花旦、刀馬旦皆精。其扮相秀麗、台風端莊，嗓音甜潤響亮，唱腔流利酣暢。十六歲時她帶藝投師，拜在通天教主王瑤卿門下，精研劇藝。《雁門關》、《乾坤福壽鏡》、《金猛關》等戲，頗得王派神髓，被王瑤卿譽為「女伶中的梅蘭芳」。後又向梅蘭芳學了《霸王別姬》，曾先後與楊小樓、金少山、袁世海合作演出。當她最走紅之時，與當年新豔秋、金友琴、胡碧蘭合稱為四大坤旦，馳名南北。章遏雲拿手劇目《虹霓關》、《牧羊圈》、《杏元和番》、《雙姣奇緣》、《四郎探母》、《寶蓮燈》、《芙蓉劍》、《天河配》、《燕子箋》、《女起解》、《金鎖記》等都頗受讚譽。尤其《得意緣》，曾得佘玉琴、江順仙、李寶琴等名家指教。她多才多藝，能戲很多，曾在《群英會》中反串魯肅。從不與女演員配戲的程繼先，竟破例與其合作扮演周瑜，茹富蕙飾演蔣幹。而後程繼先向其傳授了周瑜的戲，她亦曾登場反串演出，並留有所飾周瑜劇照。她還向朱素雲學了《轅門射戟》。亦曾在《八蜡廟》戲中反串黃天霸，都充分說明她有著深厚的功底。她初搭雪豔琴班，後自行組班，曾與諸如香、李壽山、王又宸、馬連良、高慶奎、侯喜瑞、王又荃、周里安、一斗丑、葉盛蘭、馬富祿、王士英、陳少霖等眾多名家合作演出。一九三二年間，她不惜以每月三百銀元高價，聘請程硯秋的琴師穆鐵芬操琴，隨穆專攻程派戲路，一學就通，《荒山淚》、《碧玉簪》、《文姬歸漢》為常演劇目。就在章遏雲當選「四大坤伶皇后」不久，因她思想單純，初入社會，加之家庭的種種壓力和誘惑，曾經歷了一次不幸的失敗婚姻。那一年她嫁給北洋軍閥倪嗣沖之子倪幼丹後，就如同黃鶯誤入了金絲籠——首先斷絕了她與演藝界同仁和多年捧場的戲迷朋友的聯繫；其次是她外出探親必派聽差左右跟隨監視；在家閒坐，門前以及院內也有持槍人日夜看守。她已失去了起碼的人身自由，真乃是：「深閨重鎖，侯門似海。」這一年裡，章遏雲在精神上、身體上都過著如監似獄的生活。她不願這樣逆來順受地毀掉自己一生，更不願永遠告別自己能歌善舞的京劇舞台，就以非凡的毅力、勇氣和智慧，在親朋好友的幫助下，衝破了軍閥的淫威和嚴護，藉故乘車逃至兆豐路著名大律師李景光事務所門前呼救，跟隨其後的一行打手舉槍恫嚇緊逼，演義了一幕最終以法律調解離婚的人間悲喜劇。此事是當年津門的頭條文化新聞，報紙上每天追蹤報導，連篇累牘，沸沸揚揚，轟動一時。章遏雲獲得自由後，各界朋友都希望她儘快出山，重登劇壇。但她卻悄無聲息在家閉門謝客達數月之久。對外講是在將養身體，恢復健康；實則埋頭練功，改腔吊嗓，為重登舞台在習練新藝，精益求精。當時程硯秋先生正好出國旅歐，其琴師穆鐵芬先生賦閒在家。章遏雲即以重金聘請來幫她拉弦吊嗓、托腔試音，並吸收了許多程派

【注】踩蹺，是戲曲中流傳已久的一種獨特表演技巧，為武旦、刀馬旦、花旦所專用。蹺是仿照古代婦女的小腳形狀，以木製材料製成，外套繡花鞋，著大彩褲遮住真腳，而將「小腳」露出。踩蹺屬於高難度技術，在許多傳統戲中，旦角踩蹺走碎步、跑圓場，甚至跌撲翻滾，持兵器對打（打出手）等。這種表演稱為蹺功，演員只有久練不輟，克服許多痛苦，才能運用自如。踩蹺作為一種特殊表演手段，能表現出古代婦女行走儀態的婀娜多姿。

的委婉唱腔，以後還曾編演過一齣所謂「荀劇程派」的新戲《釵頭鳳》上演。一九三二年三月三十一日是章遏雲再度出台的喜慶日子，那一天的演出場地仍是她唱紅成名的春和戲院，頭一晚的開場戲是章派的拿手好戲《得意緣》。她所以首演《得意緣》，不僅因為這是她非常叫座的一齣戲，其中的京白是王瑤卿老師和程繼先先生親口教出來的，更主要的是這齣戲的劇情，正好符合她當時因故輟演多日，今朝終於登台，如撥雲驅霧重見天日的那麼一種愉悅心情。《得意緣》是根據宋末元初民間故事傳說編寫的一齣抗元兒女俠義人情戲，也是京劇劇本台詞中以京白引用《四書》警句最多的一齣戲。章遏雲扮演狄雲鸞。僅〈教鏢〉一場就有：「聖人云：君子安貧，達人知命。」「君子之志，正己而不求諸人，則無怨也。」「豈不聞聖人云：『志於道，據於德，依於仁，遊於藝。』這才是治國安邦君子之志

章遏雲一九七八年在台北演出
《四郎探母》飾蕭太后

呀！」諸如這許多勁頭十足的白口，恰好抒發出了章遏雲當時不戀富貴、嚮往自由、掙斷枷鎖投身藝園的一種俠義心志。

孟小冬從章遏雲身上看到了自己的影子，從心底裡敬佩之至，從此二人結下深厚友誼，並保持到晚年。

陸素娟的經歷聽起來更是富有傳奇色彩：她少年誤入青樓，卻能潔身自好，刻苦學戲，票友下海一舉成名。神奇曲折的故事聽得小冬、遏雲眼都直了。

陸素娟與小冬同庚，是蘇州吳縣人，出生於一貧苦家庭，家裡人口多，靠租種幾畝薄田和父親打零工維持生計，仍是度日艱難。她七歲時，父親無奈把她送到蘇州城裡一家茶樓當丫頭。陸素娟眉清目秀，聰明伶俐，老闆看出她有靈氣，便聘請琴師教她演唱戲曲和姑蘇民謠，並學習彈三弦、拉二胡、彈琵琶。陸素娟穎悟過人，學藝專心，進步很快。更難得她嗓

章遏雲

子甜美，在茶樓演出時挺受歡迎。老闆認準她是棵「搖錢樹」，就另眼看待，免卻了不少打罵和虐待。一九二三年，陸素娟十六歲，出落得標致動人，吹、拉、彈、唱得心應手。她的崑曲、京劇清唱和二胡、琵琶獨奏，已成為那家茶樓的保留節目，茶客紛紛慕名而來。甚至半個多世紀後，當年曾在蘇州觀賞過陸素娟演出的史學家胡繩老先生，還對她的扮相和嗓子稱道不已。時過不久，茶樓老闆因病去世，老闆娘不諳經營，加上碰上齊燮元、盧永祥軍閥混戰，蘇州陷入困境，茶樓盤給了別人，陸素娟前途茫茫。

就在這時，從北平那邊來了一位衣飾華貴的客人，自稱是北平一家遊樂場的管家，奉老闆之命到蘇州來物色人才。才進茶樓，一眼就看中了陸素娟，願出大價錢將陸素娟買走。老闆娘求之不得，幾經討價還價，敲定下來。陸素娟純樸善良，又是孝女，同時也想出去闖闖。在北平客人支付給她一筆不菲的安家費後，含淚告別父母親人，便隨同客人和另外幾位蘇州姑娘，取道上海去了北平。

到北平，她們被帶進前門外韓家潭邊一幢中西合璧、有二層樓閣的四合院裡。這是一家上檔次的妓樓，名叫環翠閣，四周綠樹環掩，鬧中取靜。它與附近著名的八大胡同一樣，都是香風流溢、紅燈豔幟高懸之地。陸素娟跨進環翠閣就隱隱意識到自己受了騙，她性格剛烈，又哭又拚，寧死不屈，關上門絕食數日，只求一死。環翠閣老闆姓靳，清末民初當過稅官，賺了不少昧心黑錢，但又附庸風雅，酷好京崑，他自己便是北平的票友，自詡性情中人。當時，靳老闆正在天津辦事，還到張園見了清廢帝溥儀。待他回到環翠閣，也是一眼就看中了陸素娟。得知她還能演戲後，連讚管家有眼力、會辦事，他知道這下挖回來了一棵搖錢樹。靳老闆生性懼內，不敢打這位俏姑娘的歹主意，反而以禮相待，與絕食數天的陸素娟坦誠相見，反覆聲明絕不會讓她賣身，而是想培養她唱戲、演劇，成一個身住青樓賣藝不賣身的藝伎，還希望她日後成為京城梨園名伶。陸素娟看到靳老闆態度還算誠懇，瞻前思後，也就相信了他。從此以後，靳老闆果然對她另眼看待，他安排陸素娟獨住樓上西側一小房間，讓她和那些被迫賣身的姑娘分開。還派一個小姑娘照料她的生活，另請名師為她教授京劇。這位自稱與梅蘭芳配過幾次戲的名師，剛聽陸素娟唱了幾句就大吃一驚，連連稱讚她嗓子甜潤、字正腔圓、韻味優美，只是還欠些火候。於是，更賣力調教。靳老闆更是喜在心裡，越發地對陸素娟格外客氣，連老闆娘也明白了丈夫的用心，不再對她笑裡藏刀冷嘲熱諷陰陽怪氣，寬待多了。

年餘下來，陸素娟在北平已小有名氣。當時，光顧環翠閣的不少有身分、有地位的人並

孟小冬與章遏雲在台北法華寺七十壽慶合影

非嫖客，他們開始只是為了消閒，現在，卻是慕名而來，是來欣賞陸素娟的才藝，來聽她的折子戲清唱，有這些社會名流捧場，陸素娟越唱越紅。據說當時酷愛京劇的年輕少帥張學良，從瀋陽專程到北平，化裝成青年富商到環翠閣聽陸素娟清唱，讚歎之下，留下一首七絕和二百塊銀票的紅包，使靳老闆夫婦受寵若驚。陸素娟在姑娘中排行第八，人們親暱地稱她「陸老八」，她照應不誤。靳老闆還安排她學過鬚生，也登過台，終覺不對工。此一時期，適逢梅蘭芳博士在北平因傷子遭事，舉家南遷，定居上海馬思南路「綴玉軒」。北平的京劇戲迷們，只能欣賞到尚、程、荀三大名旦的舞台藝術，卻看不到梅派戲的演出。而梅離北平，梅劇團的演員及場面（樂隊工作人員）均多閒散在家，無適當班社可搭。著名琴師徐蘭沅為素娟吊嗓教授梅派戲，發現她是一塊璞玉，倘能經過精雕細琢，必然成為玲瓏剔透的

陸素娟與蕭長華合演《女起解》

琳琅美器。所以這位綽號「徐督辦」的琴師，一方面教授陸素娟梅派藝術的唸唱做舞，一方面召集梅劇團原班人馬蕭長華、姜妙香、劉連榮、王少亭、楊盛春、姚玉芙等重組劇團捧素娟為主演，以陸代梅。張伯駒先生曾在《紅毹紀夢詩注》中有詩注記述了這段梨園佳話：

詩云：竊符救趙一劇編，窯變名伶有素娟，多謝琴師徐督辦，梅家班作陸家班。

注釋曰：「以妓為伶者謂之窯變。南妓陸素娟因與王紹賢關係，從徐蘭沅學梅派戲，曾與余演《遊龍戲鳳》、《打漁殺家》。東北失陷後，梅移居上海，徐組梅之班助陸演唱，並編排《竊符救趙》一劇。『督辦』乃徐之別號也。」

由於有這些著名演員的配合和幫助，陸素娟很快就唱紅了。她主演的一些梅派名戲，如《宇宙鋒》、《鳳還巢》、《洛神》、《霸王

陸素娟《洛神》劇照

別姬》等都頗具梅派之神韻，每每引起轟動。觀眾稱讚她演得每一個角色都唱做皆精，融合得體。有一次她和王又宸為賑濟災民義演《四郎探母》，她飾演鐵鏡公主，扮相雍容富麗，唱腔優美，一段「猜一猜駙馬爺袖內機關」的【西皮慢板】，剛柔相濟，獲得場內滿堂喝彩。事後，一些老戲迷感歎地說，看陸素娟的戲，有「望梅止渴」之效應，北方的戲迷於等待梅蘭芳的徬徨中，忽然間發現了這麼一個色藝雙絕的「女梅蘭芳」，自然是驚喜交集，趨之若鶩了。「女梅蘭芳」之名，迅速紅遍故都。用著名報人、作家張恨水的話說：「著實『顛倒眾生』。」陸素娟常在下午三四點鐘坐包車到中山公園的水榭、來今雨軒賞景，當時尾隨者甚眾，可謂「追星族」成群。北平《世界日報》、《世界晚報》副刊的王愛真、《北平晚報》的陳血兒、《京報》的徐軼凡等戲評人，都特別欣賞陸素娟的才藝，常常撰文評介，繪聲繪色，讚歎不已，他們是北平城裡「追星族」的核心分子。除此，她又獲得了堪稱闊佬的北平鹽業銀行總經理王紹賢的全力支持。他慷慨出資，將梅劇團的主要演員丑角蕭長華、小生姜妙香、花臉劉連榮、武旦朱桂芳、老生王少樓、琴師徐蘭沅悉加網羅，為其輔弼，可以說是梅蘭芳劇團全新大合作，還成立了「承華社」，意思是要繼承梅畹華的衣缽。聽說梅蘭芳也看過陸素娟的演出，表示讚賞。著名報人成舍我也成了陸素娟才藝的推崇者，在他一九八四年於台北出版的《京華憶舊》一書裡這麼寫道：

……我這段時間，南北兩地兩邊跑。在北平，張恨水請我看陸素娟的戲。起先我以為一個班子裡的姑娘，好大的膽子，在北京這個「戲祖宗」的地方，敢下海「組班」，不過是人漂亮瞎鬧，看著了一兩次，才知道陸素娟學戲時間不長，卻極為投入，進步很快。在北平陸續上演的《販馬記》、《梅龍鎮》、《審頭刺湯》、《回荊州》……這些骨子戲全都沒問題，梅派名劇《宇宙鋒》、《鳳還巢》、《西施》、《洛神》、《廉錦楓》、《霸王別姬》、《太真外傳》……也真是一個比梅蘭芳更漂亮的梅蘭芳！做表唱演還真不錯。

戲評家王愛真從數日一文發展到每日一文，大捧他心目中的「京劇之花」。當他知道當晚陸素珍演什麼戲，王愛真就寫梅老闆演這齣戲是怎麼演的，好在哪裡，看陸素珍能不能做到。這等於考試前把答案給了學生，陸素娟自然分外用心。第二天在報上王愛珍又評：陸素珍確實不錯，把梅派戲的要領都可以做到。北平人懂戲的人太多了，在各種報紙上幾乎天天有陸素娟的戲評和花邊新聞。捧場加真功夫，陸素娟不紅誰紅？

上海黃金大戲院遷址重張揭幕剪綵合影紀念（一九三七年五月一日）

前排：陸素娟（左二）、孟小冬（左四）、金廷蓀（左五）、章遏雲（左六）

中排：馬連良（左一）、張君秋（左三）、尚小雲（左四）、楊寶忠（左六）、李萬春（左九）

後排：孫蘭亭（左四）、苗勝春（左六）

按：金廷蓀上海聞人，黃金大戲院老闆與杜月笙為生死至交並結為兒女親家。（其四子金元吉與杜月笙次女杜美霞）

當年，每次都是張恨水和《實報》的管翼賢請成舍我看戲。後來，成舍我也託人買票，回請張恨水、管翼賢兩對戲迷夫婦。前門外中和園是設備較好的戲院，位置是樓上「池子」，演的是幾乎失傳的梅派戲《鄧霞姑》。有人評說：《鄧霞姑》這齣戲，梅蘭芳早年唱不過陸素娟，後來也唱不過言慧珠。梅蘭芳就把這齣戲掛了。看到陸素娟翩翩出場，成舍我特別興奮，對張恨水和管翼賢笑道：「這是梅派時裝戲，你們看過沒有？」兩個戲迷點點頭。陸素娟時裝登台，一亮相就光豔逼人，把一個深閨少女，演得恰如其份，唱腔清潤悅耳，道白中京白異常流利，尾音中加一點蘇州腔，更顯出少女的嫵媚動人，中間一段【反二黃】，真有漱玉含瓊之妙。最後，鄧霞姑和周士普結婚一場，伴娘是霞姑的妹妹雪姑，通常雪姑有一句台詞：「謝謝各位來賓！」一語雙關，全場歡聲雷動，氣氛熱烈。沒想到陸

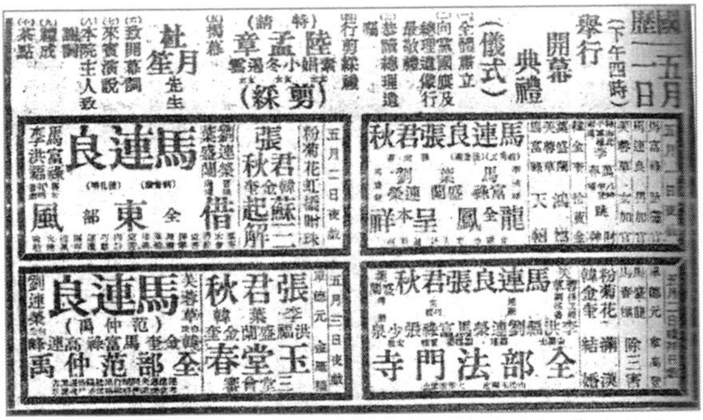

上海《申報》一九三七年四月二十九日報導孟小冬、章遏雲、陸素娟為黃金大戲院重張開幕剪綵。

素娟在此時竟笑了，這種「笑場」，一般會出現「倒好」，陸素娟實在是秀色可餐，美人一笑，不但沒有倒好，反而掌聲更加熱烈，經久不息。成舍我連連喝彩，笑對張恨水道：「素娟這一笑，可以說真是顛倒眾生呢！」張恨水點頭大笑。這一天台下名人不少，報界的張季鸞、張友鸞、耿小的、王柱宇，寫戲評的王愛真、陳血兒、徐軼凡，四大名醫之一的汪逢春，四大名旦之一的荀慧生，也頻頻點頭叫好。這也可以看出老一代名藝人的氣度和風範，值得現在晚生後輩學習的！除了這些名人捧場外，燕京大學教授林宰平、陳西瀅、許地山，北京大學教授錢玄同、劉半農、陶履蒸，詩人徐志摩、報人張季鸞、胡政之等人，都曾慕陸素娟之名造訪環翠閣。這些社會賢達名流，對出自青樓的「京劇之花」的造訪，比軍政顯貴更能抬高環翠閣的身價，使其名滿京城。此時的陸素娟已是身價百倍，收入頗豐。她除了接濟家人和親友，更資助在苦難中掙扎的青樓姐妹，還主動報名參加社會上的賑災義演，她依然善良而富有同情心。靳老闆更是名利雙收，好不得意，他還萌生將環翠閣易名，遣散從良妓女，就靠陸素娟掙錢的念頭。他的老婆看得比他更清楚，正在走紅的陸素娟不會一直待在環翠閣裡的。事實也是如此。

火車上的孟小冬她們有說有笑，乃至一夜未眠。而在這相互說笑的傾訴各自的身世中，讓人感到舊時女伶人處境的酸楚，在她們的盛名之下隱藏著多少不平事和苦痛的經歷。

列車緩緩駛入上海站，站台上掠過杜月笙及黃金大戲院經理金廷蓀等人的身影，「杜先生來接我們了！」孟小冬一邊高興地說著，一邊向窗外頻頻招手。

孟小冬、章遏雲、陸素娟姐妹三人一起居住在姚玉蘭在辣斐坊（今復興東路復興坊）的住處。章遏雲對杜月笙並不陌生，其對伶人的體恤和尊重她也深有體會。歷經磨難的她，非常嚮往免受豪強欺辱、得到人身安全自由的保障。「如果沾上杜老闆的光，走到哪兒，也不會有人再打我的壞主意了。」章遏雲把自己的心裡話，毫無隱諱地掏給了孟小冬。數日後，章遏雲在孟小冬的撮合下，正式拜認杜月笙為義父，在姚玉蘭家舉行了隆重儀式，並登報聲明。陸素娟參加黃金大戲院重張活動後即獨自先返回北平。

杜曾問起小冬拜余師的事情，並鼓勵她堅持不懈，杜感慨地說：「余叔岩這個人遐其孤傲，我那年辦堂會託金（少山）老闆去請他，也都不給面子；聽說他還沒有真正收過一個徒弟，他還整天怕人家偷學他的玩意兒，所以你要用你的誠意和決心去打動他。」

在滬期間，正遇北平發生「七・七」盧溝橋事變，姚玉蘭、杜月笙堅留小冬、遏雲二人，待觀北平局勢變化。不料，「八・一三」

一九三七年孟小冬、姚玉蘭、章遏雲（左至右）在上海合影

淞滬抗戰打響，上海灘又起狼煙。杜月笙全身心地投入到支援抗日鬥爭之中。國難當頭，匹夫有責，本來不大關心時事的孟小冬在杜月笙的愛國行動的感召下，也放下角兒的架子，和遏雲一起走上街頭，參加了杜月笙發起的徵募救國捐和金銀物品的活動。她們站在裝有擴音器的卡車上，時而高呼抗日口號，時而清唱演出。孟小冬由於不習清唱，她只好帶上髯口唱一段《李陵碑》，楊繼業面對國破家亡的悲憤之情，被孟小冬演繹得淋漓盡致。本是匆匆過客的舞台姐妹親歷目睹了群情激昂的上海市民，紛紛踴躍解囊支援國民革命軍保衛大上海動人場面。小冬與遏雲也捐出自己的手飾和現金，為淞滬抗戰貢獻出她們的棉薄之力。

十一月初的一天晚上，滿臉倦容的杜月笙對孟小冬說：「上海看來是守不住了，國軍一旦撤走，租界四周都是日本人的勢力，日本癟三是不會放過我的，我不得不離開上海了。」

一九三七年 孟小冬（右）與姚玉蘭在上海合影

小冬吃驚地問：「儂到啥個地方去啊？」「香港，阿拉是去抗日，不是逃難，所以其他家人統統留在上海。我已經交代萬墨林安排護送儂和遏雲離滬返平，儂要記住我的話，國難期間，不要為日本癟三演戲，不要做亡國奴！」

杜月笙是個十分細心的人，他知道孟小冬早已看破紅塵，心入佛門，眼看已年過三十，又無子嗣，且從不談婚論嫁，便與夫人姚玉蘭決定讓他們的小女兒杜美霞認小冬為義母，後來還在北平以杜鏞的名義在頂銀胡同買了一套小四合院，以方便杜家人和美霞往來平滬之間。此舉無疑對孟小冬那孤獨的心是極大的安慰。

孟小冬告別了杜月笙，告別了處於戰火硝煙中的上海灘，回到了北平。

孟小冬與她的這兩位舞台姐妹後來的命運雖各不相同，但她們在中國京劇史上都留下了令人稱道的口碑。

章遏雲一九四八年去香港，曾一度息影舞台。一九五三曾在台北球場盛大演出《六月雪》，由周長華操琴，真是珠聯璧合，演出十分精彩；後又與名票趙培鑫合演《武家坡》等戲。一九五八年定居台灣，被大鵬劇校聘請任教，偶爾參加義演及電視台的演出。培養了古愛蓮、邵佩瑜、張安平三個程派名旦。目前台灣程派新秀，大都出其門下。曾赴香港、泰國等地演出，極受讚譽。一九八九年獲美國「亞洲傑出藝人獎」。二〇〇三年以九十二高齡辭世。

而陸素娟的命運則顯得有些悲壯。從上海回北平後不久，她嫁給了北平鹽業銀行總經理王紹賢。王紹賢是個戲迷，也是知名票友，結婚後也不干涉陸素娟登台演戲，依然親自開車接送，陸素娟算是選對了終身之靠。一九三七年盧溝橋事變，抗日戰爭開始，陸素娟主動參加北平各界慰勞團，乘坐卡車到宛平前線慰問抗日將士。她出演的《梁紅玉》激越的唱段贏得了二十九軍將士們陣陣掌聲，更鼓舞了抗擊日寇的鬥志。十二月二日，陸素娟和剛到北平的孟小冬一起在新新戲院參加義演，孟小冬、尚小雲、郝壽臣等押軸《法門寺》，楊小樓、陸素娟等大軸《霸王別姬》。不久，陸素娟患病住進協和醫院治療，癒後又懷孕生女王志怡。北平淪陷後，孟小冬與陸素娟相約義不事敵。當孟聽到杜月笙與姚玉蘭已安抵香港的消息後，決定赴港看望杜月笙。當即與陸素娟商量同去香港事宜，並與陸素娟一起力勸王紹賢不要留在北平。王雖和一些親日政客有來往，但他真誠愛國，一向主張抗日，聽了孟小冬和妻子的勸說，就攜眷和孟小冬一起離開了北平，於一九三八年春經上海輾轉到了香港。孟小冬此次香港之行鮮為人知，她在杜公館住了近兩個月後，返回北平不久即拜余求藝。而陸素娟則更是關心時局，毅然決然地走上了愛國抗日的第一線；她聽說以程潛為司令官的天水行營，組織了一支京劇戰地演出隊，她興奮不已，向丈夫提出想回內地為抗日官兵做點力所能及的貢獻。這回輪到王紹賢勸她了，他把戰場的危險和生活條件的艱苦，一一向陸素娟說明。但陸素娟發了強勁，堅決要離開生活安逸的香港。無奈之下，王紹賢只好派出可靠的人護送陸素娟，經廣西桂林到湖南的衡陽，輾轉到達湖北的老河口。那兒駐有兩個師的部隊，參加過「八・一三」淞滬會戰，損失慘重，正在那兒休整，欲補充後再赴前線。老河口已有一支臨時組成的抗日演出隊，陸素娟立即參加他們的演出。她的京劇清唱大受歡迎，將士們和老百姓都爭著看她的演出，大家都以目睹「女梅蘭芳」來老河口演戲為榮。由於旅途勞累，加上連場演出，陸素娟又病倒了。經醫生檢查，是肺病復發。戰地困頓，無特效好藥，十餘天下來，陸素娟病情加重，竟不幸死在老河口鎮上的福民醫院，年僅三十一歲！她被當地軍民安葬在老河口的牛頭山麓。在抗日的烽火硝煙中，一代京劇之花凋落在鄂中山野，令世人感到無比痛惜。往事已矣，透過淚眼看名伶，陸素娟又是幸運的：在她短暫的生命中，有過令人炫目的輝煌；最後歸宿時，她選擇了為國捐軀。無論當時的軍民還是後來者，都會記住這位曇花一現的名伶，永遠的京劇名伶、蘇州女兒陸素娟！

一九三八年，
孟小冬與杜月笙在香港

13 拜叔岩立雪余門

余叔岩是中國京劇著名表演藝術家，工老生。名第祺，湖北羅田人，一八九〇年生於北京，京劇形成初期老生演員余三勝之孫。少年時曾以「小小余三勝」藝名在天津演出。後因病和倒倉回京，得其岳父陳德霖之助，向錢金福、王長林等學把子和武功，由姚增祿授其崑曲《石秀探莊》等。同時向陳彥衡、愛新覺羅・溥侗（紅豆館主）、王君直等人學譚派唱腔。曾加入「春陽友會」，與樊棣生、世哲生、鐵林甫等切磋技藝。後拜譚鑫培為師，譚授其《太平橋》中史敬思、《失街亭》中王平的演技。每逢譚氏演出，他必隨赴戲園觀摩。凡與譚氏合作過的鼓師、琴師乃至檢場人、龍套，他都一一虛心請教，技藝大進。一九一八年嗓音恢復後，他入梅蘭芳班社重新登台獻藝。演出《打棍出箱》、《戰太平》、《空城計》、《烏盆記》、《桑園寄子》、《擊鼓罵曹》等劇目，貫通譚派精髓和神韻，並且逐漸發展，形成了自己的藝術風格，被稱為「新譚派」或「余派」。他的演唱講究字音聲韻，潤腔多用「擻音」，嗓音略帶沙音，行腔剛柔相濟，韻味醇厚，意境深遠。《搜孤救孤》、《戰樊城》、《魚腸劍》、《洪羊洞》、《珠簾寨》、《打侄上墳》、《沙橋餞別》、《戰太平》、《空城計》等戲中的唱段，被視為經典流傳久遠；《定軍山》中的工架、刀花和《當鐧賣馬》中的耍鐧等，堪為後學者的範例，在中國京劇史上有著深遠的影響。

一九三四年十二月，時已由滬來北平擔任陸軍次長的楊梧山，在泰豐樓設席宴請老朋友余叔岩。余叔岩帶著次女余慧清出席，父女倆左臂都戴著黑紗。原來此時距余慧清的生身母親陳淑銘逝世僅一個月，可謂熱孝在身。此時出席宴會，是由於楊梧山堅請，情面難卻。楊梧山會拉京胡，與余叔岩交誼甚厚，余赴滬演出時得到過他的鼎力襄助。在泰豐樓宴會的觥籌交錯之間，楊梧山請余叔岩多多關照京劇奇才孟小冬。

這次請宴是希望余叔岩為她說戲，當然，最好能夠成為余門弟子。據余慧清後來回憶說，每當說起與梅蘭芳的分手，孟小冬總是用「離婚」這個詞。余叔岩與當時所謂的「梅黨」非常接近，對孟小冬的種種故事當然有所耳聞；或許他相信「紅顏薄命」之類的宿命論，或許他考慮小冬曾是蘭芳之妻，後又離異，在這種複雜的關係面前，收小冬為徒，會不會有介入矛盾之嫌？正在養病的余叔岩便對楊梧山推說自己身體不行，教不動了，說道：「未必非要有師生名份。如果孟小姐有什麼學習上的問題，可以問我，我會給她說。」於是楊梧山讓孟小冬當席請益。這一天說的是《擊鼓罵曹》，孟小冬此戲得之於陳彥衡，有較好的基礎，余叔岩為孟小冬指點了幾個關鍵處，並把《罵曹》整齣戲大體說了一遍。

這次雖然未能拜師，但追求真知的願望，使孟小冬終於尋找到了余派的源頭，除了繼續向陳彥衡學習外，他又去找過曾在譚家任教的陳秀華，請過余叔岩的輔弼鮑吉祥為她排戲，後來拜言菊朋為師。言菊朋經常在給孟小冬說戲之餘誇獎余叔岩，要求她多聽余叔岩。言菊朋深知自己的嗓音起了變化，示範譚派時不如過去那麼隨心所欲，而孟小冬的嗓音條件更接近余叔岩，因此鼓勵她繼續爭取去向余叔岩問藝，表現出寬闊的藝術家胸懷。

小冬自滬北上求師十年來，自學了不少余派戲，但正式拜余為師至今還不能如願。而功夫不負有心人，俗話說：「心誠則靈。」她的機會終於來了。

其實，余在那次觀摩了小冬的戲後，對孟早已有很好的印象。有一次余叔岩的摯交孫養農從上海來京，在朋友家喝得醉醺醺的，出門跨上車子，司機也沒等問他，就把車子開到了椿樹頭條余叔岩家中。因為司機已經知道這是孫的習慣——在北平逗留期間，每晚必得要到

余叔岩

余氏家中去，坐一會兒，談談聊聊之後，方才肯回去安歇。孫養農跨進余家大門，就聽見琴聲嘹亮，歌喉婉轉，他知道余老闆又在吊嗓子了，連忙搖手示意，叫那個開門的老門房，不要進去通報，以致打斷他的歌聲。孫養農就背手站在院中，靜靜地聽他慷慨高歌。這個時候他正在唱《賣馬》中那段「店主東」，唱得字字珠璣，音調之悲憤淒涼，使人對倒運的秦瓊生出無限同情之心。連帶地使孫對這樣一個身懷絕技的藝術家，因終年被病魔所困，不能將他一身的絕技，經常地貢獻給觀眾，為之深感惋惜。孫養農想到這兒心裡一酸，眼淚就好像要奪眶欲出似的，自己連忙不去胡思亂想，繼續聽著余的唱。等聽到他唱「無奈何只得來賣牠」這一句時，聲音之激昂使孫情不自禁地喝了一聲：「好！」因此驚動了余叔岩，連聲說：「請進來，請進來。」於是乎他就推門進去，屋裡還有名小生馮蕙仙在場。那天，余叔岩特別的精神，大家落座聊起天來。馮蕙仙是為某票友說項而來，被余婉言拒絕。馮走後，余笑著對孫養農說：「有些人光知道拜師學藝，不是不夠材料，就是不夠用功，教也是白費氣力！」孫問道：「您看當今學老生的，誰最接近你的戲路呢？」余毫不猶豫地回答：「孟小冬就很好，是塊材料。」孫又問：「那您為甚麼又拒收她為徒呢？」余歎息地說：「小冬女性，教戲時免不了扶臂攙手等等，她又曾婚（梅）蘭芳，我與蘭芳關係密切，類此諸多不便。」余叔岩不願在多年不收徒的狀況下，忽然收一女徒，恐遭非議。

無巧不成書，余叔岩的髮小兒李育庠（著名指揮家李德倫之父），在火車上結識了文武老生李桂春（藝名小達子）。他對李育庠說，他到北平就是要找門路為其子少春拜余叔岩為師深造。李滿口答應為他設法穿針引線。

一九三八年十月十九日，余叔岩破例收了

李少春為徒，在泰豐樓舉行了拜師儀式。在宴席上許多賀客都為孟小冬抱不平，七嘴八舌抱怨余叔岩說：「孟小冬對你畢恭畢敬，亦步亦趨，為什麼李少春一說你就收了，而孟小冬卻久久不能如願，莫非你重男輕女？」余叔岩回答：「小冬曾是蘭芳之妻，後又離異，在這種複雜的關係面前，我收小冬為徒，或有介入矛盾之嫌。」

據說梅、余曾是好友，多次同台演出，但由於旁人的挑撥，已多年不交往了。在一九三〇年的一次義演上，梅、余合作演出《打漁殺家》，那是他們最後一次合作。因此，余叔岩有此顧慮，也不無道理。但這時馬上有人說：「那好辦，請蘭芳出來說句話，保證不吃醋、不干涉，行嗎？」此刻滿座哄笑，余叔岩連連擺手，說道：「慢來慢來，男教師收女徒，教學練功時難免攙手扶肩，諸多不便，人言可畏啊！」這時楊梧山插話說：「原來你不是重男

余叔岩與弟子孟小冬、李少春合影

輕女，而是生怕男女授受不親啊！那好辦，你的二位女公子不是都喜歡戲嗎？小冬學戲時，請慧文、慧清（余叔岩女兒名）陪學，如此這般，外人能說什麼呢？」大家都說：「是個好主意。」余叔岩一時語塞，不便再拒。第二天，也是請竇公穎等人出面介紹，於十月二十一日在北京泰豐樓正式收孟小冬為徒。余叔岩對李少春、孟小冬兩位難得英才因材施教，傾心傳授。孟小冬立雪余門，每天在余家吊嗓、學戲。她對余氏夫婦敬如雙親，與兩位師妹也處得情同手足。

開教時，余大賢先對二人說：「你們既願意跟我學，須把你們本來會的全丟掉，從頭跟我來起。」各人先暫教一齣，教李靠把戲《戰太平》，先教出場幾步。叔岩自己比樣，先唸〈回府〉，走了幾步到台口，然後命少春學走。叔岩口唸鑼鼓經，以手指點，走了數遍，

余叔岩在自家院中紮靠練功

總是不行，叔岩命其回家溫習。教孟唱工戲《洪羊洞》，先命唱一段聽聽。孟唱從叔岩的唱片所學「歎楊家投宋主心血用盡」一段，叔岩笑說：「很好，但內裡的玩意兒未曾學到，咱們慢慢來吧。」教唱之前，先教唸白，以《一捧雪》之唸白打底子，唸熟之後，再教《洪羊洞》。由此二人孜孜不倦，一個月後，居然學成。

先由李少春在新新戲院（同年農曆十月十二日夜戲）露演《戰太平》，果然賣了個滿堂，博得盛譽。過了半個多月，由冬皇露演《洪羊洞》（農曆十一月初三日白天），亦在新新戲院，焦孟二將是李春恆與裘盛戎，鮑吉祥之前八賢王後令公魂子，慈瑞全之老軍程宣。這算是孟小冬舞台生涯中最璀璨的一頁，值得大書特書。是日戲目如下：

㈠高維廉《轅門射戟》；㈡吳彥衡《挑滑車》；㈢李慧琴、李多奎《六月雪》；㈣孟小冬、李春恆、裘盛戎、鮑吉祥、慈瑞全《洪羊洞》。

演出前，來把場的余叔岩到後台，端詳了一下剛化完妝的孟小冬，說了聲：「楊六郎快死啦！」叫她洗臉重新化妝。余叔岩僅在孟小冬臉上敷了一層粉，又在眉眼與額頭上淡淡抹上一點胭脂，然後用熱手巾往臉上一蓋，就定妝了，顯得非常鮮明潤澤，突顯出楊六郎病中大汗淋漓的虛弱形象。這時，余先生順口說道：「記住，這把熱手巾太重要了。」等化妝著裝竣事之後，讓孟小冬靜坐養神。余先生在耳旁叮嚀：「妳現在就是大宋元帥楊延昭，憂國憂民，忠心耿耿，只是身染重病，有心無力，能表達出生理與心理的矛盾和無奈，就是最入戲的楊延昭。」接著又拍著她的肩頭囑咐：「妳甭害怕，沉著了氣！」說完，余先生就退出了化妝室。開演前，余叔岩手裡拿著一桿翡翠嘴的旱煙袋，先來到上場門口，張望上座如何，一看上下座滿，才放了心。忽然台下有人看見綠色短旱煙袋在幕簾後晃動，即喊出「余三爺！余三爺！」其他人也隨即鼓掌歡迎，觀眾見之大為轟動，余大賢急忙拱手縮退到簾後。余叔岩為高徒孟小冬把場【注一】，一時膾炙人口，傳為佳話。開演後，冬皇飾演六郎緩步而出（據冬皇後來回憶，當時老師在後面推了一下，恰與鑼鼓合拍，不差分毫），這次演出，孟小冬在台上無論唱做，精妙絕倫，自始至終，彩聲不絕。演出後佳評如潮，叔岩甚為高興，對冬皇說：「今天很好，往後妳要學任何戲，就跟我說吧。」聽了恩師的好評之後，她才把一顆懸著的心沉穩下來，精神安貼地長出一口氣。令人惋惜的是，這卻是孟小冬拜余後的首次公演，也是她戲曲人生中的最後一次公演。抗戰期間和勝利後，她只在北平、上海唱過兩次義演堂會戲而已。

李少春年富力強，扮相甚佳，有武功，有嗓子，余叔岩對其抱有厚望，以為是自己得意的靠把戲可有傳人了，故先教《戰太平》一劇。當晚首演過後，叔岩對少春說：「今晚演得不錯，只有幾處小地方，有空的時候再對你說說。」但是少春其父「小達子」掙錢心切，以為兒子能夠叫座，已經學成，可以去跑碼頭，乃接受關外包銀，欲帶少春離京。李少春稟告老師，家口累重，暫出謀生。叔岩挽留不住，只好囑咐幾句話：㈠《戰太平》尚差一點，不可即灌唱片；㈡不可再唱猴戲，以防毛手毛腳弄慣，影響靠把身段。而當時少春大有文武崑亂不擋【注二】之勢，他本是絕頂聰明，不論什麼流派、什麼戲路都善於吸收，如果只允許他宗法余派一家，實在是限制了他的天才發展。後來的李少春沒有顧忌余師對其嚴苛的要求，因與李萬春競爭，大演猴戲，你排《十八羅漢收大鵬》，我演《十八羅漢鬥悟空》，你唱《六耳獼猴》，我即演《真假悟空》。事為余大賢所聞，大失所望。後來李少春再來北京時，雖仍常到範秀軒余府侍師問藝，余師之心情已經今非昔比，只是敷衍敷衍而已。後來余叔岩曾對其湖北同鄉陶希聖先生說：「除孟小冬之外，我沒有門徒！」

其實，余叔岩豈真沒有門徒嗎？只因他教戲太認真絲毫不肯含糊，有的是資質平庸，不能深造；有的是知難而退，不能深造。如：譚富英嗓音、工架都夠，叔岩為報師恩，以師門所學還之於師門，誠心誠意想將譚富英教好；先教《桑園寄子》慢板四句，連教幾天，總唱得不對。富英此時已成名叫座，其父譚小培不願兒子犧牲眼前收入，而捨利求藝，就讓其乾脆停學。又如：陳德霖之子陳少霖是余之內弟，叔岩早年倒嗓困頓，多得岳父陳德霖雪中送炭，故誠心誠意想教好陳少霖，以報陳家之恩，乃教《寧武關》予少霖。已學過半，而陳少霖又畏難而退，反改從張春彥學戲。事情傳到余叔岩耳朵裡，令其勃然大怒，以後不許少霖再進余門。再有楊寶忠，能拉能唱，除了拉得一手好京胡外還能拉小提琴，底子很好；每當老師吊嗓時，他甚為用心，隨取出紙筆寫

【注一】把場，是指演員演某一劇目因經驗不足等原因，由師長在側幕照應把關，以穩情緒。有時演出特注明由某某名人「把場」，既抬高演戲演員的身價，又藉此招徠觀眾。

【注二】形容演員京劇、崑曲、文戲、武戲都能演。如李少春常演老生劇目有《戰太平》、《定軍山》、《空城計》、《珠簾寨》、《斷臂說書》、《打棍出箱》、《紅鬃烈馬》、《擊鼓罵曹》、《寶蓮燈》、《洪羊洞》、《打漁殺家》、《打金磚》等，常演武生劇目有《挑滑車》、《兩將軍》、《長阪坡》、《戰冀州》、《惡虎村》、《三岔口》、《武松》、《連環套》、《八大錘》、《金錢豹》等，常演猴戲有《水簾洞》、《鬧天宮》、《智激美猴王》、《五百年後孫悟空》、《十八羅漢鬥悟空》等，新編、改編之代表劇目有《野豬林》、《響馬傳》、《將相和》、《滿江紅》、《雲羅山》等，現代戲有《白毛女》、《紅燈記》等。

記。余師見之不悅。楊又曾帶人來偷聽，觸犯了余師大忌，以此未能終學。其弟楊寶森膽小，雖私塾余派，並未正式拜師，也沒有學到多少戲，只是後從叔岩琴師李佩卿學了幾齣而已。由此不難看出幾個弟子中，能尊師重道、百折不撓者，唯冬皇一人。

曾有戲迷撰文稱：孟是余唯一的最佳傳人，尤其她把老師的脾氣也學到家了。余叔岩晚年不肯輕易露演，惜「戲」如金，孟小冬依然如此，她在抗戰勝利後，為歡迎蔣介石蒞臨北平，方打開塵封十年的戲箱，演下一場《四郎探母》中的〈見娘〉，然後直至第三年她來上海為祝杜壽演過兩場《搜孤救孤》，從此再也沒有粉墨登場，此戲也就成為孟小冬在京劇舞台上的廣陵絕響了。所以這兩次堂會戲特別令人難忘，值得紀念。

這位戲迷的說法代表了廣大戲迷對冬皇和其余師的惜戲如金表示挽惜和遺憾，而時人誤以為余、孟師徒久不登台皆是脾氣、個性所致。殊不知在中國戲曲史中，有哪一位名角肯無緣無故地自動退出舞台？君不見他們個個甚至到了七老八十，已是要扮相沒扮相，要嗓子沒嗓子，還在舞台上玩命爭著亮亮相，還在扮演少男少女、英雄義士，也居然還有幾個老看客為他們叫好捧場，這真是世界舞台藝術中的獨樹一景。而孟小冬和余叔岩則都是因為身體狀況不佳，而堅持不勉強登台。應該說孟小冬繼承了余師的戲德，絕不做些只圖名利，而不顧舞台藝術形象的事情。正是孟小冬對京劇表演藝術的執著和認真負責，也只有對舞台藝術形象完美追求的藝術家，才會為後人留下那至今被人稱道的廣陵絕響。

14 恩同父母尊師重道

在學戲的過程中，因為是男師教女徒，余先生常命大小姐慧文或二小姐慧清輪流陪伴。她們姐妹也幫了孟小冬不少忙。孟小冬比慧文、慧清大幾歲，儼然大姐，開始一個時期，每次來余府，總要為兩個妹妹買些禮品，今天一塊布料，明天一件頭飾，使慧文、慧清倍感親切，她們都親切地呼她「孟哥」。姐妹們單獨相處時，孟小冬打聽學戲務必要注意些什麼。慧清告知別的學生學習時的規矩：師傅開始說話時，徒弟要站立。學唱時：「他不叫妳坐下，妳就別坐下。」另外，叔岩講課時，不喜學生筆錄而是主張用心來默記。孟小冬得到這些「情報」，在余師面前投其所好，果然令叔岩十分高興。孟小冬要把過去學過的戲全部「下掛」，重新請余叔岩細扣一遍。然而，叔岩要求學生用心默記，不許筆錄，這就難為孟小冬，因為小冬偏偏記憶力實在是差。此時，陪學的余慧清起作用了。當時梨園行用的是工尺譜，而余慧清已經學會了「先進武器」——簡譜，記譜方便準確多了。孟小冬站著學，余慧清坐在旁邊把父親說的腔記錄下來，下課後讓孟小冬對照簡譜複習，幫助她回憶，這就大大提高了學唱腔的效率。孟小冬嚮排【注】《洪羊洞》時，她們姐妹分飾佘太君與楊宗保，也增添了許多舞台氣氛。

孟小冬學習余派的韌勁，不亞於余叔岩當年學譚。她每天下午三時在東四牌樓三條胡同二十六號院西廂房，由琴師王瑞芝操琴吊嗓，到吃晚飯為止，大約吊三齣戲。約六時在孟宅用餐，八時後，王瑞芝騎上孟小冬專為他買的英國三槍牌自行車，陪同孟乘包月三輪車往宣武門外椿樹頭條範秀軒用功。隨著孟小冬來學戲，琴師王瑞芝也進了「範秀軒」，他是孟小冬的另一根助學的「拐杖」。次日午後，王再到孟家，將昨晚所教，兩人核對校正，再同到余府。余府上經常是高朋滿座，差不多要到晚上十二點前後，余叔岩才捧著蓋碗茶送走客人，待賓客散盡，叔岩先要躺在榻上抽一會大

孟小冬與余慧文（左）、余慧清（右）合影

煙，然後再到左廂房由王瑞芝操琴，開始課徒。大概在天濛濛亮的時候課程結束。孟小冬看著余先生入寢以後，才由王瑞芝陪同回家。如果天氣不好，余先生常命他私家汽車分別送他們回去。天天如此，風雨無阻。

琴師王瑞芝隨孟小冬夜以繼日地在余府煙榻左右伺候，幫孟記譜記腔，直至余逝世。瑞芝非一般琴師只顧托腔，他對余氏字音之收放、行腔運用，都知道得很詳細，他的手法能表達余的含蓄而又奔放的聲腔。王的手音配上孟小冬的嗓子，真是非普通遇合可比。他追隨孟二十年，直至後來孟移居香港，他亦隨去，可謂忠誠可愛，令人欽佩。一九五五年，終因思鄉心切返回北京，參加北京京劇團工作，又為譚富英操琴。孟小冬也為失去他，而拒絕在沒有王瑞芝伴奏的條件下錄音、灌製唱片。

一次叔岩生病，住進協和醫院開刀，小冬與叔岩兩個女兒侍奉湯藥，衣不解帶一月有餘。病癒出院的叔岩大為感動，對其所學毫不藏私，傾囊相授。

余叔岩的從藝成名之路走來也是十分艱辛。幼時用「小小余三勝」藝名出演於天津下天仙戲院，紅極一時。後因病和倒倉回京，得其岳父陳德霖之助，向錢金福、王長林等學把子和武功，由姚增祿授其崑曲《石秀探莊》等，同時向陳彥衡、愛新覺羅・溥侗（紅豆館主）、王君直等人學譚派唱腔。在此期間他用心觀摩譚鑫培的演出，凡與譚氏合作過的鼓師、琴師乃至檢場人、龍套，他都一一虛心請教，技藝大進。並參加春陽友會票社，多方學習，用功不懈。一九一七年，譚鑫培古稀之年被逼為軍閥唱堂會，嘔血而亡。老生行裡群龍

【注】響排，演員不化妝在樂隊伴奏下排演。彩排：演員化妝在樂隊伴奏下排演。

無首，一時間各路諸侯紛紛逐鹿中原，希望接過鑫培鬚生之皇的地位。叔岩雖已深得譚派三昧，由於嗓音尚未恢復，這時卻並未貿然復出，仍舊在家中刻苦磨礪。據其家人傳言，叔岩在屋內練習《桑園寄子》時，演到「走青山，望白雲，家鄉何在」一段，連唱帶舞，如醉如癡，撞毀几案什物而不覺，可見其沉迷之深，用功之苦。老譚已故，無人能為叔岩說戲，因此每日練功吊嗓之餘，叔岩常到「春陽票友會」清唱，那裡聚集了許多對譚派深有研究的名票，與他們結交，令叔岩受益良多。

譚鑫培生前傳人極少，譚派的精華大都保留在長年與他合作的藝人身上，其中譚的琴師陳彥衡是繼承得比較全面的一位。陳本為宦門子弟，其父調任京城後，陳得以觀摩譚劇。因其自幼深通音律，故而領悟極快，不幾年，陳的操琴技藝便已爐火純青，幾乎可與胡琴聖手梅雨田（梅蘭芳伯父）匹敵。老譚晚年的演出大都由陳彥衡操琴，由於胡琴演奏者與京劇演唱者的特殊關係，譚許多祕不傳人的好腔都被陳記下。譚死後，宗譚的人大都求教於陳彥衡。後世一些研究者總結，陳共有「十大弟子」，余叔岩是其中最突出的一位。陳只能傳授譚派之唱唸，因此余又向長年與老譚合作的專業演員如楊小樓、岳父陳德霖等請教，尤其為譚當過配角演員的錢金福、王長林等對余的幫助都很大（余成名後凡演出必要此二人輔佐）。余從他們身上得以學到一些身段、功架方面的東西，加上自己觀摩譚劇所得，雖只繼承了譚之六七分，也足以傲視同儕了。叔岩通曉文墨，精於音韻，凡未能繼承老譚的地方，他便結合自己的條件加以創造，這也使他比恪守老譚規矩的「舊譚派」如王又宸（譚之女婿），高明了許多。

經過多年的吊嗓練功，余的嗓音逐漸恢復。此時他在票界聲名日隆，尤其在知識界的圈子裡有了一定的聲望，因此余決定復出。他先選擇在熟人的堂會中露演了幾次。一來余的技藝高超，二來老譚死後，京城嗜譚者對譚腔思慕成狂，余的幾齣戲恰如久旱甘霖，一時間轟動京華九城。余亦深知舞台表演與堂會的不同，並未藉此全面恢復營業性演出，因此更增加人們對其藝術的好奇心。在余正式復出之前，京城隱然已經開始從「無腔不學譚」轉為「滿城爭說余」了。

一九一八年秋，余搭班「喜群社」，以叔岩之名重返舞台，與梅蘭芳同台表演。二人首演《遊龍戲鳳》，余演正德帝雍容典雅，梅演李鳳姐活潑可愛，可謂相得益彰。全劇風流蘊藉而絕不涉及色情，評價甚至超越了當年老譚和余紫雲的搭配。復出後的余叔岩充分發揮其學譚心得和本身特長，上演大量老生劇目，文武崑亂不擋，一舉成名，與楊小樓、梅蘭芳在當時京劇界鼎立而三，並稱「三大賢」，代表了二十世紀二十至三十年代老生、武生、旦角的最高藝術水平，成為京劇鬚生行當中的領袖人物。

余叔岩是經過刻苦艱辛甚至是磨難的歷程，才在京劇鬚生表演藝術造詣上拔得頭籌而功成名就，深受廣大戲迷喜愛和追捧，所以他十分在意自己的弟子能否完全準確地繼承自己所創余派藝術。他一生收徒謹慎，經過多年的篩選，在楊寶忠、譚富英、孟小冬、李少春幾個不多的正式拜師的徒弟中，只有孟小冬能夠自始至終做到認認真真地學，忠實地、一絲不苟地繼承他的余派藝術。他晚年曾多次當眾宣稱：「我只有孟小冬這一個徒弟。」

孟小冬專心致志地學，學會回去反覆習練，再由王瑞芝來吊嗓，鞏固學習成果，日復一日，月復一月，年復一年。這個時期她根據師傅規定，基本停止演出。只是某齣戲學完，如果余叔岩認為可以才出而問世，便在師傅把場之下，偶爾登台實踐、體會一下而已。孟小冬扮相好，嗓子好，戲路正，本是大好的演出賺錢機會，時逢國難，她只求真知，對名利棄如敝屣。如此基本不演出，對於她的日常生活來源是個考驗，好在仍有杜月笙的長期資助。孟小冬在叔岩夫婦面前，承歡膝下，有如侍奉雙親。即使對余門的傭人、門房也無例外時有饋贈，余府上上下下讓她打點得妥妥貼貼。大家都親暱地稱她為「孟大小姐」。後來慧文與劉如松結婚時，孟小冬送了全堂西式家具；慧清與李永年結婚時，孟小冬送了全部嫁妝。當時叔岩已經續弦，娶了前清太醫姚文甫的女兒，又為他生下一個女兒，取名余慧玲，小名叫「小妹」。慧玲尚幼，孟小冬到余府，常常哄抱小妹。有時小妹嘔吐，污穢物布滿孟小冬的衣裳；有時孟小冬剛吹好的秀髮，卻被小妹抓得凌亂。三十歲的孟小冬平日很注意儀態，被小妹弄得如此狼狽，即使心不舒暢，也能

孟小冬與李少春在余叔岩家合影

一忍再忍，面上若無其事。叔岩見狀，很受感動，於是將自己演《武家坡》中薛平貴的一雙靴子贈送給她繼承使用，以為紀念。這雙靴子一九四八年由其嗣女杜美霞從上海帶到香港，後又隨孟小冬帶到台灣，可見「冬皇」對恩師的一片敬仰之情。這雙靴子也是孟小冬得自乃師的唯一遺物。

15 情感大賢傾囊相授

孟小冬是一位頗諳人情世故的女性，在學習過程中，余家和「孟大小姐」的感情與日俱增。隨著年事越高，病況越甚，余叔岩對孟小冬越來越掏心窩地傾囊以授。每齣戲，余師都是教得一絲不苟，雖然進度慢些，但是小冬學得很扎實，不大會忘記走樣。余叔岩在五年時間裡專門為她說過近十齣戲的全劇，諸如《洪羊洞》、《捉放曹》、《失空斬》、《二進宮》、《烏盆記》、《御碑亭》、《武家坡》、《珠簾寨》、《搜孤救孤》等。在教李少春時，孟小冬旁聽了《戰太平》、《定軍山》等武老生戲的全劇。叔岩還陸續為孟小冬說了一些戲的片段或選段，諸如《十道本》、《法場換子》、《沙橋餞別》等等。像《擊鼓罵曹》等戲是拜師前就由叔岩指授過的，這齣戲同拜師後公演過的《搜府盤關》、《法門寺》一樣，也得到余叔岩的認可。《八大錘》、《李陵碑》、《連營寨》、《南陽關》等戲，原由言菊朋教過，後來又經余叔岩的指點。又如《四郎探母》之類，雖未經余叔岩手把手教，但孟小冬本來就會，又請曾為余叔岩琴師的王瑞芝，為她說了余派腔。如果把這些劇目相加，那麼孟小冬在余府五年內所學，涉獵三十齣戲左右。一日為師，終生為父。孟小冬對於師傅所說的，全敬謹遵奉，絕不敢有絲毫「大意」。她常對人說：「這不是別的，關係師傅的名譽。我心裡沒有十二分把握，簡直不敢率然說會！」

學戲是一個繁瑣和枯燥的過程，為了教好小冬這個徒弟，余叔岩可謂不遺餘力。他曾對孟小冬語重心長地講述自己從前學戲的經過。他告訴孟小冬，自己年輕時，每天一大早天不亮就到北京城南金魚池、窯台喊嗓子，直到天亮才回來。冬天在院子裡潑水讓地面結冰，然後他穿上靴子在冰上練功。余慧清晚年回憶起當年事時說：「父親說在演戲時要把自己忘掉，全身投入劇中人，要身臨其境地發揮劇中人的心情與動作。他告訴孟小冬，在台上瞪眼時要先擰眉然後再瞪眼，否則露出白眼珠就特別難看。演老年人要注意背、腰和腿的動作：告訴她腰是怎樣往前，腿又是怎樣似乎是顫顫的樣子；病人又是如何的動作，父親給她一一做了示範。」

有一次說《捉放曹》，孟小冬唱某字時口勁不對，叔岩就不往下教了，反覆糾正了一個星期，才繼續教下去。教做工時，余叔岩告訴孟小冬要「疊折換胎」。疊折指身段，文人要「扣胸」，老人應「短腿」，背、腰、腿疊成三折。「換胎」指上台後要深入角色，在相當程度上要忘卻自我，一齣戲有一齣戲的唱法，要呈現其獨特的精神風貌。另外，凡是余所授的每齣戲中的重要唱腔，必教三種唱法，一個高的，一個低的，一個「中路」的。大賢深知「上場」的甘苦，倘若遇上個嗓子有臨時變故，那麼就可把所說的三個「腔兒」，「隨機應變」而用，以免當場出醜，而對不起觀眾。

當時一些報刊，經常在小冬演完一個劇目後發表劇評。對小冬的唱白，甚至一舉手一投足都推崇備至，可見其藝術造詣高深之影響何等深遠。有一次，孟小冬演《失街亭》，散戲後有人對她說：「妳演到〈斬謖〉時，怒目瞪眼，白眼珠露出太多，不好看。」拜余後小冬為此專門請教余師如何克服，余聽後指點說：「記住，瞪眼別忘擰眉，妳試試！」小冬對鏡屢試，果然，既好看，又不失劇情中諸葛亮的身分，也不再露白眼珠了。事情雖然很小，但足以證明余在藝術上的深邃造詣。余對他人曾講及他對小冬的評價，認為小冬的唱工可到七分，做工最多五分。而小冬的技藝，當時內外城無不稱道，聲譽極高，而余只給予如是評價，也足以說明余對徒弟要求甚嚴。在余叔岩的弟子中，受教最長，且得窺其晚年堂奧者，則僅孟小冬一人。余先生息影舞台以後，有充分時間與空間，精研詞腔細微之處，因此對其早年詞腔改正甚多。其中有許多與其所留十八張半唱片小異，而由孟小冬吟唱者，不明者多

孟小冬《洪羊洞》飾楊延昭

說是孟腔，甚至說是孟派。孟小冬對此一再聲明：「天下只有余派，沒有孟派，所有與余先生早年詞腔小異者皆為余氏自己所改進者。」並且說余先生晚年在病榻上諄諄告誡她說：「余今所唱，皆已爐火純青，妳不必、也不可更改一字一腔。」所以她今日所唱亦是照本宣科，絕無自己的興革。另有唱片公司約孟小冬灌片，有人對她提醒說：「妳師傅現在靠灌片補生活，妳最好不要灌唱片。」小冬即從此再未灌過唱片。

「有志者事竟成」，她終於得到了余叔岩的真傳，並在其逝世後全面繼承了這一派的衣缽。余派作為我國戲曲史上的一顆明亮燦爛的彗星，先生在人生旅途上停留的時間確實太短暫，但是他留給人們的「余派」藝術真傳者，首推孟小冬。下面照錄時評一則，以饗讀者：

巾國鬚眉　孟小冬

「吾皇」小冬自拜叔岩，一如金佛重裝，越發燦爛輝煌，繚繫乾坤兩性之鬚生界了！

小冬在開明戲院演《南陽關》、《跑城》諸劇時，即彷彿今日之少春，唯嗓子較現在少春略為洪實，不圖一弱女子，竟能發奮振作，努力向上，十餘年來，不忒不似李桂芬輩之「另向別彈」，乃能在「無計畫」而實「循規蹈矩」中，修成如今日之正果，「難能可貴」四字，豈足為其毅力之估價哉！小冬固巾幗而扮演鬚眉者，以彼今日之表現，實應愧煞一般鬚眉而扮鬚眉諸「小子」！其抑將有人謂我此種批評為肉麻的「浮上水」乎?!笑罵由人，我自為之。

小冬拜叔岩後之第一聲，以《洪羊洞》於新新演出，扮、唱、唸、做必孚眾望，而十足其乃師風格。不過，我未身臨其境，不敢「意評」，唯我彼時所嚮往者，即八賢王問六郎：「此病因何而起」時，六郎之叫板一「咳！」

不知小冬怎樣演來。曩於第一樓聆清客馬俊卿唸此，其音略拖而悽楚幽怨，的是久病長吟之口吻！我雖未聽過譚叫天所「咳」是否如此，而馬叫天（按：譚派票友）之「咳」諒亦必摹譚不差！

吾甚希小冬亦能如是，方不負余譚旗幟下一「拔乎其萃」的英雄焉！兩年前一宿雨新霽之夜，偕崑山姑丈於無線電前聆其《捉放曹》，姑丈以久病初癒之身，俯首靜聆凡四十分鐘之久，直至宿店後，而始興然起立，以極興奮口吻，謂予曰：「呱呱叫的孟小冬！」以從事戲劇生活四十年之老伶工，肯以此五字讚許小冬，吾之小冬必有大過人處，迥非「鬚眉鬚眉」所以能及之特徵在。今歲秋初大風兄約我於吉祥聆其劇，惜以晤面地相左（大風在吉祥等我，我又在惠中傻等他），致失良機，實一恨事。可是我現在正慢慢地攢錢，俟將來小冬再帖余派標準劇《捉放曹》時吾必以聽李少春《戰太平》之犧牲精神，再聽一回「吾皇萬歲」也！

哈殺黃《立言畫刊》一九三九年十五期

抗戰期間，廣大淪陷區藝人生活十分艱苦，他們既不願為日偽裝點門面，又不能完全放棄賴以為生的演出活動，便想方設法假義演的名義或參加堂會演出，維持基本生活。

在天津戲劇史上最為轟動一時的是，一九四一年七月英租界陳秀峰（光遠）宅舉辦的大堂會戲，此時孟小冬已處於藝術高峰時期，她上演的全部《失空斬》，列為堂會戲的大軸。那天，孟小冬前面的劇目有：開場全班合演《大賜福》、《百壽圖》，新豔秋、楊寶森合演《坐宮》，蕭長華、程繼先合演《連升三級》，李少春、李寶魁、高維廉、毛慶來合演《金錢豹》，金少山演《牧虎關》，馬連良、張君秋、葉盛蘭、李多奎、袁世海、李洪福演壓軸戲全部《龍鳳呈祥》，在如此眾多京劇名伶中，孟小冬的戲碼能列大軸，足見她在拜余之後聲譽之隆，真不愧為名副其實的鬚生之皇也。

一九四三年五月十九日十六時，京劇三大賢之一的余叔岩因患膀胱癌不幸病逝，享年五十四歲。孟小冬驟聞之下，惆悵不已。無奈已成事實，傷痛之餘，寫了一副長長的輓聯：「清才承世業，上苑知名，自從藝術寖衰，耳食孰能傳曲學；弱質感飄零，程門執贄，獨惜薪傳未了，心哀無以報恩師。」由此可見師徒摯情確非一般。

從一九一八年余叔岩重登舞台起直到他的晚年，潛心鑽研學習余派藝術之人足踵相接，絡繹不絕，除孟小冬外還包括祝蔭亭、吳鐵庵、楊寶忠、楊寶森、譚富英、王少樓、陳少霖、李適可、張伯駒、李少春、趙貫一、鄒功甫、陳大濩、范石人和其他許多名演員和研究家。親授弟子僅七人，即所謂「三小四少」：孟小冬、楊寶忠、譚富英、李少春、王少樓、吳彥衡、陳少霖，票友中則以張伯駒實得親傳。其中所獲最多者，在演員中當首推他的得意弟子孟小冬，研究家中以他的好友張伯駒為最。私淑余派藝術，親身觀摩余叔岩演出最多，並能在藝術上運用自然者，以李適可（止庵）最為著名。在余叔岩主要弟子中，除吳彥衡改演武生外，成就最高者為孟小冬，行腔吐字、舉手投足，均能酷肖且形神俱備，於規矩中顯出功力，有清醇雅淡的韻味。其《搜孤救孤》、《失街亭・空城計・斬馬稷》、《捉放曹》、《奇冤案》、《洪羊洞》、《法門寺》、《黃金台》、《御碑亭》、《武家坡》等劇皆出色。孟小冬對繼承、發揚和傳授余派老生藝術，起了極其重要的作用。她曾正式收錢培榮、趙培鑫等人為徒，保存了許多余派老生的珍貴藝術資料。譚富英以譚派嗓音唱余腔，遊刃有餘，唱工戲質樸純正，淋漓酣暢，其快板之脆、勁、疾，最為出色。靠把戲更佳，唯做工不尚細膩。至晚年風格有較大變化，能戲有《奇冤報》、《碰碑》、《珠簾寨》、《四郎探母》、《定軍山》、《戰太平》、《南陽關》等。楊寶忠早期學余較為全面，改業琴師後乃輔助楊寶森在學余的基礎上發展了新的流派。李少春藝兼文武，唱做皆精，戲路寬博，且有許多獨特的創造。青年時期摹學余派藝術頗有心得，《戰太平》、《洗浮山》、《定軍山》、《陽平關》、《擊鼓罵曹》、《八大錘》、《打漁殺家》等劇都能體現余派風格。中年以後兼取馬（連良）派、麒（麟童）派的演唱特點，在創造人物方面有所突破，又排演大量新戲，如《雲羅山》、《響馬傳》、《野豬林》等，並較早演出現代戲《白毛女》、《紅燈記》等，唱、唸、做均有新意。此外，私淑余派藝術者遍及國中，南方如陳大劌、張文涓，北方有祝蔭亭、奚嘯伯等。

余叔岩遺體易簀之時，諸弟子畢集，獨不見楊寶森。冬皇急命人將其找來，這樣，非余親傳弟子楊寶森才得以躋身余門之列。楊寶森十分感激孟小冬的仗義和良苦周到的用心，見到冬皇始終以「師兄」稱謂，甚為恭敬。

楊寶森初學譚派，幼年師事裘桂仙，開蒙學戲，後拜鮑吉祥學習老生，宗余派。他十歲左右便「帶藝搭班」，長期在俞振庭的「斌慶社」求藝並演出。楊寶森童年時期嗓音明亮，十二三歲時專攻余派，十六歲時演出《打漁殺家》，效果很好。他還在《上天台》中飾演過劉秀，《斷密澗》中飾演過王伯黨。在《珠簾寨收威》中的起霸，功架一絲不苟。偶爾演出的《定軍山》、《陽平關》、《戰太平》等戲，也博得北京、上海等地觀眾的讚賞。在此時期，他所演的《捉放曹》、《擊鼓罵曹》、《洪羊洞》、《失空斬》、《桑園寄子》、

《賣馬》、《碰碑》、《汾河灣》等余派劇目，均獲得很好聲譽。楊寶森雖非余叔岩親傳弟子，卻贏得了「小余叔岩」之稱。三十歲以後逐漸脫出余派範圍，吸取譚、汪（桂芬）諸家之長，對余腔有所變革。後嗓音再度發生變化，在琴師、其兄楊寶忠輔助下，儘量捨短用長，創立了既出於余派、又大大有別於余腔的楊派唱腔。在繼承余派藝術的基礎上，他根據本人倒倉後的嗓音條件，並結合他多年的藝術實踐、創出一種嶄新的唱法，自成一家，成為楊派藝術的創始人。

綜觀余氏弟子，孟小冬堪稱得余氏藝術真傳最多者，也是繼承余派藝術最忠實者。

然而，客觀地憑心而言，譚富英、李少春、楊寶忠以及未正式列入余門的楊寶森，雖因多種原因未能始終跟隨余氏學藝，卻都能根據自身條件，將己所學加以創造，終生獻身於京劇事業，並做出了傑出的貢獻，都堪稱一代京劇大師。他們都無愧於余叔岩這個老師，無愧為余氏藝術的繼承者和宏揚者。

叔岩去世，北平正於日偽統治時期，冬皇以「為師心喪三年」為由，正式宣示暫別舞台，開始隱居。

孟小冬為了不斷地追求中國戲曲藝術的最高境界，一生拜師無數。而在已經功成名就紅得發紫且被戲迷譽為「冬皇」的情況下，又棄名捨利帶藝放下身段，虛心地拜在余師門下，在嚴苛的要求下，一切從頭學起，刻苦學藝五個春秋，這不是常人所能做到的。歷史恰恰驗證了這一點，在余門中，多少才子半途而廢，最終集大成者，唯冬皇一人也。

孟小冬在迄今為止的中國京劇史上，堪稱當之無愧的首席女鬚生，她的藝術道路，當以一九三八年拜余叔岩為界，分成前後兩段。

她九歲拜師學藝，十二歲在上海、無錫等地登台，當時她的戲路比較駁雜，常唱的戲既有《逍遙津》之類高亢激昂的鬚生戲，也有《十八扯》之類南腔北調的搞笑戲，甚至連台本戲和時裝新戲她都來者不拒，算得上是位「海」味十足的演員。一九二五年初赴北京後拜陳秀華為師深造，力圖皈依余派，其間還向言菊朋學過。憑著她的嗓音好、扮相佳，聲譽日隆，與高慶奎、馬連良齊名。北京「長城」、「麗歌」等公司為她灌了《珠簾寨》、《捉放曹》、《逍遙津》等三張唱片，代表了她那個時期的演唱風格。那時的孟小冬正在她生理青春期，我們能從中欣賞到孟小冬歌唱時所表現的：嗓音衝、調門高、音色秀麗、唱腔古樸優勢，兼具男老生的蒼勁醇厚和女老生所特有的細膩圓潤特點；和在余派風味的基礎上，兼有言派的委婉和奧澀韻味。但那是孟小冬留下的拜余之前的作品，並非是她的藝術高峰，這些只能代表冬皇在自己早期在京劇藝術道路上所留下的足跡。

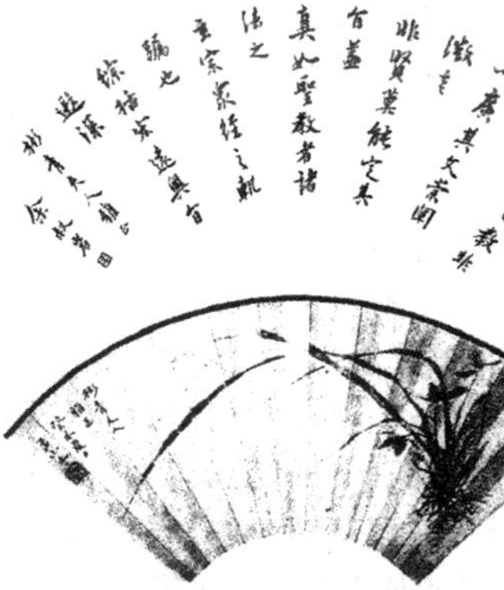

應吳彬青之請余叔岩書孟小冬畫之扇面

孟小冬拜余叔岩為師後，便中止演出，以全副精力學余派戲，歷時五年得余真傳。余叔岩晚年的藝術理想，以及余氏唱片未可替代的舞台處理，均通過孟小冬得到了實踐。孟小冬也從此實現了藝術上的飛躍，真正由駁雜而專精，賦藝術以高格。因此，在余叔岩過世後的一段時期內，她被梨園界公認為是余派藝術的活標本、研習余派的活渠道。孟小冬從始至終都堅拒孟迷對其藝術冠以「孟派」之稱，她認為自己是正規的余派。

孟小冬與父母、弟學科、弟媳合影

16 佛門弟子小冬居士

抗戰八年期間，孟小冬除了專心余門學藝外，拈花寺是她的另一個去處。在孟小冬不幸與淒涼的人生中，佛門靜地曾是她在京劇藝術之外獲取精神解脫的另一片天際。

拈花寺，原位於西城大石橋胡同。建於明萬曆九年（一五八一）。因寺內千佛閣內有明代所鑄的銅佛「毗盧世尊蓮花寶千佛」，座如蓮花，在佛座周圍的千朵蓮花上有千佛旋繞，故名護國報恩千佛寺。清雍正十二年（一七三四）重修，更名拈花寺。寺坐北朝南，建築面積六千四百三十二平方公尺，房屋一百八十四間。分三路，各五進院落。中路建築自南至北有：影壁，長二十四點五公尺，厚一公尺，石砌；山門三間，簷下有斗拱，石雕石券拱門，額書「敕建拈花寺」，門兩側為八字牆，門內左右為鐘、鼓樓，正面天王殿三間，簷下有斗拱；大雄寶殿面闊五間，殿前有月台，台下立有萬曆九年（一五八一）〈新建護國報恩千佛寺碑記〉碑和〈新建護國報恩千佛寺寶像記〉碑、雍正十二年清世宗御製拈花寺碑；東西配殿各五間；伽藍殿五間，兩側接引殿各十六間；藏經樓五間，兩側為過壟脊灰筒瓦合角短廊，東西配樓各三間。東路有六層殿：一層殿三間；二層殿五間；三層殿九間，坎牆內鑲石刻；四層殿五間；五層殿五間，兩側有廂房；六層殿五間，兩側廂房各五間，東廂房兩次間的後山牆上鑲有石刻。西路有四層殿：一層殿三間，垂花門一座；二層殿五間；三層殿五間；四層祖堂，為「凹」型建築，共十七間，祖堂前原有一四角攢尖方亭，名「素心亭」。

時有報載：「老牌坤伶筱蘭英（姚玉蘭之母、孟小冬義母），自息影後即在家度安適生活。其與冬皇之性情有似處，對任何事亦極淡泊，以致感情極為融洽。又全篤信佛教，同為拈花寺居士，該寺每有佛事必往祈禱。筱蘭英名為『蘭居士』，冬皇則為『孟居士』也。其每一見人喜合十問訊，即為受佛教薰陶也。近每一有戲至後台，必先向『祖師爺』合十，以次再向諸老闆合十。下至底包龍套亦全如此，

姚玉蘭之母筱蘭英

和藹態度可以想見。冬皇見人喜『合十』，亦為梨園之雋聞。」

筱蘭英本名姚佩蘭，祖籍河北香河，一八七八年生於天津，六歲入天津寧家班（坤班）學藝。按坤班慣例，不分行當，生、旦、淨、丑各行角色，都由女演員扮演。所以筱蘭英開蒙雖為正工老生，可是除了旦角及紅生戲外，無論老生、小生、武生甚至花臉，無不兼長。更為難能可貴的是，她唱老生沒有「雌音」，唱花臉能有「炸音」。拿手的老生戲有《四進士》、《九更天》、《南天門》、《寄子》等。她曾與楊小樓合演過《連環套》，她扮演的竇爾敦，氣魄雄偉，工架老練，口齒剛勁。她唱紅以後，挾技遠遊，走遍江南、東北、西北，甚至遠至新加坡、南洋群島各地。她的丈夫是梆子青衣姚長海，生有二女，長女姚玉蘭，工青衣、花旦及老生；次女姚玉英，工花臉、丑，不幸早逝。

早在一九一九年，孟小冬在武漢與筱蘭英之女姚玉蘭義結金蘭，便敬稱筱蘭英「大吾媽」，二十年代初在上海「共舞台」搭班共事期間，筱蘭英也曾授藝於小冬。後來小女玉英病故，玉蘭下嫁杜月笙，個性極強的筱蘭英不願隨女兒在杜府坐享清福，對於兩個自己含辛茹苦帶大的女兒相繼離開自己，深覺心灰意冷，便獨自離滬北上，就此息影舞台而脫離紅塵。

一九四〇年盛夏的一天，孟小冬著一身長衫，頭戴禮帽，從東四牌樓登上環城無軌當當車，她是到位於鼓樓大石橋胡同的拈花寺上香拜佛的。當她步入寺門時，迎面一位身著青色旗袍六十歲上下的婦人與她雙目對視，「大吾媽！」孟小冬不由自主地喊出聲來，想不到佛緣又使數載離別的乾親在拈花寺重逢。曾經紅遍中國大江南北的兩代京劇名伶，又分別以「蘭居士」和「孟居士」而聞名遐邇，真是千里有緣來相會了。

到了一九四七年，「蘭居士」和「孟居士」又在拈花寺分手各奔西東，隨著內戰局勢的發展，孟小冬、姚玉蘭隨杜月笙去了香港，筱蘭英由於各種原因，早在數年前她就無心於世事，看破紅塵，踏入空門，與世隔絕，成為佛門弟子，不再關心社會事情了。

一九五〇年朝鮮戰爭爆發以後，中國人民志願軍雄赳赳、氣昂昂地跨過鴨綠江，「抗美援朝衛國保家」。北京、上海京劇界前輩已先後舉行捐獻飛機大炮義演。首都京劇界前輩王瑤卿、尚和玉等二十餘人，在六月八日舉行了會議。他們雖然都是六十歲以上，脫離舞台生活已達十數年至二十餘年的老藝人，但是為了捐獻飛機大砲，一致決議要求參加義演。尚和玉說：「別看我已八十歲了，我一定要參加義演，捐獻飛機保家衛國。」有的老藝人為了參加義演，刮掉了多年來自己蓄起的珍愛的鬍鬚。他們先後在六月十七日、七月二十九日，

筱蘭英（右）與姚玉蘭母女

假前門外大眾劇場舉行了兩次聯合義演。上海市京劇界前輩藝人亦於七月十六、十七、十八日舉行義演三天，計收入一億七千九百四十五萬元（折現價一萬七千九百四十五元），全部捐出購買飛機。在這次義演中，老藝人們表現了高度的愛國熱情。

這些老演員中苗勝春、應寶蓮輟演多年，李仲林的外祖父郭蝶仙蓄起了鬍子，已在安度晚年，一聽國家有事，剃去了鬍子，以八旬高齡再度粉墨登台。在舊社會中已看破紅塵，著尼姑裝的筱蘭英也參加了演出。筱蘭英的登台，出乎人們的意外，電台、報紙爭相報導，亦成為一大新聞熱點與亮點。所謂老齡演員專場，當時有個規定，演員們一定要年滿五十歲以上才有資格參加老年專場。筱蘭英當時已七十三歲高齡，堪稱京劇界的老前輩。她脫離京劇舞台已有二十六個春秋了，行動時需要兩個人扶著。然而，這次筱蘭英基於愛國熱忱，感悟到國家興亡，匹夫有責，自己雖是佛家弟子，又豈能例外！有感於此，她毅然脫下袈裟，換上戲裝，戴上髯口，精神抖擻，重登舞台。她演的是她的代表作之一《朱砂痣》。她雖已年齡老邁，但風采依舊，一經亮相，戲迷們倍感親切，似舊友重逢，報以熱烈掌聲。有的觀眾坐在後排看不真切，就用望遠鏡以一睹芳顏為快；有的觀眾與其說是來看戲，倒不如說是來看其人更為確切一些。也有人說，失去這次機會會留下永久遺憾的。剛剛走進新中國的老藝人們終於為京劇界購買了一架「京劇」號噴氣戰鬥機。

據史料載，這次演出劇目有：《蓮花湖》曾是杜月笙師傅的苗勝春飾勝英、應寶蓮飾韓秀；《朱砂痣》姚玉蘭之母筱蘭英飾韓金鳳；《坐樓殺惜》趙如泉飾宋江、郭蝶仙飾閻惜姣；全部《龍鳳呈祥》梅蘭芳飾孫尚香、馬連良飾喬玄、蓋叫天飾趙雲、張少甫飾劉備、趙如泉飾張飛、姜妙香飾周瑜、周信芳飾魯肅、何潤初飾國太、苗勝春飾諸葛亮、韓金奎飾喬福、孟小冬的六叔孟鴻茂飾賈華；另外，有李薇華、謝蘭玉、沈松麗等青年女演員主動要求跑宮女。更有一絕的是，董明豔擔當了孫尚香的車夫這一角色，此亦為中國京劇史中一段佳話。

斯人已去，在當年「蘭居士」和「孟居士」吟誦的佛經中，彷彿令人聽到了姚氏母女和孟氏母女，都為一個杜月笙弄得她們生離死別的另一曲人間悲歌。雖然已是半個世紀以前一段軼事塵夢，如今聞之仍然令人唏噓不已。

17 言慧珠拜請冬皇出山

一九四五年一個秋天的黃昏，言派老生的創始人言菊朋的二女兒言慧珠帶著幾位青年演員，懷著興奮的情緒，鼓著勇氣打道東四孟府，拜見冬皇——孟小冬。

為了慶祝八年抗戰勝利，北平梨園公會準備搞一次大型京劇慶祝堂會演出，特由言慧珠等幾位青年會員出面邀請隱居多年的孟小冬登台獻演。

這些小青年對此行的結果，誰也沒有把握，一路商量著如何開口、如何說得婉轉有力，才能請動這萬人渴望而輕易不露演的冬皇?!有人提起不久前為慶祝抗戰勝利，孟小冬抱病與程硯秋在北平廣播電台合唱《武家坡》，只唱了一句【西皮導板】「一馬離了西涼界」，後由楊寶森替代唱完。有人說是她因病體力不支，不瞭解的，也有人說她是耍大牌。總之，眾人對請孟出演略顯信心不足。到了，轎子胡同三十六號，一個路北的黑門。

這所私宅位於東四北大街轎子胡同內，離孟小冬一家住的東四三條只隔著一條馬路，是孟小冬在杜月笙支持下於四十年代初購置的閨房祕宅，也是她一生中唯一一所屬於自己名下的私宅，是她單身生活修身靜心的地方。外人很少知道，言慧珠有言菊朋之女、孟小冬的小師妹的特殊身分，自然不同。

言慧珠遞進名片，因為成功與否就在這剎那間決定了，她的神經也緊張起來。「快請進來吧！我這兒看著狗呢。」一串珠似的清朗聲音傳進來訪者的耳鼓。跨進門檻給人一種靜穆之感，滿院花草，野茉莉送著淡淡晚香。當言慧珠見到站在二門口迎接客人的孟小冬時，心就涼了半截。冬皇身著一色藍旗袍，罩著同樣顏色的毛衣。身體還是那麼孱弱。言慧珠暗想，這麼早就穿上毛衣了，請她出演實在難以啟齒啊。「慧珠，你們幾位打哪兒來呀？不要緊，狗不咬，我這兒看著呢！裡邊坐吧。」孟小冬熱情地招呼著大家走進另一個院的西廂房。「啊！王先生您早來了。」琴師王瑞芝在那兒，像是剛吊完嗓。言慧珠和他打完了招呼，心想，看這情形或有可能出演。言慧珠注

言慧珠

意環視了一下四周，室內佈置得非常古雅，三間通連的牆壁上都是些名人字畫，桌上是名貴的古董。最使人注意的是一個和人一般高的木架上橫架著一隻古瓶。據主人介紹此非為陳設，而是為吊嗓時免得驚擾四鄰。吊嗓時，對瓶口而唱，可以收音，此乃尊師余大賢所發明。聽了冬皇之說，言慧珠心裡說，發明固然很聰明，但是多麼殘忍，四鄰的戲迷們對這驚擾的歌聲，不知怎樣殷切地期望呢，偏偏叫瓶子獨自享受。這屋裡既莊嚴又簡單，沒有一絲奢華之氣，這正是代表女主人的性格啊！

賓主一番寒暄之後，言歸正傳。性格直爽的言慧珠欠了欠身子，開門見山：「這次趙會長的病恐不易好轉了，完全是因公致疾，可算有功梨園。會裡正在準備對他怎樣有所表示。在過去兩位會長克盡職責，努力建樹，可是重重壓迫下許多地方不能盡如人意。現在光復國土，國劇命運更隨著好轉，我們大家出來奔走，預期集思廣益，眾志成城，一洗八年咱們劇人所蒙之恥辱。舊戲是中國固有的藝術，所以把梨園公會改為國劇總會，『國劇』兩字可居之不疑。您是道高德重，無論藝術、人格都是人所折服，如果您肯領導後進，改善會務，一定事半功倍。」言畢，眾人聚精會神地聽著冬皇的答覆。她首先很關切地問過趙會長的病狀，然後毅然接受了這些熱心京劇事業的青年後生的請求，十分客氣地說：「我身體不好，不常出門，跟外邊隔絕許久了，思想一切都不合時代。不過有什麼用得著我，我能做的事情一定義不容辭。」接著冬皇又語重心長地鼓勵大家：「要振興國劇，大家千萬廢除私見，要一致團結到底。」孟小冬這句看似很平凡的話，卻一針見血地指出了舊戲班之間的問題。

接下來，這幾位年輕的客人便開始繞彎子，把話題漸漸轉到慶祝戲上去：「為了慶祝咱中國人終於贏得抗戰勝利，我們大家自動辦了三齣慶祝獻金戲，如果沒有您出來不足生色，以您的號召是能得到大量的慰勞金。」言慧珠的話音剛落，冬皇那雙明慧堅毅的大眼睛閃出了興奮的光芒，嘴角揚起難得的笑顏，這是她內心燃起愛國熱情的笑。她有些激動地說：「好極了，我很贊成你們幾位的意思。咱們八年所受的痛苦，現在該吐氣揚眉了。我高興得不知怎麼好。雖然我身體不好，就是勉強扎掙上台去嚎，我也心甘情願！」「啊？啊？……」眾人面面相覷，都被冬皇這番慷慨熱誠的談話驚呆了，慧珠不知用什麼更好的言語來向冬皇表示感激和欽佩。這些京劇舞台未來的主角兒們，一個個興致勃勃地笑著辭出孟府。送走言慧珠等人，孟小冬的思緒久久未能平靜，雖然只是偶爾露崢嶸，而且因身體原因只能演出做工剩力的戲，但是她終於獲得一次表達愛國之情的機會呀。何況前次慶祝抗戰勝利在電台清唱《武家坡》，本意是帶疾堅持去的，因腹痛難奈，故只唱了一句，不得不由事先準備好的寶森代勞接唱，想不到竟引來許多猜測和非議。這次獻演劇目，冬皇特別再次選定《武家坡》以雪前恥。而她恐怕萬萬也想不到，這位請她出山的越來越出息的小師妹，未來的命運會比她的遭遇更慘。

在滿街燈火中，言慧珠深感慚愧地對她的這幾位同行說：「咱們多麼不瞭解冬皇的抱負啊！來的時候咱們不還忐忑認為此來請她出山是困難工作，我們應該瞭解她過去拒絕那些有勢力金錢、沒意義的演出是別具苦心。今天對有意義的演出，又是怎樣慷慨啊。」慧珠默默地從心底裡呼喊著：「偉大的冬皇！」

十二月，北平各界為慶祝抗戰勝利，假中南海懷仁堂演出獻金戲，可謂群星畢至。劇目：馬連良、李萬春《八大錘》，譚富英《空城計》，孟小冬、李世芳《武家坡》，程硯秋《紅拂傳》。

以上冬皇軼事乃根據言慧珠遺作〈新秋傍晚訪冬皇〉整理編寫。我們從言慧珠的遺文中清晰地看到活生生愛恨分明的「偉大的冬皇」。而從〈新秋傍晚訪冬皇〉的文筆中，也領略了當時中國京劇舞台冉冉升起的又一顆燦爛奪目的旦角新星的文采。言慧珠生於一九一九年，京、崑劇著名演員，蒙族正藍旗人。她不像孟小冬、章遏雲、陸素娟、露蘭春等大多數女伶人出身貧寒，別無選擇地走上從藝之路。慧珠其父言菊朋，幼年就學於清末的陸軍貴胄學堂，滿業後，曾在清政府的理藩院和民國以後的蒙藏院任職。是時正值北京京劇興盛之際，言菊朋好聽京戲，常出入戲園、茶園，至「春陽友會」票房彩唱，並與梨園界廣有交往。曾從著名票友紅豆館主和名琴師陳彥衡學習演唱，同時與錢金福、王長林學身段、練武功，又得到楊小樓、王瑤卿的指導。初唱為票友身分，專學譚鑫培，以演《戰太

孟小冬生活照

平》、《四郎探母》、《桑園寄子》、《捉放曹》、《南天門》、《空城計》、《汾河灣》等譚鑫培常演出的劇目受到好評，被譽為「譚派名票」。慧珠祖父為清末舉人；曾祖父曾任職粵海；高祖熙昌，官至工、刑兩部侍郎；太祖松筠，是清朝嘉慶、道光兩朝名臣，曾官武英殿大學士、軍機大臣，去世後追加封號「文清」。出身顯赫的言慧珠從小接受的是正規教育，還是京城名校春明女中的學生。她自幼能歌善舞，邊求學，邊學戲，抗父命執意依傍梨園。一九三五年，登台初演武工繁重的《扈家莊》。一九三九年，二十歲的言慧珠隨父所組言家班春元社，到南北各大城市演出。她扮相豔麗、亭亭玉立，嗓音清亮圓潤，又文武兼擅，除了陪父演出《賀后罵殿》、《三娘教子》、《打漁殺家》等戲外，梅、程派唱工戲都能上。所以，那時言二小姐的號召力已不亞於其父老言。有一次，言菊朋唱大軸《托兆碰碑》，慧珠壓軸《女起解》唱完後，專門為看言慧珠的學生觀眾紛紛退場，待言菊朋出場時觀眾居然走了一半。老言從此和女兒分道揚鑣。言慧珠反串言派老生也稱一絕。《賀后罵殿》她既能演賀后，也能演趙光義；《讓徐州》、《臥龍弔孝》唱來也深受戲迷讚許。言慧珠也涉足話劇、電影，她主演的《萬古流芳》、《楊貴妃》等都頗受歡迎。經歷一段演藝實踐後，言慧珠決定悉心改宗梅派，遂問藝於梅蘭芳琴師徐蘭沅，開始努力鑽研梅派藝術。一九四三年，言慧珠正式拜梅蘭芳為師。她好學不倦，執弟子禮甚恭，隨侍師側，深獲梅氏夫婦喜歡。如此數年如一日，言慧珠終於成為梅派傳人中得天獨厚的佼佼者。

然而，言慧珠的戲曲人生，比她所敬仰的孟小冬的遭遇更為悲慘。她雖生長於中原大地，身上流淌著的是蒙族貴族祖先的血液，她直有著蒙古草原上牧馬人鮮明的豪爽性格，她直言不諱，敢恨敢愛。她不管別人，一意孤行，我行我素。甚至在婚姻、愛情生活中，也滲透著草原上的習俗。她敢於向她喜歡的男子示好，而她卻從未得到過一個男人真正的理解和關愛，這是她人生中最大的不幸和無處傾訴的悲哀，這也是她一生曾多次服藥自殺未遂卻被世人忽略的隱情之一。孟小冬在其坎坷的人生道路上，畢竟還有杜月笙支撐著她的脊樑，而言慧珠則在她的婚戀中從沒有得到這樣的幸運。

一九四九年，中國社會發生了天翻地覆的歷史變革，而出身於名門望族的言慧珠腦子裡只知道愛美、愛戲、學戲，日後成個名角兒、多掙些錢兒；什麼政治鬥爭，她與那個時代的大多數人一樣都不懂、不曉得其中的玄機。雖說不懂政治，但是對於改朝換代這樣驚天動地的變遷，有著那麼多演繹社稷江山、帝王將相故事的透澈戲文裝在肚子裡的京劇名家，言慧珠還是學著跟上形勢，即刻脫下自己的絳紅呢子大衣、拿下玄狐圍脖，替換成藍布大褂，一雙辮子紮上一對黑色蝴蝶結，想「看看風向、觀察觀察」再說。當她看到工農兵大眾歡慶新中國誕生的時候，要求進步，成為她對政治最通俗易懂的解讀。

一九五〇年朝鮮戰爭爆發以後，上海文藝界發起了捐獻飛機大炮的義演活動。京劇改進協會舉辦了三場規模盛大的義演，除了一場老年演員專場外，還有一場是天蟾舞台的全體女演員會演，其中一齣《八蜡廟》是反串演出，可謂異彩紛呈。劇中三個主角分別由坤旦白玉豔、言慧珠、李玉茹扮演。李玉茹扮演的是武花臉費德恭，勾紫臉，紫箭衣，掛開口紮，穿著那麼高的厚底耍大刀，與她原先的行當來了個大反差。白玉豔以武旦反串武生黃天霸，其演技也是功力不凡。言慧珠家學淵源，文武老生的行當中耍髯口等技巧絲毫不遜鬚眉，特別是三人「三見面」的開打，觀眾一下子炸了鍋。另外，還有董明豔、趙曉嵐、陳正薇等名坤旦也參加了演出。這台戲武功吃重，別出心裁，卓有特色，征服了觀眾，劇場連台客滿。半個多世紀後的二〇〇九年一月十七日，為了號召觀眾，開演所謂封箱戲，在北京長安大戲院再現三位旦角反串《八蜡廟》，可惜當代演員因功底不及，氣力不佳，武打開始後，不得不中途換將，竟出現了兩個諸彪、兩個費德恭、兩個黃天霸同時謝幕的奇觀。京劇藝術淪落到今天之慘澹經營，怎能不讓戲迷們懷舊呢？

一九五三年十月中旬，言慧珠作為私營劇團班主，又積極報名參加了中國人民第三屆赴朝慰問文藝工作團，在朝鮮進行了兩個多月的慰問演出活動。

儘管言慧珠百般真心想跟著時代走，但在劇團所有制的改造中，讓她放棄私家班底，併入國營劇團，她不理解，也不情願，實屬萬般無奈。言二小姐的角大，脾性更大，說話、行事，從來不分時間、地點、場合及對象，總是呼嘯來去，旁若無人；說話又過於直爽，絕不顧及他人臉面，極容易得罪人。這樣的性格也最終導致了她難以迴避的悲劇命運。她先入北京京劇院，後進上海京劇院，她那我行我素的極端個性讓領導「不放心」，她在新型的國營劇團裡十分孤立，陷於長期沒戲演的尷尬窘境；在抵擋不住眾多委屈和窩囊的時刻，於一九五五年一月曾選擇服用安眠藥「自我了結」。

一九五七年五月，言慧珠被調到上海戲曲學校任副校長，五月十一日至五月二十日，中共上海市委舉行宣傳工作會議，京劇界代表言慧珠、李玉茹等分別在會上發言，指出在戲曲工作領導中存在的問題。這次會議標誌了文藝界整風、鳴放運動全面開始。言慧珠的發言主題是「我要演戲」，呼籲「讓我演戲」。她的發言被報刊全文刊載，並被解讀為極端的個人主義，要取得群眾諒解，必須深刻檢討。「反右」開始了，言慧珠對自己的檢討「毫無信心」，老朋友許寅在上海市文化局局長徐平羽的暗示下，去做言慧珠的思想工作。為了讓她拿出一份像樣的自我檢討，許當面「罵」她，氣憤地說：「你不做檢討，戴上帽子，你自己怎麼過暫且不說，小清卿怎麼辦？」小清卿，是言慧珠在一九五五年秋三十六歲時生下的兒子，言慧珠彷彿被電流擊中，雙手緊緊抱住孩子，淚水像斷了線的珍珠，灑滿衣襟……後來言慧珠在文藝界群眾大會上做了深刻檢討和反省，主持會議的徐平羽藉勢說道：「言慧珠同志的檢查很深刻，態度也很好，戴不上右派分子的帽子。」言慧珠在徐平羽和朋友的幫助保護下，艱難地渡過了「反右」運動這一關。會後徐平羽感慨地說了這樣的話：「戴上帽子很容易，可就毀了一個人才，再要培養一個像言慧珠這樣的演員多難呀。所以，今天我竭力主張不給她戴帽子。何況她的檢查確實寫得很好。看來，她的文采也不錯嘛。」應該說當時從中央到地方文化部門的領導對言慧珠是感到頭痛的，既愛惜她的才藝，又怕她風風火火無所顧忌的作風，不知什麼時候會惹出什麼禍來，每有重大演出或出國訪問演出活動，都要通過各種方式找她做思想工作，千叮嚀萬囑咐。

一九五八年一月二十六日，言慧珠抵北京，在準備赴西歐演出劇目的三個月期間，言慧珠住在梅蘭芳護國寺家中，抓住這次來京難得的機會，於準備出國劇目的同時，在梅蘭芳的指導下堅持每晚說戲、排戲，刻苦學習梅派藝術。此時言慧珠步入了她藝術生涯的黃金歲月。她結合自己喜愛崑曲、擅演武戲的長處，把《木蘭從軍》、《天女散花》、《嫦娥奔月》、《貴妃醉酒》、《西施》、《洛神》等都進行了提煉加工，創造性地繼承梅派，開拓梅派表演領域。她演的《貴妃醉酒》突破了「貴而不醉」或「醉而不貴」的通例，創造了「貴而欲醉、醉而猶貴」的意境，具有獨特的藝術魅力。她改編演出的《木蘭從軍》以甜美的嗓音、優美的身段、扎實的武功令行內人欽服；她為《龍鳳呈祥》中孫尚香創造了水袖動作，為《太真外傳》中楊貴妃設計了在一張轉動圓桌上載歌載舞的「舞盤」，每當演出時都能博得滿堂彩聲。她多次與高盛麟合作的《霸王別姬》，被譽為是繼梅、楊二位大師之後的此劇最好經典及最佳水平，完全再現了梅、楊的神韻、風格。

她擔任上海戲曲學校副校長期間，除了教授學生京崑表演技藝，仍不斷登台獻藝，所出演的《百花贈劍》、《長生殿》都極具特色，廣受讚譽。她與俞振飛合演的《牆頭馬上》曾被拍攝成彩色影片。

一九六六年九月十一日，在「文革」中一次備受摧殘的批鬥之後，性格剛烈、一向我行我素的京劇奇葩——言慧珠，在上海自家浴室裡自縊身亡，年僅四十七歲。令人感到更可悲的是，她當晚曾偕子跪在她丈夫面前「託孤」，然而此舉並未引起早已不屑言慧珠死去活來的丈夫俞振飛的在意，面對來勢洶洶的「文革」，頗有「夫妻本是林中鳥，大難臨頭各自飛」的冷淡無情。可憐言慧珠死後還要背負著「自絕於人民」的惡名，以至於其骨灰都沒有被她丈夫認領。打倒「四人幫」後，為言慧珠舉行「平反」追悼會時，已八十高齡的許姬傳撰寫了一副輓聯，廣為國內外報刊所轉載：

驚變埋玉，洛水神悲生死恨；
還巢失鳳，遊園遙想牡丹亭。

在霸州的李少春紀念館裡，有一張五十年代的名伶合影，所有男人穿中山裝，所有女人穿列寧服，這裡面的人包括梅蘭芳和程硯秋，而只有言慧珠穿著貂皮大衣，燙著大鬈髮，坐在邊上，顯得那麼驕傲，卻又那麼另類，那麼寂寞！她生活在一個幾乎沒人懂得她、理解她的世界裡。她最終以死抗爭，結束了她四十七年短暫寂寞的人生！

18 《搜孤救孤》亦成絕響

孟小冬的京劇藝術生涯，並沒有按照她自己努力規劃的那樣，立雪余門重振「冬皇」風華。八年抗戰期間，近六年追隨余叔岩刻苦帶藝學徒，而餘下時空卻是在與世隔絕的極其情緒低迷狀態下生活的。尤其是乃師仙逝後，冬皇「為師心喪三年」而息影。正如言慧珠抗戰勝利後所見，當年紅遍大江南北，可以連演數十場甚至百十場而不歇工的孟小冬，如今卻已是弱不經風的樣子。雖然她始終在堅持和王瑞芝一起說戲、吊嗓子，但戲迷們翹首以盼的「冬皇」，距離舞台越來越遠了。剛剛取得抗日戰爭勝利的苦難中國，又發生了中國歷史上最為慘烈的內戰。隨著一個新中國的誕生，它改寫了中國歷史，它改變了億萬中國人民的命運，它改變世界的政治格局，也徹底改變了「冬皇」的運程。

一九四六年，孟小冬是在上海度過的，王瑞芝始終忠實地伴隨著一個不登台、不演出的名角說戲、吊嗓。孟小冬與姚玉蘭情同姐妹，十分親熱，兩人不分彼此，幾乎形影不離。孟小冬到上海，姚玉蘭立刻便將她迎到邁爾西愛路（今茂名南路）十八層樓的高級公寓。杜月笙和孟小冬自香港一別也已有整整八年不曾見面，對於她的苦心學藝，獲得如此輝煌的成就，愛重之餘，尤有不勝欽敬之感。而此時的杜月笙的日子也不盡如人意，本是奮不顧身的愛國抗日義士，想不到勝利後卻受到老蔣的冷落排擠，頗感心寒，竟一病不起。孟小冬的到來為杜月笙打了一劑強心劑，啟動並延長了他的生命意志。

孟小冬一九三八年十二月拜余叔岩為師，直到一九四三年余叔岩病逝，她曾在暗無天日的淪陷區北平度過八年寂寞黯淡的光陰，以一介弱質飄零天涯。當她受到杜月笙的敬重，姚玉蘭的親愛，溫情和煦，使她心生感激。早年余叔岩病篤的時候，孟小冬曾親侍湯藥、衣不解帶達一月有餘。因此，如果說「看護」病人，孟小冬的細心體貼，早就有經驗，又比姚玉蘭更高一籌。既然在十八層樓與杜月笙、姚玉蘭同住，她也就自然而然兼代起姚玉蘭的侍疾之責。她長伴杜月笙左右，噓寒問暖，這使杜月笙大為感動，沒有想到在他老病纏身的花甲之年，居然還有這一份遲來的真情。孟小冬自從早年北上求師以來，長期得到杜月笙的幫助和關心，杜還為孟在北平東四三條附近轎子胡同買了一所私宅。兩人因互相感激而陷於愛戀，其基本原因就由於這種感情上的相通而來。難得的是姚玉蘭心胸豁達，她也仰慕孟小冬，更瞭解杜月笙和孟小冬由互敬而終至互愛的心理進程，覺得這一份純摯真切的感情相當難能可貴。現在杜月笙已經是抱病延年、行將就木的人了，只要世間還有能夠使他快慰欣悅的事情，姚玉蘭無不樂於讓他盡情地享受。終於一日姚玉蘭當著杜月笙的面拉著小冬的手誠懇地說道：「令輝，眼看國共戰事越打越大，聽說國軍在東北連吃敗仗。杜先生身體大不如以前了，我們都希望妳能留下來。這麼大年紀了，還隻身漂流，到什麼時候為止呢？這裡就是妳的家！妳是美霞的媽咪呀！」為了表示誠意，姚玉蘭還把原來認小冬為義母的次女杜美霞，正式過繼給孟小冬。杜月笙也透過企盼的目光，親切地叫了一聲：「媽咪！」這是他第一次借美霞之口這樣稱呼小冬，「留下來吧，美霞過繼到妳的名下，妳就是她的媽咪。」孟小冬的眼圈濕潤了，內心一股暖流湧起，「阿姐、杜先生，謝謝你們！」冬皇那在茫茫夜空飄浮孤獨的靈魂終於有了歸宿。姚、孟、杜三人了去了埋藏多年各自的心事，孟小冬和姚玉蘭相擁而泣，又破涕而笑。杜月笙望著這氍毹倆姐妹，頓時浮想聯翩：「英雄末路，有此二位紅顏知己伴我，杜某今生足矣。」

一九四七年九月為陝西水災義演暨賀杜月笙六十歲生日，七日、八日孟小冬在中國大戲院連演兩場《搜孤救孤》。孟小冬十分珍惜這

《搜孤救孤》戲單

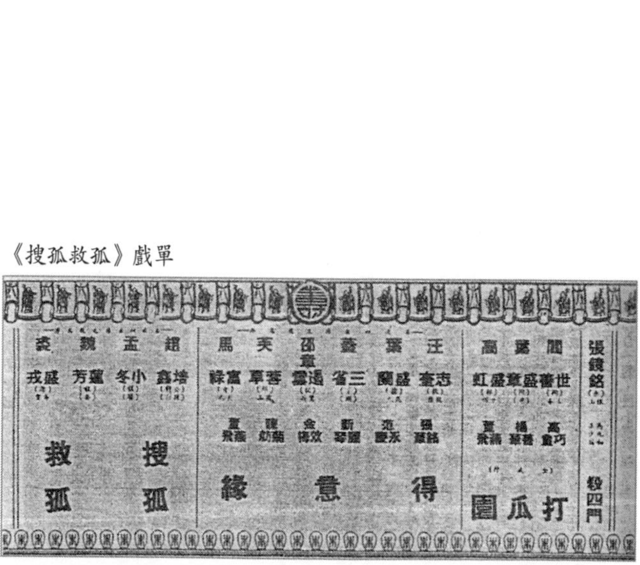

次難得的登台機會，這既是她告別舞台的絕唱，也是她師從余門後，交給熱愛她藝術的觀眾的一份答卷。為此，她為這次演出做了精心準備，原計畫演《御碑亭》與《搜孤救孤》兩齣戲，各唱一場。隨由琴師王瑞芝和鼓師魏惜雲來試吊嗓幾天，後來發現演兩齣戲戲票實在分售不過來（有些觀眾必看兩場），為了擴大戲票發售面，讓更多的觀眾能看到小冬的這次獻藝，總提調金廷蓀只好建議改為《搜孤救孤》演兩場，這樣可以滿足更多的觀眾的要求。《搜》劇中公孫杵臼一角，是杜月笙推薦的票友趙培鑫。趙乃杜之門徒、金廷蓀之義子，從馬連良學戲，玩票多年。冬皇見其全是馬派，允其教演改造。其時，譚富英、麒麟童皆曾登門表示，願配演公孫，冬皇連稱不敢當，再三謙謝而罷。娘子係青衣，用魏蓮芳，乃梅蘭芳大弟子，嗓音調門可以與冬皇相配。屠岸賈係淨角，冬皇與裘盛戎合作多年，輕車

孟小冬一九四七年在上海義演《搜孤救孤》，被譽為廣陵絕響

熟路，遂函邀其由平來滬。安排就緒後，冬皇與趙培鑫和琴師王瑞芝、鼓師魏惜雲等人，每天吊嗓子、排身段，將趙按余派唱唸教會後，再與魏蓮芳、裘盛戎合排對口，最後在杜公館內小戲台進行了十五天響排。孟小冬每天都勒上網子、掛上髯口，還穿上青褶子、厚底，和大家一起認真排練，終使這齣本平常的京劇《搜孤救孤》成為藝術精品，演出效果空前絕後。

這次公開售票振災義演七天，杜月笙壽慶堂會三天盛況空前。金廷蓀擔任壽慶總提調，他為此曾幾次北上故都專程邀角兒。儘管在北平的四大名旦之三，程硯秋、尚小雲、荀慧生都因為有事纏身，不能南來，其餘大牌名角如筱翠花、馬富祿、張君秋、芙蓉草、劉斌昆、譚富英、韓金奎、李多奎、閻世善、李少春、馬盛龍則是一概到齊，加上原在南方的梅蘭芳、馬連良、麒麟童、章遏雲、裘盛戎、葉盛蘭、葉盛長、姜妙香、楊寶森、馬四立、蓋三省、魏連芳等，陣營自是空前堅強，再加上久未登台亮相余派老生、魯殿靈光的孟小冬，聲勢之浩大，堪稱中國戲曲史獨一無二的民辦京劇大會演。北來名伶大都住在金廷蓀的南陽橋「老金公館」，名伶在上海的開銷，在義演票房收入項下支付，各位大腕則一概不支酬勞。他們唱純義務戲，所有售票收入一律移充全國各地賑災之用。七天公開售票的義務戲演下來，杜月笙大概籌到一百億左右的鉅款。這一筆數目，即使在物價日漲的一九四七年也是相當可觀。義演和堂會前後歷時十天，杜月笙由於生病，一場女子戲也沒有看過，倒是不少北來名伶，紛紛地上十八層樓探疾。杜月笙在病榻上向他們連聲道謝，並且也答應了他們的要求，只要喘疾稍癒，精神體力許可，他一定要抽出時間跟大家聚一聚。值得一提的是，梅蘭芳在十日之內連唱三齣堂會大軸、五齣義演大軸，僅只迴避了與孟小冬同台的兩場賑災義演，這更是豈同小可，非比尋常。要不是梅蘭芳和杜月笙交誼深厚，推說一聲「跟孟小冬同時演出多所不便」，他比程、荀、尚三大名旦更有理由不來參與這次杜公大壽的的堂會和賑災義演了。杜月笙為了表示對這些參加義演和堂會演出的主要演員表示感謝，特別贈送了包括孟小冬在內的每人一塊金錶以資紀念。

孟小冬在《搜孤救孤》中，自飾程嬰，趙培鑫飾公孫杵臼，裘盛戎飾屠岸賈，魏蓮芳飾程妻，司鼓魏惜雲，京胡王瑞芝，月琴閔兆華。演出盛況空前，中國大戲院門前人頭鑽動，車水馬龍。由於孟小冬事先聲明這是她最後一次公演，所以未演先轟動。川、陝、平、津、台的戲迷，都是坐飛機買黃牛票來聽戲的。那真是一票難求，五十萬元（舊幣）一張門票，竟被黃牛炒到五百萬元一張，還買不到。以致當晚馬連良要看戲，只得在過道加了

《搜孤救孤・定計》一場，左孟小冬飾程嬰
右趙培鑫飾公孫杵臼

凳子。各界人士贈送的花籃排了有一里路長，全部花籃折款竟達十二億（舊幣）之多。而當年有幸在現場觀看和通過收音機聆聽的人，除了「此曲只應天上有」的評價，簡直無話可說，孟小冬的兩場《搜孤救孤》也被譽為「廣陵絕響」。當時買不到票的戲迷，為了聆聽演出實況，掀起了搶購收音機的狂潮，上海各百貨商店的收音機竟然賣光。

那天四大鬚生之一的馬連良先生與後來香港《大成》雜誌主編沈葦窗是合坐在一個凳子上看完了這齣戲，而且連連給孟小冬喝彩。當〈定計〉一場，趙培鑫之公孫杵臼唱畢坐定，冬皇之程嬰出場，扮相、台風瀟灑飄逸，不由不彩聲雷動，緩步走到台口，唱「屠賊做事心太狠，三百餘口赴幽冥」，嗓音甜潤嘹亮，韻味雋永，觀眾目光，全被吸住，劇場內鴉雀無聲。冬皇歌罷，轟然彩聲齊鳴。定計時，公孫杵臼問程嬰出了什麼驚天動地之事時，程嬰順

在杜月笙力勸下孟小冬便裝謝幕

手將椅子拉一下，湊過身去，表示怕被外人聽到的意思，這樣生動的表演形式，是孟小冬獨有的生活細節藝術的再現，馬連良看到這兒，情不自禁地大聲喊「好」。

第二場勸妻捨子，妻子堅決不肯，程嬰只好一個人在客座上生悶氣。公孫杵臼來了，抬頭稍打招呼，並未起來迎客。稍愣一會兒，才想起來者是客人，才趕快起來，把公孫讓到客座，自己坐到主位。冬皇把程嬰氣急敗壞的心情演繹得入木三分。〈公堂告密〉一場，奉命鞭打，此為全劇之高潮。程嬰對屠岸賈有大段說白：「小人與公孫杵臼，本有八拜之交……為此特地前來稟報大人」，越唸越快。湖廣音字字有力，緊俏非凡，道白時雖是跪地背對觀眾，而台下字字聽得清楚。奉命鞭打，程嬰唱【二黃倒板】「白虎大堂奉了命。」小冬唱「虎」字用強烈的腦後音發出，全場氣氛立刻變得緊迫肅穆。屠岸賈復高聲命「重重地打」，顯係有心試驗真假。此時，程嬰心情緊張、矛盾，乃不覺衝口唱出：「都只為，救孤兒，捨親生，連累了，年邁蒼蒼受苦刑，眼見得兩離分。」一大段，越唱越高，一氣呵成，聲情並茂，銀河直瀉，並在「搓錘」鑼經中有甩髯口、左右看的動作。博得觀眾盪氣迴腸，不容不滿場喝彩，聲震屋宇。再接唱【原板】「手執皮鞭將你打」，亦有繁複身段，並通過眼神暗示公孫杵臼，來表現程嬰的複雜心理。法場祭奠，唱做情形，念友惜兒，氣氛一變，受路人叫罵而無法分辯，欲一撫親生而不敢近前。唱：「法場上，看的人都來叫罵，一個個，罵的是我程嬰是一個無義的人。」行腔特別，哀怨交迸。唱到「無奈何燒紙把酒奠」，竟唸出「我那親……」，急停，四下張望，才敢低聲再唱「我……我的兒啊」，腔調迴旋低沉，以示悲泣不能成聲。表情至此，全場觀眾歎為觀止。

最後一場，法場祭奠已畢，屠岸賈欲賞賜千金，程說：「小人不願領賞，小人家有一子，與孤兒般長大，今將孤兒出首，唯恐旁人加害我父子，望求大人格外施恩，替小人做主。」屠說：「將此子抱來我看。」程見屠岸賈中計，唱：「背轉身來笑盈盈，奸賊中了我的巧計行。」邊唱，邊做，邊走，面上露出得意之色，拔足下場。其身段邊式而文雅，唱做合一，以身入戲，真是妙不可言，與普通伶人於舞台上之賣弄、造作、浮俗，不能比也。

等到最後屠岸賈把孤兒認作義子並安排程嬰吃一碗安樂茶飯時，孟小冬卻站在那裡，完全是一副「大事已畢，如喪考妣」的神態，真是表演得細膩入微，令人拍案叫絕了。

那兩天的上海灘是家家打開收音機，戶戶收聽孟小冬的演出實況。這齣戲，孟小冬每個腔都唱得讓人回味無窮。這並非後人杜撰，幸有現場錄音傳世，足以讓人領略一二。難怪四大鬚生之一的譚富英先生看完戲後連聲稱絕，遇人便說：「小冬把這齣《搜孤》給唱絕了，反正我這齣戲是收了。」收了，就是再不唱了。馬連良先生後來再沒有唱過，也沒說什麼，但是後來他把《搜孤救孤》改成了《趙氏孤兒》，難道不是服氣嗎？

京劇表演藝術家譚元壽回憶那天的演出盛況說：

這件事情到今天過去整整六十年了，就還跟昨天的事情一樣，如果不是親眼目睹，那真不敢瞎說，就一齣《搜孤》有什麼呢？哪個唱老生的沒學過、沒唱過？可那天，可以這麼說，全國的老生，所有參加為杜月笙祝壽演出的人，除了一個人外，凡是有個名的都到齊了，後台邊幕都站滿了咱們內行的人。說句不客氣的話，那個陣勢誰見了也得發怵，不要說出點錯，就是有一個音唱得差那麼一點點，哪個同行能裝糊塗？結果人家孟先生唱得那叫講究，就那個「白虎大堂」的「虎」字，高聳入雲，聲如裂帛，誰聽了能不動情？能不佩服？就這麼一齣極其平常的戲，讓人家孟小冬先生唱絕了。她唱得非常精練，每句唱腔都很乾淨，收音都特別帥氣，沒有任何拖泥帶水的地方。唱到這個程度，在咱們京劇的歷史上真可以說是空前絕後。如果讓我比喻的話，真可以說就跟爆炸了一顆原子彈一樣。

譚元壽先生所言：「所有參加為杜月笙祝壽演出的人，除了一個人外，凡是有個名的都到齊了。」那一個沒有親臨現場觀摩的圈內人士，正是多有不便的梅蘭芳先生，但他也仍然是對冬皇的演出備加關注的。事後，據梅蘭芳的管事姚玉芙說，孟小冬演了兩場《搜孤救孤》，梅先生在家收聽了兩次電台轉播……

孟小冬演完戲之後立即進後台卸裝，而觀眾群情亢奮，久久不肯退場，紛紛要求見見便裝的孟小冬。而孟小冬則堅持不肯出來，她表示：「如果我把戲唱砸了，當然出去向觀眾謝幕，賠不是。但我並沒有唱砸，為什麼要出去謝幕呢？」雖經多人勸說，她仍然固執己見。最後還是抱病前來助興的杜月笙出來勸說：「台下的觀眾實在太熱情了，如果不出去謝幕，觀眾都不散去。」小冬盛情難卻之下，想出一個主意，她對杜月笙和眾人說道：「要我謝幕可以，但不能白謝，希望台下的有錢人得拿出錢來救濟災民。」消息宣布後，台下的觀眾紛紛響應，大家爭先恐後地在裝訂好的捐款簿上簽了各人捐款的數額。孟小冬重新戴上高方巾，掛上髯口，款款地走到台正中，向台下雙手合十微微點頭示謝，即回後台。後來，又應觀眾要求便裝出場再次謝幕。一位京劇演員受到觀眾如此厚愛，她所演的一齣戲留下的千古絕唱，在沉寂了半個世紀之後，再次在中華大地的上空迴響。當時的盛況至今還在被人們津津樂道地傳誦，這在中國戲曲史上恐怕也是空前絕後的了。

《搜孤救孤》一戲經孟小冬一唱而紅，成為余派老生精典之作。孟小冬說到做到，從此息影舞台，一齣《搜孤救孤》竟成為廣陵絕響。

杜月笙晚年在香港家中

19 入住杜門知恩圖報

「只是一切都過去了罷。」這句當年孟小冬時時掛在嘴邊的話，到了最後，居然成了她唯一的自慰之語。當暮年的孟小冬一個人在香港守著那份寧靜，並以自己的畢生心血傾心教導著後輩們時，她早已不是當初那個剛從上海走出去的名伶了。她在自己經歷了人生輝煌與悲涼之後，不辭辛勞立雪余門，繼承了余派京劇的衣缽，讓她的一生有了不可磨滅的傳奇。「冬皇」的故事，到最後只是一個餘韻瀰散的無奈終結。梅孟、杜孟的故事，也如繁花落盡般只剩纖塵。對於沒有經歷過那個紛爭時代和沒有感受過那些悲歡離合的人而言，孟小冬的傳奇永遠值得在情感的世界裡回味。但是，當她的時代過去之後，我們便只有在偶爾聽到黑膠老唱片裡那蒼涼的唱腔時，才會想起那個特立獨行的名伶，她曾經是一位雍容華貴、溫文爾雅的絕代佳人，然後是一名歷盡辛酸的紅顏薄命女子。這，是不是一種遺憾，或者說叫做悲劇呢？

這次上海義演，是孟小冬京劇舞台藝術的巔峰，又是她舞台生涯的絕響。這次孟小冬上海之行，使她做出了她人生的又一次重大決擇。杜月笙對孟小冬心儀已久，他要她安心留在上海，把杜公館當作自己的家，不必拘謹，等有合適的機會，一定讓她再度登台。這使孟小冬感受到了有生以來少有的溫暖和安全，於是她決心留下來成為杜家的一員，與姚玉蘭一起侍奉杜月笙。據孟小冬的侄子孟俊泉先生回憶，他的姑母是於一九四七年離開北平，再也沒有回家。

孟小冬從此正式入住杜府，雖然孟已人過中年，而杜也剛剛年逾花甲，但二十多年的知己知彼卻相互影響、改變著對方的人生軌跡。而他們之間仍保留著男女之間的一份純真，又是何等的高尚。此時，杜月笙已是老態龍鍾，病入膏肓；孟小冬也已是昔日黃花，青春不再。而他們卻是相親相愛，如膠似漆，這在旁人看來，簡直是不可思議之事。一天，陰雨綿綿，杜府難得的清靜，杜月笙首次向孟小冬敞開了自己的心扉，他拉著小冬的手，若有所思

孟小冬和杜月笙在一九四八年在上海

地說：「儂曉得儂是啥個地方吸引我的？」孟小冬也首次用上海話發出了她作為女人的嗲聲嗲氣的聲音：「啊喲，儂想的事體，阿拉當初還是小囡，哪能曉得。」杜月笙娓娓向孟講述了自己對孟之情感的初衷。他告訴小冬，極有男子氣質的她，作為色藝雙絕、少年成名的名伶，孟的孤傲非同一般，這正是當初孟小冬吸引杜之處。後來孟小冬在藝術上取得的成就和人生道路上的我行我素，都讓杜月笙感覺他們二人是何等的相通相似。例如，北平淪陷期間，孟小冬獨居北平。汪偽的代總統陳公博來北平，華北偽官吏為博其歡心，設筵於懷仁堂，傳召各坤伶陪酒，並各唱一曲。傳到孟小冬時，孟先提三項條件：

㈠去了就唱一段戲。

㈡吃飯陪酒不可能。

㈢到了就唱，唱完就走。

因怕沒有孟出席會被陳公博見怪，主事者勉強答應。孟匆匆而來，草草一曲即藉詞他去。而其餘坤伶如李XX等，即席膜拜，大喊「乾爺」不止，獲賞頗豐。而在孟小冬身上卻沒有一絲一毫奴顏媚氣。一九四七年杜壽義演，觀眾買了貴過黃金的票價，有的從外地甚至國外乘飛機來捧場。演出完畢，全場觀眾久久不肯退場，要求孟小冬謝幕。謝幕雖是外國傳進來的禮儀，且國內名伶從二十年代就已經開始謝幕了。孟卻執意不肯，就認準一個理兒：「我唱了半天，還得謝謝觀眾？我又沒有唱錯了，憑什麼讓我謝幕？」親友名角，輪番苦勸，她一概不理。台上台下，僵持了一個多小時，最後還得他杜月笙親自到後台商請，她才勉強同意。她平日在家專制，認為其妹孟幼冬唱腔不純，就不許在家唱；妹妹為了維持生計要唱，就被她趕出家門。一九四五年慶祝抗戰勝利，程硯秋與她通過電台向全國播唱《武家坡》的消息，振奮人心轟動一時。到了時候，電台人群擁擠，播音室門禁森嚴，人們只能擠在休息室聽廣播。卻不料她大小姐勉強唱了一句【導板】「一馬離了西涼界」，就因身體不適離開電台回去休息了，由早已準備好的楊寶森接著唱。以往一齣戲由兩個角兒前後分著唱是有的，但是只唱一句【導板】，恐怕中國戲劇史上，除了孟小冬就再也沒有他人了。

杜月笙講述孟小冬的傳聞故事如數家珍，說得小冬倒不好意思起來，笑道：「儂聽啥人講的，拿來取笑我。」杜月笙感慨地說：「唉！阿拉卻沒有想到儂這樣清傲的人，會這樣細心地照料我，多虧有儂和玉蘭在我身邊，不然的話就慘啦！」

20 抗戰勝利免死狗烹

一九四五年八月底，在全國歡慶抗戰勝利的喜悅氛圍中，五十八歲的杜月笙返回闊別八年之久的上海。火車上的杜月笙有喜有憂，心事重重。

杜月笙喜的是自己在抗戰中不但沒有像上海另一「大亨」張嘯林那樣落水當漢奸，還積極參加了各種抗日救國運動。他和黃炎培等籌組上海市各界抗敵後援會，為抗日活動募捐了不少錢款；組織了抗日民間武裝「蘇浙行動委員會別動隊」，多次配合正規軍作戰；他還部署門徒協助軍統刺殺了上海市偽市長、大漢奸傅筱庵以及自己幾十年的把兄弟、投敵的張嘯林。有這樣的累累功勞，如今抗戰勝利，杜月笙想蔣介石理應給他一碗好飯吃，當時上海坊間也確實傳說他即將被任命為上海市市長的好消息。

而老於世故的杜月笙十分明白，抗戰勝利後上海的租界消失了，市政歸於統一，他的組織不僅失去了賴以生存、繁衍的勢力環境，而且失去了最有力的後援——西方列強的在滬勢力，他和他的集團已不再具備勾結外國的媒介和租界別動隊的價值；國民黨現盡可使用軍隊、警察、特務等統治上海，犯不上再利用這股名聲不好又頗難駕馭的幫會勢力。他杜月笙過去呼風喚雨、縱橫捭闔的好時光只怕要成為明日黃花了。

果然不出所料，立即有消息傳來，上海市長一職已由錢大均出任；壞事倒比想得還糟：杜月笙人還未到上海，上海北站已出現大字標語：「打倒社會惡勢力！」「杜月笙是惡勢力的代表！」「打倒杜月笙！」驚惶之下，杜月笙臨時決定改在南站下車。下車時冷冷清清，沒有一名政要迎接。杜月笙得知，使他一返滬就挨當頭一棒是他的門生吳紹澍主使。當過他十年徒弟的吳紹澍，如今已是身兼上海市政治軍事特派員、上海市副市長、國民黨上海市黨部主任委員等六職的接收大員了。吳紹澍知道蔣介石「對幫會的長遠政策是消滅」的內部精神，他既要和杜月笙脫離瓜葛，又要扳倒杜月笙為己樹威，因此公開向杜月笙樹起叛幟。杜月笙尷尬抵滬後一直等待他的拜見，然而始終不見人影。後來吳紹澍終於上門，杜月笙大喜，抱病熱情接待，不料吳紹澍態度倨傲，丟下幾句官話即揚長而去。杜月笙的親信顧嘉棠、葉焯山及杜門中人咬牙切齒，發誓要把「欺師滅祖」的吳紹澍剁成肉泥。杜月笙強壓怒氣，一一勸止。他很清楚，如今已非當年矣。

接著，打擊接踵而來。他的門徒謝葆生因漢奸罪被槍斃，他也相救不得；他的總管家、萬昌米行老闆萬墨林被上海市警察局長宣鐵吾捉進監獄，罪名是：「經營私運，壟斷糧市，操縱物價，資款作弊。」甚至，杜月笙本人後來也被變相扣押。國民黨在上海徵集「救濟特捐」支撐內戰，籌款目標無法達到，宣鐵吾就變相扣押杜月笙八小時，杜月笙被迫出錢才贖回自由之身。上海市當局已把當年的「親密朋友」杜月笙當成重點打壓的對象，杜月笙及其集團的伸展空間大為壓縮。他悲哀地看到，昔日左右逢源、一呼百應的黃金時代一去不返了。

在不斷地被動挨打之中，杜月笙逐漸緩過勁來。畢竟，他在上海有完整的班底，有一批精心栽培多年的得力幹將。杜月笙一邊韜光養晦以適應新局，一邊努力重建「滬上聞人」的尊榮。首先，他通過國民黨上層最可依賴的密友戴笠開始收拾吳紹澍。戴笠抓住吳紹澍私放汪偽上海稅統局局長邵式軍以謀取錢財的鐵證，以「縱放巨奸、吞沒逆產」的罪名呈報蔣介石，不久中央電令下達，先是免了吳紹澍的副市長職務，接著又罷黜了他兼任的上海市社會局局長一職，改由接近杜月笙的中央委員吳開先繼任。吳紹澍從此一蹶不振，杜月笙「被徒弟欺負」而失去的顏面得以挽回，長長出了一口惡氣。

一九四八年八月開始，為挽救統治危機，蔣介石以蔣經國為特派員，到上海執行財政經濟緊急措施，進行打擊鉅賈、富戶、大官僚的活動，此活動被稱之為「打虎」。杜月笙知道自己已被看成上海社會複雜、局面混亂的總根源，這次一定會首當其衝，立即叮囑長子杜維藩將其維昌證券號關閉去北平躲避。但其三子杜維屏還是被蔣經國抓住把柄——場外拋售永安紗廠股票二千八百股，於是鋃鐺下獄，登報示眾。被逼到牆角的杜月笙在蔣經國召集的上海工商、金融巨頭會議上公開發難，他說：「我本是個壞人，但總統執政以來，把我當好人，我就沒做過壞事。我兒子的事，料想當局會調查核實，秉公辦案，我完全服從政府。不過盡人皆知，揚子公司囤積的物資是上海首屈一指的，王子犯法與庶民同罪，也望特派員一視同仁，查實公辦，這樣才能服人心。如果找不到該公司倉庫，在下可以派人擔任嚮導！」言畢即稱「身體有恙」拂袖而去。杜月笙所說的「揚子公司」即孔祥熙的長子孔令侃和二小姐所有的揚子建業公司！他這番話立即傳遍上海，很多人為之折服。蔣介石聞知「打虎」打到了自家頭上，立即趕往上海命令蔣經國再不可蠻幹，杜維屏也被釋放。

在這有進有退、有得有失中，杜月笙勉力維持著「龍頭老大」的體面，卻對國民黨的憤恨與日俱增。他對密友范紹曾說：「淪陷時上海無正義，勝利後上海無公道。」還說：「過去帝國主義統治租界時期還有些建設，秩序也比較好，國民黨來了以後只知道要錢，搜刮民脂民膏的手段超過帝國主義十倍不止。」甚至還逢人便說蔣介石拿他當夜壺，用完就往床底下一扔。幾番沉浮掙扎，看透了當時國民黨政權的卑劣腐朽，雖然也戴上了全國麵粉業公會理事長、全國棉紡織業公會理事長、全國輪船業公會理事長、中國紅十字總會副會長、上海市地方協會會長等七十多個桂冠，身患嚴重哮喘症的杜月笙自己已深感力不從心了。

21 大難臨頭各奔西東

一九四八年，三大戰役結束，內外交困中的蔣介石被迫下野。杜月笙知道蔣家王朝氣數已盡，開始謀慮去從。為退路辦了三件事：賣了杜美路上的一處公館，得款六十萬美元；一改過去任意揮霍為量入支出，裁減雇員，緊縮開支；並去了香港一次，物色準備購買的住宅。此間，中共中央社會部副部長潘漢年和夏衍一道去探望過杜月笙，杜月笙向他們保證說：一旦中共接管上海，一定安分守己。今後不管局勢如何變化，絕不再做反共之事。

杜月笙在時局的變幻時刻，並未食言。

一九四九年初，由於內戰影響，秦皇島解放區運往上海的煤炭運輸受阻，上海的大多數船隻因缺乏燃料，無法啟航。身為中國海事建設協會主任委員、全國麵粉公會理事長的杜月笙為了擺脫輪船航運業的困境，主動向中共中央提出以上海的救濟麵粉換取秦皇島煤炭的建議。同年二月十三日，毛澤東、周恩來覆電杜月笙等人，對上述建議表示同意。電文說，「恢復華北、上海間航運，以利生產之發展極為必要。」對杜月笙等派「大上海」、「唐山」兩輪北駛，並派員至華北接洽，表示歡迎。電文指出：「所謂華中、華南中國船舶開往華北口岸，將不許駛返回原地，純係報紙造謠，流言止於智者，先生等不應置信。」在中國共產黨的堅決支持下，也由於杜月笙等人的努力，國統區和解放區實現了解放戰爭時期的首次通航和通商。二月十七日，周恩來在為中共中央起草的葉劍英轉李克農的電文中，肯定了「杜（月笙）這次主張通航就是為人民做了一件有利的事。」周恩來在指示電中明確指出：「對杜月笙的方針，就是要他努力使上海不亂，保護上海工廠、銀行、公司、商店、船隻、飛機不受損失，不使南遷，等待人民解放軍前往接收。杜果能這樣做，不僅中共可與之合作，上海人民亦將寬恕他的既往。」

「下野」後的蔣介石也沒有忘記杜月笙，一九四九年四月十日，在復興島召見了杜月笙，對他說：「上海看來是難以守住的了，杜先生應有所準備，必要時攜家小去台灣，協助黨國共圖復興大業。」杜月笙似乎料到蔣介石的這番「關心」，爽快地說：「謝謝總裁的關懷！」

「去年，發行金圓券的時候，他們把令郎扣押了，我事先不知道，否則，我是不會讓他們那麼胡鬧的。你不要往心裡去。」

「事情都過去了。請總裁放心，我不會放在心上的。」

蔣介石曾聽說，中共方面曾委託黃炎培等人出面，勸杜月笙留在上海，他是不願杜月笙被「統戰」過去的，便以告誡的口吻加了幾句：「民國十六年清黨時，杜先生為剷除共黨、鼎定上海立下大功，也因此與共黨結怨甚深。他們絕不會放過你的，切不可有絲毫的僥倖，還是早點去台灣好。」杜月笙的話仍是半明半暗：「總裁放心，我對共產黨絕無僥倖心理。」這是杜月笙與這位相處了二十多年的老朋友的最後一次見面。

對於何去何從，杜月笙心中早有盤算。早在四八年遼瀋戰役結束前，杜月笙就命女兒杜美霞冒著危險到北平，代嗣母孟小冬向孟母張雲鶴辭別，可見其對內戰局勢發展的預判和遠見。雖然中共方面通過潘漢年、黃炎培等勸他留下，但他自知反共二十餘年，「四・一二」反革命政變時，就誘殺了包括上海總工會委員長汪壽華在內的不少共產黨人，可謂血債累累，所以不敢不走。至於去哪裡呢？與蔣介石嫌隙既生，孑然一身去台灣，還不是寄人籬下？杜月笙選擇了去號稱自由港的香港。杜月笙的這一聰明絕頂的決定，可謂他對中國政局的發展及未來的變數是知己知彼的老謀深算。後來的歷史證明，他在晚年面對時局變幻莫測的關鍵時刻，做出的重大決擇，不僅使其能於危難中安享壽終正寢，也使包括孟小冬在內的自己一家親人，躲過了後來在中國大陸發生的浩劫。

在杜月笙老一輩的朋友中，他聽說黃金榮遲疑復遲疑，遷延又遷延，最後終於決定拚死留在上海。杜月笙曾經扶疾往訪黃老闆，力勸他的金榮哥預早為計，和他一樣，做避難香港的打算。當時，黃老闆推心置腹，向杜月笙吐露自己不得已的苦衷：「月笙，我老了。這些年來，我跟你的境遇不同，我是能不出門便不出門，能不動頂好不動。你算算，我今年已經八十歲，俗話說：『人生七十古來稀。』我活到了八十一，就已經多活了十一年，今夜裡死或者明早死，對我來講都是一樣的。」

黃金榮接下去娓娓細訴說，自從他六十歲那年正式宣告不問世事，安享餘年，他生活的目標就只剩下每天抽幾筒大煙，上一趟澡堂泡個浴，湊幾位牌搭子碰幾副銅旗。除此三者以外，無復他求。因此，他堆滿一臉苦笑告訴杜月笙：「月笙，你替我想想，假使我去了香港，頭一樣，差館裡發現我抽大煙要捉。第二樣，你叫我到哪裡去找碰銅旗的搭子？第三樣，香港沒有澡堂，能否容我這八十多歲的人每天去泡趟浴，都是問題。何況，樹高十丈，葉落歸根，我已風燭殘年，能有幾年好活？好歹我也死在家鄉。」

杜月笙聽他金榮哥說得如此懇切透澈，心知其意已決，也就不再勸了。當他告辭出來時，突然感到這便是最後的訣別，忍不住灑下了幾滴熱淚。

一九四九年四月二十七日，上海春意盎然，正是「風吹新綠草芽折，雨灑輕黃柳條濕」的景致，可是四周隱約傳來的隆隆炮聲，打破了尋春人的悠閒心境。市中心高樓林立之下，國民黨軍隊行色匆匆，明顯看出兵敗如山倒的恐慌氣氛。這座東亞最大的工業城市，就要改朝換代了。在華格臬路杜公館門前，形銷骨立的杜月笙黯然神傷，他在孟小冬的的攙扶下，最後繞著杜公館緩緩走了一圈，已是氣喘噓噓，輕聲道：「媽咪，我們走吧。看來，上海灘是回不來了！」語氣不勝傷感，兩眼潮濕，兩條腿彷彿軟了，沉甸甸地倚在小冬瘦弱的身上……

一九四九年五月一日，解放軍四十萬大軍圍攻上海前夕，宜興、長興、吳上興三處周邊據點國民黨軍倉皇撤離上海，上海情勢驟形危急，杜月笙不能不走了，他起先還想坐飛機一腳踏到香港去。但是，給他看病的醫生一致反對，他們認為杜月笙健康情形太壞，坐飛機有生命危險。醫生的話不能不聽，迫於無奈，杜月笙只好決定乘船。

這時，急於逃出上海的人太多，買一張去香港或台灣的船票，簡直難於登天。杜月笙走時，太太、朋友、保鏢、傭人，還要跟上一大群，急切之間難於買到理想的艙位，所以當這大隊人馬登上萬噸的荷蘭渣華公司客輪「寶樹雲」號時，艙位都是分散開來的，杜月笙、姚玉蘭和孟小冬，三個人只有一間頭等艙，艙內兩張單人床，外帶三等床位一張。因此，姚玉蘭和孟小冬商量好，排定時間，兩個人輪流值班，照顧杜月笙，一人一班幾個鐘頭，時間一到就去那張三等鋪上休息一會。時值杜月笙喘疾大發方告初癒，身體極為衰弱，在此情形下匆匆上路，大有「扶上雕鞍馬不知」之感。這次離開土生土長、血肉相連的上海灘，他心裡早就明白今生今世不會再回來了，改朝換代，大局已定。現狀和他的精神體力都不允許其有所作為了，英雄末路，他內心中充滿著無限的淒涼感慨。「寶樹雲」荷蘭輪通過黃浦江，直駛吳淞口，杜月笙兩眼呆滯地望著自己的出生地浦東高橋轉眼即失，他竟觸景生情地聯想起《霸王別姬》中，英雄末路的項羽的悲涼處境：「咳！想俺項羽呵！力拔山兮氣蓋世，時不利兮騅不逝；騅不逝兮可奈何，虞兮虞兮奈若何！」不由潸然淚下，顫抖的雙唇脫口誦唸：別兮，我的故鄉！別兮，我的上海灘！

艙外的步聲雜遝，人語喧譁，杜月笙呆滯的表情稍微鬆弛，他轉動眼珠望瞭望侍坐一旁的姚玉蘭和孟小冬，發出一聲長歎，滿臉苦笑地說：「我守了一輩子的寡，差一點就失了節。」姚玉蘭懂得，杜月笙係指他終於毅然決然，掙出重圍而離開上海。「就是嘛，」姚玉蘭順著他的心思說，「可見得一個人凡事都該自己有主張。」孟、姚輪流在頭等倉中服侍著這位落難的「上海灘皇帝」。杜月笙望著小冬那怨怨愴愴的神態，聽她說起為余叔岩侍病的情節，難得啊，她一輩子服侍了兩個垂危的病人……

孟小冬和姚玉蘭是在茫茫的海上，在顛簸流離的途中，聽杜月笙講完了自己被老蔣「當夜壺使」的故事。對於杜月笙的一些讓人聽來毛骨聳然的複雜政治史，孟小冬並不介意。二十多年來，他曾無怨無悔地不圖任何回報地幫襯她，她只認定杜月笙是一位講義氣的英雄，就像她在舞台上扮演過的駱宏勳一樣，是一個可以信賴的男人。她心甘情願地為這一難得知己奉獻出自己的一切，以至於告別了她曾視為生命的戲曲舞台，告別自己年邁的母親和親人，而不計任何得失、無怨無悔地跟定已經走向窮途末路的杜月笙。

孟小冬於香港

22 香港寓公殘陽西下

一九四九年五月三日，船抵香港。杜月笙在堅尼地十八號安頓下來了。隨後，杜公館的各色人等陸陸續續地到了香港。堅尼地十八號房子不但不合理想，而且不成格局，廳不像廳，房不像房，真正能派得上用場的，簡直數不出幾間。但是，落腳杜公館的人可不少，除杜月笙外，有三太太孫佩豪和她生的三子維屏、四子維新，四太太姚玉蘭和她生的七子維善、八子維嵩與女兒美如，孟小冬與嗣女杜美霞，長子維藩夫婦已經有四個兒女，光是家中的眷口便有二十多人，何況還有跟出來的隨從、司機、廚師及其下手、男僕女傭等傭人就占了十個之多。而堅尼地十八號一樓一地的房子，樓上住的是陸根泉一家，樓下杜公館，既無庭園，又缺圍牆，外面的人朝裡望，可謂「開門見山，一目了然」，全屋精華所在唯有一間半圓半方的大客廳。正房只有三間，其餘小房都是將就用走廊空隙隔出來的，一間做了祕書胡敘五的辦公室，另外三間住了杜美如和杜維善、維嵩兩兄弟。姚玉蘭和孟小冬的兩間附在杜月笙的大房間外面，劈面相對，而且聲息相通。將這幾個人勉強分配好房間以後，再要住人，便毫無空隙。廚房邊一小間只夠住一兩個傭人，其他的傭人必須住在外面，只好每天早出晚歸。眼下杜府的狹小雜亂生活環境，對獨居慣了北京獨門獨戶四合院的孟小冬來說，實在是不會有什麼好心境，但是為了報答杜月笙數十年知遇之恩，她已沒有任何不能忍受的事情了。

孟小冬和姚玉蘭合住一座屋頂下，共同陪侍風燭殘年的杜月笙。除了悉心調理病人之外，唯一使孟高興的是每逢星期五在杜府的清唱雅集。當時經常去杜府吊嗓的只限於至親好友，必到的有錢培榮、趙培鑫、吳必彰、趙班斧、朱文熊、萬墨林等人。馬連良抵港之後，幾乎每日必去杜府。琴師是三位頂尖高手：一位是余門兩代（余叔岩、孟小冬）的琴師王瑞芝，一位是徐蘭沅關門弟子任莘壽，另一位是郭曉農。雅集自然是以孟小冬為中心。「因為杜公館有冬皇孟小冬在，旅居香港的名票、名伶都趨之若鶩，莫不一履為無尚之嚮往，莫大之榮幸。」

孟小冬經常吊嗓的段子有《烏盆記》的【反二黃】，《洪羊洞》的【原板】、【慢板】，《八大錘》的【原板】等。這些都由錢培榮用大盤磁帶錄了下來。

一九五〇年，楊寶森、張君秋、姜妙香、王泉奎應邀到香港演出。當時馬連良還沒離港，就與楊寶森合作演出了《范仲禹》，他倆分飾前後范仲禹。當年在北京，楊寶森曾向孟小冬請益余派唱腔，得到過孟的讚賞和鼓勵。這次孟小冬和名票趙培鑫都欣然到劇場給楊寶森捧場，引起香港新聞界重視，倍加宣傳，一時全香港為之沸騰。

抵達香港後，杜月笙由於精神、體力的關係，加以當時環境之所限，心情蕭索，早已失卻創辦事業養家活口，做長期打算的壯志雄心。這麼一大家人的生活所需，加上他自己每月要港幣兩萬以上的龐大醫藥費用，光只堅尼地一處一月開銷至少也得港幣六萬之數。杜月笙帶一大家人到香港，他打的是什麼算盤？只好「坐吃山空」，用光為止。這位當代聞人、昔日揮金如土的上海大亨杜月笙，如今卻在經濟上倍感壓力沉重。一九四九年離開上海的時候，他一共只有兩筆財產，其中之一是美金十萬，當年曾因預儲子女教育費的關係交給了好友宋子良（宋子文弟），請他帶到美國代營「生意」。另一筆，約有美金三十萬，這是出售杜美路那幢渠渠華廈之所得，在楊管北的幫助下早已提出預存於香港，留下來應付杜月笙逃難到香港的生活所需。在香港寄居，杜月笙已無事可做，只能坐吃山空。前途黯淡，一片渺茫，漸漸讓這位曾經不可一世的上海灘巨無霸，失去了生活下去的勇氣，情緒的消沉使他身體更是雪上加霜每況愈下。

香港的氣候一變，杜月笙的喘病即發。杜月笙治喘照樣是中西並重，藥石兼投，常來為他把脈開方子的醫生，有中西醫七位之多，都不是碌碌之輩。醫生一多，究竟該用誰的醫法，該吃哪位開的藥，家人不敢做主，唯有杜月笙自己決定。因此「久病成良醫」的說法應了驗，杜月笙反而變成自己的主治醫師了。他自嘲地對小冬說：「如今我是拿藥當飯吃，拿飯當藥吃了！」孟小冬看著被疾病折磨的杜月笙痛苦的樣子，強裝笑顏地哼唱起《珠簾寨》：「昔日有個三大賢，劉、關、張結義在桃園……」孟小冬的優雅歌唱，使杜月笙的呼吸立刻勻暢了許多，緊鎖的雙眉頓時舒展開來，兩個人燦爛的雙手緊緊地握在了一起。孟小冬攙扶著杜月笙望著窗外如血殘陽，享受著夕陽的餘暉。

23 國共相邀接淅而行

在香港的杜公館門庭冷落車馬稀，幾十年來杜府的熱鬧風光如同往日硝煙散盡，這並不是說杜月笙落日餘暉，竟被各界人士冷落忽視，而是他一則抱病，一則也由於大陸局勢急轉直下，香港是國共雙方都在公開活動的是非之地，他有心避一避風頭，躲一躲糾纏。

在這一時期，杜公館人客雖少，飯廳裡仍是每天中午準備兩桌飯。經常來杜公館吃中飯的，除了杜月笙的兒子、兒媳、女兒、女婿及顧嘉棠、金廷蓀、王新衡、駱清華、沈楚寶諸人之外，還有其表弟朱文德與總管萬墨林兩位不離左右的哼哈二將。為了來往方便，他們都圍繞著杜府周邊租了房子。

杜月笙抵香港不久，共產黨方面立刻對他展開了統戰工作，爭取杜月笙重回上海，並希望通過杜的個人聲望，使當時紛紛挾鉅資跟著杜月笙轉移香港的上海金融領袖、工商鉅子們返回上海去。

在共產黨的統戰政策影響下，杜月笙在滬金融工商巨頭的好友王曉籟、劉鴻生、吳蘊初等人，都萌生了重返上海灘之意，反過來紛紛力勸杜月笙跟他們同回上海。王曉籟和劉鴻生兩個更是沒日沒夜，勸說得口乾舌燥、聲淚俱下。此刻的杜月笙是竹籃提水七上八下，他和中國共產黨二十多年來的恩恩怨怨一幕幕浮上心頭。

一九二七年，「四一二事變」，杜月笙投靠了以蔣介石為首的國民黨政府，並為其鎮壓共產黨而效力。但杜月笙秉承「事不要做絕，要留有餘地」的處世信條，並沒有完全堵死與中共的通道。早在一九二九年，他就經幫會分子張堯卿等人的介紹，邀請已經暗中加入中國共產黨的楊度為賓客，並專門將薛華立路一五五弄十三號（今建國中路、瑞金二路附近）一幢洋房送給他月俸五佰元。這是對中共的一種友善表示。抗戰期間還通過潘漢年向八路軍無償援助一千具荷蘭進口防毒面具，並一再表示絕不使部下妨礙中共的抗日救國活動。同時還要求在上海的全權代表姚惠泉為中共募集教育文化經費。

抗戰勝利後，因為國民黨的打擊，杜月笙的一批物資被海關查扣，無奈之際，請中國共產黨幫忙。中國共產黨地下黨員做了疏通，使他得到了這批物資。這一事件使杜月笙既看到共產黨的能量，又認識到中國共產黨的真誠與講信譽。以後，他又為中國共產黨做了些有利的事情，如一九四七年應中國共產黨的要求收金山為徒便是一例。金山，湖南沅陵縣人，早年到上海求學，一九三二年加入中國共產黨，以後從事戲劇電影創作，曾主演《夜半歌聲》、《狂歡之夜》等影片。抗戰爆發後，他率領救亡隊深入內地演出，在重慶演出了郭沫若創作的話劇《屈原》。抗戰勝利後，為了聯繫工商、金融、政界要人，金山奉中共令隻身到滬與杜月笙取得聯繫。熟知金山背景的杜月笙破例將其收為杜的「關山門徒弟」。在幫會與黑社會中，「開山門徒弟」與「關山門徒弟」的地位最為特別，通常被視為老頭子最得意的門生。此舉對掩護金山的身分開展地下工作給予了極大幫助。

一九四七年，杜月笙因屢遭國民黨打壓而去香港暫避一時，老謀深算的他為了給自己在中共那裡留條後路，赴港期間曾與中共人士潘漢年、夏衍祕約會談，並向他們保證中共接管上海時，幫會不予搗亂，也請共產黨給予寬大處理。

杜月笙在王曉籟和劉鴻生的勸說下曾考慮過返回上海，因為他深知失去了上海灘就失去了他杜某的生存空間。雖然這時潘、夏二人均已在上海市人民政府任要職，但沉重的歷史包袱又使他難以完全相信共產黨能不究前嫌。同時，他也受到軍統特務要他去台灣的要脅。而身體每況愈下的杜月笙深感自己再也經不起折騰。最終於兩難之下，權衡利弊，決定徹底脫離政治漩渦，既不回上海，也不去台灣，而選擇留在香港。

九月間，杜公館又有一位來客常常進出。他就是曾經身為和談五代表之一，被代總統李宗仁派到北平去跟中共談判的章士釗。章士釗隨同和談代表團在一九四九年四月一日飛北平，談判失敗後留在北平，這次赴港是他奉毛澤東、周恩來之命做統戰說客。他深知中共主要目標何在，因此集中全力，先「解決」杜月笙的問題。到港後，憑自己多年和杜先生的交情，信心滿滿的章士釗便不時出入杜公館，登堂入室直趨病榻之側和杜月笙密談。他分析天下大勢，縱論國際形勢，尤其對他的同鄉後輩毛澤東大加讚賞。第一次長談，杜、章之間，便有一段頗為精彩的對話。當章士釗滔滔不絕，盛讚毛澤東是如何地尊老敬賢、求才若渴時，杜月笙很巧妙地接過他的話來，用非常關懷的口吻，問道：「章先生是決定在北平定居了？」章士釗愣了一下，答：「是的。」

「章先生是否照舊掛牌做律師？」

「這個……」又是一愣，章士釗只得老老實實地回答：「誠然，共產黨統治下是用不著律師的，我不能再掛牌，不過……」杜月笙不等章士釗把話說完，便問：「章先生既然不能再做律師，那麼，你有什麼計畫？是否想改行做做生意？」

「做生意嘛，只怕共產制度也不容許。」章士釗被杜月笙逼得暗暗叫苦，只好實話實說，坦然吐露：「不過，毛先生當面告訴過我，我在大陸，一切由他負責。有了他這句話，個人的生活還用得著擔心嗎？」於是，杜月笙像是自言自語地說：「啊啊，只是生活不用擔心，只是生活不用擔心。」第一次長談無果而終。

等到章士釗告辭離去，姚、孟和所有家人都在等候「消息」。杜月笙坐久了，有點累乏，可他還是把兩人之間所談內容向大家重複了一遍，然後搖頭苦笑地說：「章先生年紀一大把，做官的興致還這麼高！只要有官做，他跟誰都可以。但是他投了共產黨毛澤東，卻只說是保障他的生活。既然只為了生活的話，台灣、香港、美國……隨便哪個地方，也要比共產黨那邊的日子舒服得多。」到晚上，精神恢復過來，杜月笙又和姚、孟提起了章士釗的往事——抗戰八年，杜月笙怕章士釗落水當漢奸，始終把他拉牢了同在一起。章士釗夫婦曾與杜家合住香港、同遊大後方，尤其是曾同住重慶南岸，全部生活開銷，都由杜月笙負責。談到這件事，杜月笙微微一笑說：「負責生活，毛澤東不過給了他一句話，我杜某人倒是真負責過他不少年啦！」講過了往事，在一旁凝神傾聽的姚、孟姐妹二人心裡有了底數。

此刻，剛撤到台灣的蔣介石也沒有忘記杜月笙，特委託杜的老友吳開先從台灣赴港為蔣說服杜月笙。一次，在杜府國共雙方說客巧遇。晚飯過後，杜月笙邀章士釗、吳開先一同到陽台上歇涼，看香港夜景，任清風拂面。這時，章士釗終於忍不住又誇起毛澤東何等的禮賢下士、獎推人才來，還口口聲聲地保證，只要杜月笙肯回大陸去，不論在何種情形之下，共產黨絕對不會虧待杜月笙。

章士釗居然當著老蔣私人代表的面發動統戰攻勢，令杜月笙十分尷尬。久戰江湖的他略頓一下，便以攻代守地反唇相勸章士釗「棄暗投明」，似乎很認真地勸章士釗到台灣重回國民政府去，或者遠走高飛。杜月笙的一番話令章哭笑不得，啞口無言，心中暗暗叫苦，真是「蔣幹過江，說服不成，反受其辱」呀。杜月笙見狀，又把話收回來，笑道：「你回去對他們講，我現在病很重，暫時回不了上海；但是，在香港堅決不進行任何反對共產黨的活動，也絕不去台灣。同時我還要關照那些在上海的徒弟，要他們安分守己，都要服從政府的法令。」章士釗自覺勸說無望，見台階就下，只好怏怏辭別。

初到香港，國共雙方都對杜月笙下了不小功夫，而他則是以「接淅而行」的務實態度，兩邊不得罪，哪兒都不去。後來他履行了自己的承諾，即使在朝鮮戰爭爆發後，西方掀起反華浪潮的時候，至他去世，再未有什麼反共言行。

24 遙望上海兔死狐悲

臥病中的杜月笙時時關心著大陸形勢，他看到中共對留在上海的黃金榮的確兌現了「不殺不捕」的承諾，黃老闆依舊過著泡澡堂、抽大煙的一貫生活，一度頗為「老頭子」感到慶幸。後來他又得知，黃金榮響應「改造」號召，開始掃大街；當報紙上風燭殘年的黃金榮手拿掃帚、灰頭土臉地站在垃圾車前的照片映入其眼簾時，杜月笙又暗自慶幸自己幸虧沒有留下，免遭如此下場。

不久，他第一次聽到了金榮哥的消息，有上海來人說得繪聲繪色，言之鑿鑿：

「上海淪陷前夕，黃老闆唯恐炮火殃及，自曹河涇黃家花園遷居鈞培里老宅，逐日泡浴、碰銅旗、吞雲吐霧如故。解放軍進了上海，起先倒還安然無事。但是數月以後，忽有一日，足有一百多人氣勢洶洶地直撲鈞培里，圍在黃老闆公館大門口，大呼小叫，揚言要把黃老闆家中打得稀爛。這時候，黃老闆精神矍鑠，大踏步搶出門外，面對著那一百多攘臂擄袖、瘋狂暴跳的強徒，黃老闆也要起潑皮來，他拉開嗓門便是聲聲怒吼：『我就是黃金榮，你們各位今朝來，阿是要把我黃金榮的家裡打爛！』

『好！』黃老闆斬釘截鐵地說，『要打爛，我自己來，現在我把大門關上，我自家來打給你們看！等會兒你們進來查，有一件東西沒打爛，你們儘管把我的房子拆了！』說完，他就命手底下人關大門，黃老闆擄起衣袖，抄根門閂，就此要自己打爛自己的家。這時候，聽到不知從何而來的『調解者』在大門外，好說歹勸，高聲排解：『好啦，好啦，黃金榮已經知錯，看在他一大把年紀的份上，饒他一次！』緊接著，又有人來拍門，黃老闆氣喘吁吁的，親自把門打開，外面有幾個毛頭小夥子，指手畫腳，好生教訓了黃老闆一頓，一場毀家的糾紛方告有驚無險，化弭於無形，百把個窮凶極惡的人逐漸散去。黃老闆回到客廳，氣呼呼地一坐，足有半晌說不出話。他老淚縱橫，那幾個毛頭小夥子教訓了他些什麼，也是一個字也都不曾聽見。隔了不幾天，又有共產黨的幹部上門來，叫他『向人民大眾坦白』，

黃金榮掃大街

黃老闆雙手一攤地問：『叫我坦白啥麼事體？』『你這一生的罪惡，』共產黨幹部字字著力地說，『請你詳詳細細寫份自白書。』」

杜月笙一聽，馬上問起管家萬墨林：「上海報紙為何多日不見？」其實，家中每個人則因為時值上海清算鬥爭期間，唯恐杜月笙從報紙上看到老朋友受到清算鬥爭，心中難過而影響病體，所以一旦發現有關報導的時候便藏起幾張，不給他看。現在他一定要看新到的上海新聞報，萬墨林無奈，只好再找出來，交到他的手上。杜月笙一眼便看到「黃老闆掃街」的那張照片，他頓時臉色鐵青，身子發抖，勉強地將那一段新聞讀完，真是狐見兔死而悲，一陣旋暈，便坐在沙發上氣喘吁吁。杜月笙無力地搖了搖頭，什麼話也沒講，是在為黃老頭子的下場而悲？還是暗自慶幸自己逃過一劫呢？

一九四九年年底，上海中匯銀行「告急」函電如雪片般飛來，他知道共產黨絕對不會允

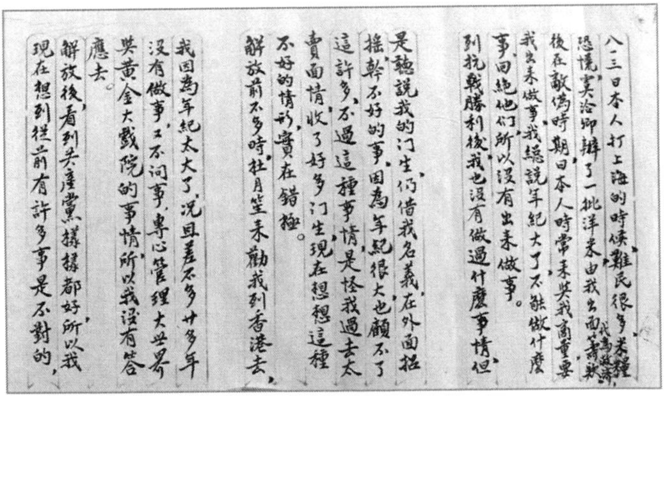
八一三日本人打上海的時候，難民很多，米糧
恐慌，虞洽卿辦了一批洋米，由我出面籌款代為救濟，
後在敵偽時期，日本人時常來要我當重要
我出來做事，我總說年紀大了不能做什麼
事，回絕他們，所以沒有出來做事。
到抗戰勝利後，我也沒有做過什麼事情，但
是聽說我的门生，仍借我名義在外面招
搖，幹不好的事，因為年紀很大也顧不了
這許多，不過這種事情是怪我過去太
賣面情，收了好多门生，現在想想這種
不好的情形，實在錯極。
解放前不多時，杜月笙來勸我到香港去，
我因為年紀太大了，況且差不多廿多年
沒有做事，不問事，專心管理大世界
與黃金大戲院的事情，所以我沒有答
應去。
解放後，看到共產黨樣樣都好，所以我
現在想到從前有許多事是不對的，

黃金榮的悔過書

許私家銀行存在，中匯銀行將來必定要被政府沒收，因此急於早將中匯關門。卻是他苦於在撤離上海之前，無法先行宣告中匯停業，此刻便不得不採取亡羊補牢之策，不惜任何代價和犧牲，設法結束中匯銀行，而這時中匯銀行總經理浦拯東先已辭職，因此，也只有硬著頭皮，叫杜維藩回上海辦理中匯銀行的結束事宜。杜維藩父命難違，只好別妻離子，惴惴不安地回上海去。他到上海的時候，上海軍管會沒有為難他，於是，杜維藩住進了愛多亞路中匯銀行去辦公。但是，他立即發現整個中匯銀行已在傾向共產黨職工的控制之下，共產黨為穩定上海，廣為宣傳，儘量擴充業務。杜維藩已無法完成父命，他只能在表面應付公事之外，一天到晚想著怎樣離開上海，於是耍了一個金蟬脫殼之計。杜維藩故意跟那位在中匯工作的中共課長套交情，說「知心話」。他純以業務觀點論事，強調當前的中匯為了擴充業

答人民政府的大恩大德，還要幫助
政府來做好鎮壓反革命的事体，
因為我年紀太老了，腰脚不好，恐怕想
不週到，以後想到的就報告政府，這
要請求人民政府特別寬恕我，我一定
要好好地做愛國的事体。
一九五一年五月七日 黃金榮

黃金榮自白書

務非得增資不可。那名課長不知有詐，一聽「增資」二字，眼睛一亮，當下便問：「怎麼樣個增資法呢？」「老闆（杜月笙）在香港，一大筆款子存在手上，香港又沒有什麼生意好做；讓我到香港去跟老闆講，中匯業務大有可為，何不撥一筆錢給中匯增資呢？」這個話的前半段一絲不假，杜月笙在香港有一筆買房子的錢，這在中匯同仁中是公開的祕密，上海軍管會也希望杜月笙能回上海來，所以答應了杜維藩「回一趟香港」的要求。不過，杜維藩必須自己去尋一位保人。為了找這個保，使杜維藩煞費苦心，為難已極，他所謂回香港請杜月笙增資原本是詐，是為脫身的詭計，因此請誰出來為自己作保，都是陷他人於不義，這使他無法啟齒找人作保。結果，這件事被劉壽祺所知。劉是杜月笙好友劉春圃的兒子，經杜月笙一手栽培提拔，在其華豐麵粉廠當了經理。當時他跟中共的上海勞工局長關係極好，聽說杜維藩有難，甘願出面擔保，以謝舊恩。由於兩代的交情和少東家的安危，劉壽棋願意擔保杜維藩回到香港以後，按當局指定的日期返回上海。劉壽祺之舉令杜維藩感動不已，不久就領到了路條，平安無事地回到香港。看到兒子歸來，杜月笙精神一振，把一別半年的杜維藩喊到了房裡來，嘉勉慰勞了他幾句，便問：「我拍給黃國棟，叫他轉給你的電報，你收到了沒有？」杜維藩一聽，就明白父親要問的是：黃金榮的正室夫人，杜維藩的寄娘，杜月笙尚未出道以前對他一力栽培提拔的葉桂生——「桂生阿姐」。

一九五〇年春，葉桂生病逝上海。杜月笙在港驚聞噩耗，至感悲悼，他立刻打電報給留在上海的杜家帳房黃國棟，轉告杜維藩前去料理喪事，盡哀成服。葉桂生自從黃金榮另娶露蘭春，她「提得起，放得下」，翩然離了她相幫黃金榮建立起來的聲勢赫赫、鐘鳴鼎食的黃公館。為了報答桂生阿姐的知遇之恩，杜月笙不惜得罪他的金榮哥，替葉桂生在西摩路備下了一幢住宅，讓她搬過去定居。葉桂生從此閉門不出，不問世事。一九二六至一九四七年間，歷經北伐、抗戰、內戰等戰亂，哪怕上海灘砲火連天，打得稀爛，她仍不避不走，不離西摩路一步。門庭冷落，上她門的只有一個炙手可熱、步步高升的杜月笙。而杜月笙一生一世唯獨視葉桂生為他的大阿姐，總是在說永遠報不完她的恩。葉桂生離世，杜月笙未能親自為其送終，令他深感憾恨，他叫杜維藩去弔孝治喪，並一再關照必須由他負擔所有喪葬費用。杜維藩稟告他父親，他在上海時已經遵照杜月笙的囑咐，妥善辦好了葉桂生的後事。

杜月笙聽後說起了葉桂生的為人和性格仍是唏噓不已，並對於她的「硬氣」讚不絕口——以一個孤老太婆在上海關起大門，度過了刀兵時起、動盪不安的二十五六年的艱苦歲月，她不但不要黃金榮給她一文錢，幫她一點忙，而且絕不告貸求借，或者接受任何人的饋贈。上海人所謂的「白相人阿嫂」，葉桂生可以算得上是「代表性」人物，她是「白相人阿嫂」的「開山祖師」。同時，自從她溘然去世，這一類典型的人物就此永遠絕跡。接下來，杜月笙便問杜維藩自己徒子、徒孫恆社子弟的近況，以及他們留在上海，處境有否危險？對於這一個問題，杜維藩唯有搖頭苦笑。他說根據他的統計，恆社弟兄滯留滬上不曾逃出來的還有五六百人。而在他離開上海的前夕，新政權早已開始對他們進行清算鬥爭，五六月間上海被捕的清算鬥爭對象為數在萬人以上。這其間有多少恆社分子，他無從打聽。不過，有兩點極堪注意的事，可以預見恆社分子的前途一定是凶多吉少了。杜月笙則聞言戛然不語，他的神色一變而為愁慘悲痛，二十年來他對恆社成員加意培植，嘔心瀝血，其用心之苦，不是一般朋友師生的情誼所可比擬。杜維藩的報告可能是他預料中事，但他內心對於留滬恆社分子的安全猶存一線僥倖之望，杜維藩的一番分析使他這最後的希望也歸於破滅。於是，杜月笙深陷於濃重的兔死狐悲之情緒中。杜維藩無恙而歸是一件大喜事，因此杜月笙勉力而起，一連和他談了幾天。然而，所聽到的都是恆社分子怎樣危險，留在上海的老朋友們各種不同的悲慘下場。這許多消息使杜月笙所受刺激頗深，加上沉重的日常經濟支出，前途一片黯然無望。於是，杜月笙的「哮喘」又變本加厲，病況極其嚴重。所有的醫生不約而同搖頭歎氣，他們向杜公館的人強烈暗示：應該有所準備。自一九五〇年五月中發病到同年六月下旬，他躺在床上用氧氣，仍舊喘個不停，身上的小褂褲一轉眼就被淋漓大汗濡成透濕。孟小冬始終伺候於側，為他脫下濡濕了的衣服，擦乾身體後再換穿好乾爽衣服。好不容易在盛夏時節喘勢漸漸地被止住了，杜月笙等於在鬼門關口打過了一轉，大病初癒後的杜月笙面容憔悴得令人不忍平視。

25 紅顏知己終成眷屬

在杜月笙痛苦磨難、呻吟床笫的病疾生涯中，他唯一的安慰就是孟小冬的盡心服侍，柔情脈脈。孟小冬身懷絕藝，孤苦伶仃，一輩子傲岸於榮瘁之際，受過數不清的打擊，「歷盡滄桑」四字可以說是她一生的寫照。她自杜月笙六十歲那年進門，長日與茶爐藥罐為伴，何曾有一日分享過杜月笙的富貴榮華？何曾有一刻得過杜月笙的輕憐蜜愛？因此，杜月笙病越重，越是覺得自己辜負了孟小冬的一片深情。像孟小冬這種卓爾不群的女子，讓她踏進杜公館這麼一個紊亂複雜的環境，長伴一位風中殘燭般的沉痾老人，對她而言，實在是一件殘酷的事情。

孟小冬陪侍杜月笙到香港後，雖然在杜月笙跟前強顏歡笑，神情自若，然而，即使是朝夕相見，杜月笙都可以看得出她花容憔悴，日漸消瘦，眉宇間常有憂悒之色。孟小冬在香港杜公館是孤寂的、憂悶的，她不能隨波逐流，更不會敷衍應酬，對內對外，一應交際酬酢、家務事項，都是屬於姚玉蘭的職責範圍，孟小

冬輪不到也不想挨；她看護隨時可能有生命危險的丈夫，卻成為落在她肩頭的唯一重擔。而這一副擔子，長年累月，晝夜不間，沒有一時一刻可以卸得下來。杜公館因為男主人病重，彷彿一年四季不露一絲陽光，不聞一陣笑聲，這淒涼黯淡的日子，孟小冬過得更是心不舒、氣不暢。

經常出入杜公館的親戚朋友，常常可以看得到，堅尼地台十八號雜亂無章，一片散漫。家裡面往往只有三五個人，一日三餐，也得開上好幾處：除了中午外面廳上開一桌或兩桌招待客人，就常是姚玉蘭在房自己吃餃子、身有胃疾的孟小冬沖牛奶泡洋點心——都是各自關起門來吃，病人杜月笙，他那一碗煨麵當然要端到床上。其餘少爺、小姐，各有各的臥室，同時也各有各的吃處。杜月笙的那個大房間，由於他病中怕煩，兒子、女兒，平時就沒有和他親近的習慣，這一大家大小相互之間聚晤歡談的時機都很少。在這種情形之下，杜公館便成為了許多各自為政的小單元，把堅尼地台十八號大門一關，簡直成了湊在一起的大雜院。

杜月笙體會得出孟小冬的心境，瞭解她的苦悶，因此使他對孟小冬一向具有的「敬愛之情」，一變而為「深心憐惜」。他很小心地不把這種「憐惜之心」形諸顏色，他深知孟小冬「荷盡已無擎雨蓋，菊殘猶有傲霜枝」，無論在任何艱難困苦的情況之下，她不會皺一下眉，叫一聲苦，然而，假若有人貿然地向她表示同情、憐憫，她反而會怒氣填膺地絕裾而去。

愧於孟小冬給予他的太多，而杜月笙能為孟小冬盡心盡力的地方太少了，杜月笙急於爭取補償的機會。在日常的生活中，杜月笙對孟小冬總是那樣禮敬愛慕，忍耐著自己的痛苦，跟她輕聲細氣地說說話，聚精會神地交談；平時稱呼也跟著自己的兒女一樣，親親熱熱地喊她「媽咪」。「媽咪」想買什麼、要吃什麼，只要孟小冬略一透露，他便忙不迭地命人快辦。於是在外人看來，有時候幾乎就是杜月笙反轉過來多方面照顧孟小冬了。

孟小冬自入杜門，兩年多裡對於一切看不慣、聽不得、受不了的事情，向來都以不屑與聞的坦蕩襟懷，付之漠然。她從沒有發一句牢騷，出一聲怨言，然而她卻在她四十三歲生辰前夕，在迫不得已的情形之下，輕輕地說了一句話。然而，這一句話，杜月笙事後回想起來便覺得其關係之大，份量之重。

杜月笙初到香港時，他有意全家遷美定居。有一天，杜月笙在房裡屈指細算，自己全家和追隨他的連同顧嘉棠和萬墨林兩家，一共需要辦二十七張護照。當著房中眾人，孟小冬便淡淡地說了一句：「我跟著去，是算丫頭呢，還是算女朋友呀？」一語方出，環室肅然，一個相當重大的問題，總算被孟小冬適時地提了出來，並同時當眾答應了杜月笙「我去世後，妳就不要再登台表演」的要求。自此，杜月笙下定決心，不顧一切的阻撓與困擾，當眾宣稱：他要踐履諾言，儘快與孟小冬成婚。

杜月笙此話一出，彷彿給紛紛擾擾的杜公館投下了一枚震撼彈。杜月笙與孟小冬形勢上已是夫妻，結為一體，早成不可否認的事實。如今杜月笙纏綿病榻，天天在靠氧氣維持殘生。又全家正值避難香港，日處愁城，何必大事破費多此一舉呢？成婚與否對任何人都沒有裨益，反而可能節外生枝，徒生無窮的糾紛——反對者持此理由再三陳詞，苦口勸阻。但是杜月笙置之不理，他決意在自己死前完成這一大心願，為孟小冬，也為自己。

杜月笙吩咐萬墨林立刻籌備，趕緊辦事。因為，在孟小冬之前，杜月笙還有一位已逝的原配和三位夫人，所以原則上決定不能舉行儀式；再加上杜月笙自己抱病在身，出不了門，於是見禮喜宴只好在堅尼地杜公館舉行；為地點所限，請的只有杜月笙的至親好友。

但是杜月笙堅持要叫好的酒席，萬墨林便渡海到九龍，在九龍飯店點了九百元港幣一席的菜，把九龍飯店的大廚統統拉到堅尼地來做菜做飯。樓下的大廳擺不下十桌之多，臨時又借了樓上陸根泉的那間大廳，邀請的親友全部到齊，無一缺席。在那一晚，杜月笙帶病陪客做六十三歲的老新郎，孟小冬的臉上也浮現出了難得的笑顏。杜月笙在港的兒子、媳婦、女兒、女婿一一前來重新見禮，一律跪拜磕頭如儀，一律改稱小冬「媽咪」。

「媽咪」送了他們每人一份禮物，女兒、媳婦是手錶一隻，兒子、女婿則一人一套西裝料。

行將就木的杜月笙，強忍病痛舉行了自己和孟小冬的婚禮，苦命的「冬皇」看到了丈夫對自己的一片赤誠。這個遲來的杜與孟的婚姻儀式，對這兩位惺惺相惜的戀人已經沒有實質的意義，它只是向世人宣告：作為女人的「冬皇」，在不惑之年後，終於有了自己的名正言順的歸宿。

儘管杜月笙在上海曾經是個跺跺腳地皮也要抖三抖的人物，但在香港卻沒有資產，連所謂的「杜公館」都是別人的饋贈。杜月笙對退居台灣的國民黨政權已經失去信心。抗戰時他曾傾囊資助蔣介石打日本，連姚玉蘭也曾拿出四百多克拉的鑽石變賣成現金，資助那些在上海從事地下活動的抗日人士。但後來，腐敗的國民黨在內戰中兵敗如山倒，讓杜月笙非常「失望」。

杜月笙準備帶全家從香港去法國。他又講江湖義氣，不願丟開忠心耿耿的手下，還有一些在抗戰中犧牲人士的遺屬。結果算下來，要帶去法國的男女老少總共一百四十多人。

杜月笙曾向台灣的國民政府提出辦理出國護照申請，結果台灣方面要收取「護照費」十五萬美元。杜月笙的產業全留在大陸，轉移出來的只有出售一處房產的三十萬美金，供應幾十號人在香港的龐大開支，這筆護照費杜月笙已支付不起！一氣之下，杜月笙放棄了移居法國的念頭。

一九五〇年孟小冬和杜月笙在香港結婚照

26 臨終感言媽咪最苦

一九五一年八月二日，杜月笙的心腹陸京士被從台灣急召赴港，這位流落異鄉的「上海灘皇帝」的生命之旅走到了盡頭。從這一天開始，陸京士盡夜侍疾，衣不解帶。這倒不是杜月笙非要陸京士親侍湯藥不可，而且陸京士心知師生相處的時間已很短暫，他由於二十多年的知遇之恩，一刻也不忍輕離。另外，杜月笙隨時都有後事和他相商，往往一覺睡醒，睜開眼睛便喊：「京士！」假使陸京士不在，杜月笙便會覺得恍然若有所失，必等陸京士聞訊趕來，他的神色才怡然輕鬆下來。近代中國，論個人交遊，杜月笙上自名公巨卿，下至販夫走卒，他的一本交遊錄即使只開名單恐怕也得寫上厚厚的一本。論其廣闊及為數之多，當代可以說沒有第二人。然而當他病入膏肓、朝不保夕之際，他竟彷彿只有一個陸京士。陸京士口口聲聲強調這是緣分，其實在杜月笙的心中，已經深深地體會到「相交遍天下，知己能幾人」！

自八月二日到八月十六日，杜月笙一直不曾離開過病榻，杜月笙給他的家人、親友一個印象，彷彿前兩日他焦急地在等陸京士來，一旦陸京士來到，他便心滿意足，了無憾恨。焚膏繼晷，隨侍在側，對杜月笙盡最後一份心意，這個差使是很難擔當的。因為在步向人生最後旅程的杜月笙，不但喘疾時發，而且體力衰竭，神志渙散，而且他的飲食、睡眠一概逸出常軌。他一天只能睡很少的覺，尤其那短暫到顯然不夠充分的睡眠，還要分作幾次去睡。最令人傷腦筋的是，誰也無法測知他睡著了還是僅在瞑目養神，往往眼看著他已睡得很熟，正想躡手躡足地走出去，辦一點私事或透一口空氣時，杜月笙偏又適時地睜開眼睛，有氣無力地喊：「京士！」「媽咪！」或者是：「娘娘！」於是，不論是陸京士、孟小冬或者姚玉蘭，全部停止腳步，走回他的跟前探問：「有什麼事嗎？」然而杜月笙的回答，又多一半是緩緩地搖頭。其實這僅只是他對人世間最後的一點依戀，他對於他所心愛的人能多談一句便多談一句，能多看一眼就多看一眼。像這種霍

孟小冬和杜月笙結婚全家合影，
前左起孟小冬、杜月笙、姚玉蘭，
後排左起杜美娟、杜美如、杜美霞、
杜維善

然而醒、脫口而呼，杜月笙喊的次數最多者是孟小冬與陸京士。所以孟小冬、陸京士像被一根無形但卻有力的繩索拴牢在杜月笙病榻之前，陸京士是擺脫一切公私事務專程侍疾而來，孟小冬則對杜月笙一往情深，此時此境她恨不得以身相殉。這兩位杜月笙一刻也不能離開的人，誰不願意分分秒秒地始終守候在杜月笙身旁？然而，孟小冬與陸京士都有苦衷。孟小冬的身體本來不好，她一入杜門只有「親侍湯藥」的份，弱質紅顏已是人比黃花瘦。再加上明知杜月笙將油盡燈枯，指日西去，巨大的悲哀把她壓得椎心刺骨，眠食俱廢。若不是杜月笙需要她，她早已不支病倒。她那副勉力振作、強打精神的模樣，神情憔悴，人見人憐。因此，也不知道有多少人勸她也要保重自己的身體，倘若她再一病倒，那便將給杜月笙帶來多大的打擊？曾經執菊壇牛耳、為萬人迷的冬皇，卻總是搖頭苦笑，輕柔地說道：「我不要緊。」

孟小冬自從入了杜門，一直沉默寡言，與世無爭。她本來就是人間奇女子，杜門中的一支奇葩，論才情、眼界、心胸、智慧，使她與大多數人都合不來。她情歸於杜月笙時，杜月笙已是年逾花甲，衰然一病翁，如日中天、予取予求的黃金年代早成過去，囊中金盡，生命的大限正在步步進逼。所以孟小冬之入杜門正是感恩知己，以身相許。杜月笙一生一世也可以自傲地說一聲：「平生無負於人了。」但是在他人生的最後階段，他獲得了孟小冬的柔情萬丈，衷心關愛，這使杜月笙深感自己的俠義，猶然有愧於孟小冬的恩情，所以他才會說出「直到抗戰勝利以後，方始曉得愛情」這樣發自肺腑的話。孟小冬是他在人間最後的溫暖，最後的安慰，所以他一刻兒都離不開她。

八月四日的早上，杜月笙睡了一會兒，醒來時已是紅日滿窗，天色大亮，他沒有喘，連氧氣罩都不曾使用。在房間裡守了一夜的除陸京士，還有姚玉蘭、孟小冬、杜維藩、杜美如等好幾個人。眾人看見杜月笙面容平靜、神清氣爽，心中不由一喜，以為這又是好轉的徵兆，卻不料他嘴唇噏動了一陣，張口便叫聲：「京士！」陸京士連忙答應，急趨床前。於是杜月笙兩眼直望著他，淡然一笑說：「趁此刻我精神還好，我要和你談談，怎麼樣辦我的後事了。」屋裡的人聽了齊齊地一震。孟小冬頭一個痛哭失聲，但是她立刻便掏出手絹掩住了自己的嘴。姚玉蘭、杜維藩等人也在吞聲飲泣。陸京士則悲哀壓在心頭，他說不出話，於是點了點頭，表示他在凝神傾聽。杜月笙望望陸京士，又閃了啜泣聲中的妻子、兒女一瞥，他神情肅然，語調十分平靜、低沉，很像是他在談著別人的事情。「此地是香港，不是上海，我們在這裡算是做客，所以喪事切忌鋪張。」稍稍停頓，杜月笙又說：「從移靈到大殮，前後絕不可以超過三天。我去的時候就著長袍馬褂，這是我著了大半輩子的衣裳。」看到陸京士頻頻點頭，他又接著說：「我不要葬在香港。『樹落千丈，葉落歸根』，我請你們把我帶回上海，落葬在高橋，我出世的地方。」話說多了，有點累乏，杜月笙歇了一陣，才繼續交代，他先自嘲地說：「我一生一世，過手洋鈿何止億萬，一旦兩腳一伸，我只要你們在這件事上完成我的心願，喪事一概從簡。頂要緊的是要記得我們正在落難，凡事切忌招搖，免得給別人批評。所以不論開弔、出殯，絕對不許再擺什麼場面，你們要是不聽我的話，那就是在害我了。」接下來，他又再三叮嚀，遺體大殮以後，移靈東華三院的亦莊，因為東華三院主席李應生，早年曾相幫他聯絡法國佬，擔任他的翻譯，是老朋友、老搭檔；離開上海後業已僑居在香港多年，他在香港有勢力，足以保護杜月笙靈柩的安全。關於遺囑的擬定、財產的分配，杜月笙反倒僅只略說了幾項原則，然後說：「後天晚上，京士你邀錢三爺、金先生、顧先生、開先兄和采丞兄，到這邊來便飯，就煩你們六位來商量一下。」

從這一天開始，杜月笙集中心智，一一安排他的後事。對於妻子、兒女、至親好友，乃至於服侍他的傭人，每一個人他都分別地有所交代。但是由於人太多，要說的話一時也說不完，杜月笙只好利用他有限的精力，說一陣，又瞑目養神，等到精神體力稍恢復，他又掙扎起來再說一兩句。因此，有人一次便聽完了他的諄切囑咐，有人則一等再等，陸陸續續才能聽他說完一件完整的事情和一些叮嚀。家人親友一個一個穿梭般來往於杜月笙的病榻之前，看他說幾句話都如此吃力，卻又一心急著要多講些，回想他揚威滬上、縱橫香港……一幕幕的撼人心弦往事，而今卻洛鐘將崩。於是，這些聽他最後遺言的人，離開他的房間時，竟無不淚流滿面。

八月六日下午七時，錢新之、顧嘉棠、金廷蓀、吳開先、徐采丞和陸京士，在客廳裡摒卻諸人，密商杜月笙的遺囑。六位參酌杜月笙本人所提出的原則，接連起草了三份遺囑稿，一份是對於社會的公開表白，一份訓勉子孫，一份則為遺產分析。其中最為家人戚友關心的，當然是杜月笙的遺產如何分配。由於當時沒有人曉得杜月笙究竟還有多少錢，因此，只能做原則性的分配比例。

九點鐘，三份遺囑草稿均已擬妥。於是，六位友好和門人拿著三份遺囑稿一起進入杜月笙的房間。這時，孫佩豪、姚玉蘭、孟小冬和杜月笙在港子女都在他的病榻之旁。於是，由陸京士宣讀三份遺囑的內容。杜月笙聚精會神，注意傾聽，他偶爾打一個岔，修正若干字句，他幾乎是全部同意。經他允可，算是定稿。陸京士等六人又被指定為遺囑執行人——錢新之儘管是多年老友，杜月笙卻在人前人後都尊稱他「錢先生」；金廷蓀、顧嘉棠是結拜兄弟，吳開先也是締交二十年的好友，徐采丞則為抗戰前後杜月笙的心腹智囊之一；陸京士為恆社的首腦人物，他跟杜月笙之間，一向情同骨肉。杜月笙平生排難解紛，一言九鼎，不論什麼稀奇古怪、複雜繁難的事情一到他的手上必可迎刃而解，全部擺平。唯獨他自己的公館裡面，大門一關，由於太太、子女多，相處一個屋頂下，難免也有鍋盤碗勺相碰的時候。八月六日之夜，這是決定遺囑、分配遺產的重要時刻，對於這些家屬來說，事關個人前途以及未來生活，其心情之緊張、注意力之集中，自是不言可喻。因此，不免有人擔心，這一夜會有什麼議論爭執或意外風波。然而當陸京士朗聲宣讀遺囑稿，杜月笙略予修改就算認可；杜月笙時在香港的三位夫人、四子三女，居然悶聲不響，毫無異議，一件大事就此風平浪靜地解決。等到僅列分配方案的遺囑當眾確定，杜月笙才從容不迫地說出他的遺產數額。他在交代了幾件家事後，開口說道：「我只有一筆銅鈿，留給家屬做生活費用，這筆錢我是託宋子良先生保管的，數目是十萬美金。因為宋子良先生代我用這筆錢買了股票，多少賺著一點，大概有十一萬美金左右。」這時，在場的人無不為之驚怔錯愕。誰也沒有想到，一輩子在金山銀海裡面揮之如土的杜月笙，留給龐大家屬的遺產，居然只有十一萬美金左右，折合港幣，不過六十多萬。三位太太，四兒三女分這筆錢，一個人能夠到手得了多少呢？但是杜月笙對於任何人的反應，一概是置之不理，他說完了話，長長地吁一口氣，然後，他似老僧入定，輕輕地合上了眼睛。

處理好杜月笙的後事談何容易。杜月笙大

太太沈月英生前領養了長子維藩，此後杜月笙事事順利，故倍加疼愛。二房陳幗英，共生三子，即維垣、維翰、維寧。二房四口除維垣外均留在上海。三房孫佩豪，生二子，即維屏、維新。四房姚玉蘭，生二子和二女，即維善、維嵩和美如、美霞。另外孟小冬還有一個養女，原名叫孟俊明，此女隨小冬入住杜府後改名杜美娟，成為杜月笙最小的女兒。

如此複雜的家庭狀況，居然能夠在杜月笙身後，平安落幕，足見其治家有方啊！在所有亂雜如麻的事項之中，杜月笙最注意的還是他和知己友好之間銀錢的往來，帳目的清楚。在此前，杜月笙銷毀了歷年別人寫給他的所有借據，他對子女說：「我不希望我死後你們到處要債。」

據杜美霞女士介紹：「當時十萬美金，各位太太分去一半，孟小冬分得一萬美金；眾多子女均分去另一半，我分得四千美金。」

八月十日，杜月笙神志清醒，他在和陸京士頻頻交談時，忽然伸手到枕頭底下掏摸。隨後，他摸出一個手巾包來。「京士，」杜月笙把手巾包遞到陸京士的手上說：「這裡是七千美金。」杜月笙緊接著便做交代：「你替我分一分。」陸京士忙問：「分給啥人呢？」杜月笙的回答卻是浩然長歎，不勝低徊，說起來，只有媽咪最苦。再嘛，三樓也是手裡沒有銅鈿的。於是陸京士便順從杜月笙的心意，決定將這七千美金，分給孟小冬三千元，孫佩豪和杜維藩則各為二千元，如數分訖再報告杜月笙。

八月十六日下午二點三十分，時任台灣國民大會祕書長的洪蘭友抵達堅尼地杜公館。洪蘭友面容肅穆，神情哀戚，他快步走進杜月笙的房間，一眼看見了躺在床上呼吸屏止的杜月笙，怔了一怔，以為他已來遲了一步。但是，圍繞在杜月笙四周的親友，還在急切地大呼小叫：「先生！先生！洪蘭友來了！」洪蘭友看到杜月笙似乎還有點知覺，他為達成使命，連忙高聲地在他耳邊喊：「杜先生，總統對你的病十分關懷，希望你安心靜養，早日康復。目前台灣一切有進步，國家前途一片光明，我們還是有希望的！」這時，洪蘭友只想杜月笙能在易簀之際，聽得見他這幾句話，在他一生艱辛奮鬥的最後歷程得一份慰藉，斯願已足。誰知，杜月笙是在凝聚他的每一分精力，等候著洪蘭友的到來。因此，他不但聽清楚了洪蘭友所說的每一句話，而且，他竟奮目迅張，非常吃力地伸出了自己那隻顫抖不已的手，伸向洪蘭友，和他緊緊地交握。與此同時，他清晰明白地說出了他在世的最後一句話：「好，好，大家有希望！」最後一個「望」字說完，杜月笙那隻手鬆弛垂落，雙眼合攏，嘴唇緊閉。

下午四時五十分，這位三十年如一日真正懂得孟小冬、愛惜孟小冬的杜月笙，終於走完了這段漫長而艱苦的死亡歷程，撒手塵寰。

站在一旁，注視這一幕的錢新之情不自禁地一聲長歎，熱淚泉湧，他喃喃地說：「大家有希望，大家有希望，天啊！就是他沒有希望了啊！」

在最後的一年中，病入膏肓的杜月笙，時常要孟在他耳邊輕輕哼唱幾句余腔，以解他心頭的痛苦和鬱悶。孟不忍違拂杜的意志，卻又難以啟動歌喉，那心中的滋味也是可以想像的。杜月笙一邊聽著，一邊回顧著自己從發跡到覆滅的一生，同時，孟的那悠悠、苦苦的遺韻也就輕輕地給杜的一生劃上了句號。

彌留期間，杜月笙曾囑咐家人：「我去後，把我帶回上海，葬在高橋。」由於台灣當局的阻撓，杜月笙此遺願終未實現。杜月笙辭世後，杜美如的母親姚玉蘭某天接到蔣夫人宋美齡的電話，邀請她到台灣定居。姚玉蘭於是帶著兒女及杜月笙的靈柩於一九五一年十一月坐船到台灣，並將杜月笙遺體暫厝台北南郊大尖山麓。後終在回葬故土徹底無望的情形下，葬於汐止。

二〇〇一年，首次回上海訪問探親的杜月笙的長女杜美如回憶當年事，感慨地說道：「原以為隔幾年就可以回到上海，但這一隔，就隔了半個多世紀。」

杜月笙酷愛京劇的故事，對於端正和豐富京劇欣賞史的意義是重大的。從政治上看杜月笙，他的一生做過壞事也做過好事；但從迷戀京劇的發展過程來說，他又是個無比熱心、不斷進步的人。他中年在上海家裡辦了好幾次堂會，規模之大有目共睹。他是浦東人，一口浦東口音，但就憑這樣的先天條件，居然多次演唱《坐宮》、《拜山》和《打嚴嵩》。但是，他在遇到孟小冬之後，欣賞口味逐漸「高」上去了。尤其一九三三年後，他的人生道路發生了很大轉變；甚至從政治角度審視他的晚年，似乎也有了變化。當然，這不都是京劇的功勞，那樣認識就誇大了京劇的社會功能；但是孟小冬影響改變了中晚年的杜月笙卻是不爭的事實。

杜的好友趙班斧輓云：

還澤在人間，豈嘲譏清談，所能妄言功過。
交遊滿天下，論仁聲眾望，也堪傲笑古今。

國民政府國防部長何應欽輓：

憂國耿孤忠，不僅垂聲遊俠傳；
首丘慰遺志，成同酬酒大招篇。

國民政府「總統府」資政許世英輓：

班生投筆，卜式輸財，歷濟艱危昭史乘；

範式憑棺，伯牙碎軫，忍教生死隔襟期。

27 為延余韻海外傳藝

自從孟小冬決定以身相許杜月笙的那天起，她就決定了放棄自己拚命追求過的藝術事業。我們從眾多坤伶的不幸婚姻生活中，不難看出藝人們在當時社會的狀況下所處的悲慘地位。靠賣藝為生的伶人們，他（她）們中許多人為求生存，而在污泥濁水中隨波逐流。他們既享受著掌聲、榮譽和戲迷的追捧，又承受著世間對「戲子」的蔑視和屈辱。伶人們就像《法門寺》中的小太監賈桂一樣，有著「在主子面前是奴才，在奴才面前是主子」的雙重性格。他們在舞台上練就了極好的嘴上功夫，憑著一副靈牙巧口，可以當面把人誇得猶如天仙，扭臉就能把人損得狗屎不如，而且是有一套罵人不帶髒字的本事，在痛苦中自取其樂。總而言之，舊時戲班裡的生態環境，是我們現代的藝人和觀眾很難想像的。

雖然孟小冬出身於梨園世家，難得她卻不曾有一絲一毫舊戲班裡的習氣，但她還是在杜月笙生前，曾多次向杜表示不會再重返舞台，其因則不言而喻了。

雖然孟小冬徹底脫離了戲曲舞台，但對京劇藝術熱愛之情未了。一九四九年到香港初居堅尼地台，每週尚有五六次吊嗓的機會，琴師有王瑞芝、任莘壽和郭曉農三位，唱的有姚玉蘭、趙班斧、錢培榮等人，當時馬連良、楊寶森也去湊過熱鬧。孟小冬留下的像《烏盆記》的【反二黃】唱段，《洪羊洞》的【原板】、【慢板】及《八大錘》的【原板】等唱段，都是那個時候孟小冬吊嗓，由錢培榮用大盤帶錄的。在錄《烏盆記》的【反二黃慢板】時，恰好接聽一個電話，以致接頭不順，但也無傷大雅。有一次，錢培榮吊嗓時，孟小冬在裡屋對杜月笙說：「這是我們余派圈的唱法，很不錯。」杜說：「既然好，你可以教教他。」杜美霞在一旁聽了，就把話傳給了錢培榮。錢也就由此萌發了拜孟為師的念頭。

杜月笙去世，姚玉蘭、杜美霞遷台，已成年的養女杜美娟執意要和一個軍官結婚，孟小冬說：「妳跟他走就別回來。」果真，她沒有再回來。瞬間孟小冬頓覺茫然，但她沒有再次

王瑞芝（左）與任莘壽（右）

沉浸在孤寂無助之中。十一月，小冬離開杜氏公寓，移居使館大廈公寓後開始從書畫篆刻家劉源沂工篆刻、習書法，即勤於金石篆刻及丹青之摹寫，臨寫碑帖、習書法成為孟小冬日常必做的功課，現有《孟法師碑》遺存。此外，她還請劉家傑教授英語會話，每日清晨又從太極拳名家董英傑的女公子學練太極拳。再看此時的孟小冬的裝束與杜月笙在世時已判若兩人，隨著歲月流失，昔日「冬皇」儼然已以「孟法師」自居，穿青掛皂，一副黑色寬邊眼鏡，成為孟小冬的形象標誌，頗有大家之風。不再登台，是孟小冬對杜月笙的承諾，她說到做到；她的家倒像是票房，有王瑞芝、任萃壽、郭曉農、趙仲安、錢培榮等原班人馬，時常赴孟府調嗓談戲。

一九五二年春天，在萩園由孫養農舉香，收了錢培榮和趙培鑫為徒。其間，孟小冬的私人醫生吳必彰忽然夾在錢、趙當中叩了一個

孟小冬與孫養農在祖師爺牌位前合影

頭，沒拜祖師爺，因而就算他是半個弟子。趙培鑫天資聰穎，得馬連良傾囊相授，後又隨冬皇習余派，堪稱票友中上台演出總平均最佳之老生。吳必彰醫事忙碌，不久離港一去不返。錢培榮是孟在港台弟子中學藝最多和時間最長的一位，在港專赴孟府受教有七年之久。他每將老師所哼唱腔及解說之詞，當場收入答錄機內，回家開聽，仔細揣摩。其嗓音既佳，又肯用功，偶爾清唱，孟味十足。孟小冬遷居台灣後，錢培榮則以錄音呈師糾正，實施函授教學。錢每年赴台兩個月，向孟小冬請益並獲准錄音，以便帶回他的日本住所對照複習；先後二十五年，共習得余氏名劇十二齣。孟門弟子在孟小冬逝世後輯錄了兩盤錄音帶，名曰《凝暉遺音》，發行流傳。

京劇藝術在海外流傳，當以香港、台灣、美國三地最為盛行，究其根源，自然是源於海外華人對中華民族傳統優秀文化的眷戀之情。

孟小冬與女弟子嚴許頌輝（《法門寺》飾趙廉）合影

一般來說，外國人看京劇主要是看劇情和表演以及欣賞古典服飾。新中國建國之初，京劇藝術團曾是中外文化交流的主要項目，為了迎合外國人的胃口，多演出如《三岔口》、《鬧天宮》一類武戲。一次，在法國巴黎，中國藝術團演出京劇《斷橋》，扮演許仙的小生一張口，引起一位小姐轟堂大笑，場內一片譁然。這位法國女郎無論如何無法理解，劇中來自中國古代的英俊青年男子，怎麼會一口娘娘腔。這個笑話，引起了當局的關注，以後凡出國演出《斷橋》，許仙便改用大嗓演唱了。而華人喜愛京劇，則多為欣賞流派藝術而陶醉，許多華人票友必有所宗。多少年來，在港台和美國的諸多票友中，影響最大的流派，仍然是梅、余兩派。旦宗梅，生宗余，已經是海外票房性質的招牌。雖然也有一些其他流派的愛好者，如馬派、麒派、張派、裘派等，但都不像梅、余兩派那樣影響縱深。

孟小冬在香港家中

關於梅、余藝術在美國的流傳，不能不提到孟小冬的弟子黃金懋和毛芷永夫婦二位。一九八四年，他們在美國三藩市，與當地票友發起成立了「梅蘭芳藝術研究會」，這是當時在海外唯一的京劇流派組織。黃金懋被推舉為會長，毛芷永任理事。

黃金懋是浙江人，上海聖約翰大學畢業，自幼喜愛余派老生和梅派青衣，並擅長拉京胡。五十年代初到香港，有緣識荊冬皇，受孟小冬青睞，命往孟府學戲，曾向小冬學過《洪羊洞》、《捉放宿店》、《失空斬》、《南陽關》、《武家坡》、《珠簾寨》、《李陵碑》、《擊鼓罵曹》等戲，又與王瑞芝和任莘壽二位琴師相從，使其操琴技法獲益匪淺。一九八四年在北京中央電台錄唱《伐東吳》、《戰樊城》名段。一九九六年天津電台多次播放過黃的演唱錄音。天津余叔岩孟小冬藝術學會張業才撰文專題介紹其余派技藝精湛，火候

辜汪會談左汪道涵右辜振甫

老到，非一般學余者能比。而余派在海外的影響和流傳，自然與他身後的主要傳人——孟小冬在港台期間傳藝的作用是分不開的。

孟小冬為門人說戲很是認真，且要求嚴格，京劇表演藝術不同於演唱流行歌曲，殊非一蹴可幾，而且學者或限於天賦，或悟力不足，其教授效果上就大有區別，因此可謂名師不一定必出高徒。唯因如此，凡是經過她指點過劇藝的，未經其許可，是不能在外隨意吊嗓、演唱，甚至她的琴師王瑞芝、任莘壽為人說戲吊嗓，也受到限制。例如，王瑞芝在港所教的學生有丁寶麟女士和王晉傑夫人、辜振甫先生，並為蔡國蘅吊嗓；任莘壽教周金華醫師與周慰如女士，為吳中一、錢培榮等吊嗓，都是經過冬皇許可的。至於不准門人在外面唱尚未成熟的戲，唯恐貽笑方家，足以影響她的盛名。前面提到的趙培鑫即為一例。有人曾誤認為冬皇過於專制與保守了，筆者以為這恰顯示她對於藝術精益求精的執著態度，也是恪守其余師的遺訓和傳承。

曾在上海開過銀行的劉嘉猷是位票友，一次他請教冬皇：「究竟發音的訣竅何在？」孟小冬答曰：

放鬆你的神經，儘量把調門壓低，喉頭不能使勁，改用底氣催聲。如此做法，對音域放寬、音色圓潤，可能有些幫助，你不妨試試。

這天冬皇的心境難得的好，接著她又暢談：

唱戲的重點在能辨別字音。平劇（按京劇早期稱皮黃，民國時北京改稱北平後亦稱平劇，新中國成立後定都北京亦改稱京劇）在基本上是以中州韻行湖廣音，咬字要正，所謂字正則腔圓，音準始悅耳。尤以在平劇老生行的流派中，為了表現歷史人物的思想感情，必須在聲調中輸入感染的力量，塑造各階層人物喜怒哀樂的音樂形象來。例如悲切的調子，是用淒涼的情緒來激動聲音，控制較大的幅度，把字與聲緊密地結合起來，發為寬、厚、亮的特點，使音色、音域及勁頭，充分發揮至美妙的境界，自然形成一股感染聽眾的力量，這是平劇演員把握發音的不二法門。

然而，嗓音為天賦所限，個人的效果不同。譬如，譚大王（鑫培）天生一條富於感情的如雲遮月嗓子，音已寬厚圓潤，開始時稍悶，由低而高，越唱越亮。先師（余叔岩）的嗓子也是雲遮月，但兼有腦後音。此音乃力迫丹田，自背而出，似遠實近，饒有神韻，拔高落低，瀟灑自如。與譚大王所不同者，譚大王得自天聰，先師則是湖北羅田人士，地近黃陂，語言本身就是湖廣語，所以先師在先天上就擁有唱平劇的最豐富資產，加上後天的勤練功夫，而有許多學術界的朋友如魏鐵珊、薛觀瀾、張伯駒等，對於字音的辨別與研究，互相深入切磋，務使發音悅耳，豈是普通人所能幾及。

譚、余都具備梨園行第一流的好嗓子。咱們的行話，嗓子的天賦是本錢，生活的泉源，何況平劇是舞台藝術中一大學問，藝員縱有滿腹經綸，滿腦子的轍兒，如果沒有一條好嗓子，在舞台上表現所謂「感情的感染」，自然地要大打折扣了。

這一段關於京劇唱工、發音的理論與實踐的談話，是至今能見到的冬皇少有的戲劇理論論述，十分珍貴，它充分反映出孟小冬對京劇藝術的癡迷與執著，以及她對戲曲聲腔研究的高深造詣。

她還經常在說戲的時候告誡弟子：

在舞台上，當同場角色在表演演唱某一處的時候，你應當同時考慮自己要做什麼樣的表情動作來配合劇情的進展，千萬不可在一旁傻站著，聽奉官的蹭兒戲。你這樣做不但給了同場角色應有的幫助，也可使整台戲更加完美，大家對於你也會贊成！

孟小冬的舞台藝術生命為何如此短暫？除長期病魔纏身和再婚等客觀因素之外，一個主要原因是她極度地追求藝術的完美，她對自己在京劇舞台上所扮演的每一個角色都要演繹得活靈活現、入木三分。比如大家讚譽某某是活曹操，某某是活關公，而孟小冬是要使自己所表演的劇中人物都「活」起來。因此，她在舞台上所付出體力和心力消耗要勝於常人十倍。上個世紀五十年代，程派傳人李世濟初到北京，與譚富英、李多奎合作演出《桑園會》，對這二位老藝術家在台上的表現頗不以為然，散戲回家向其世弟馬思猛說道：「他們演戲是你唱你的，他唱他的，在台上連看都不看你一眼。」這種演員不入戲只賣唱走過場的現象，在京劇舞台上並不稀奇。我們不妨看看冬皇的說法。孟小冬晚年曾對弟子李猷回憶說：「那時學戲極苦，老師手握舊制銅錢，每段新學的戲，唱一遍放一錢在桌上，一遍遍唱，一個個疊，疊到快倒下為止。」想想這份功力，近代人哪肯如此做法！戲的演唱，究竟要如何才能登峰造極呢？答案是「用心」二字。孟小冬對於事事物物，樣樣用心，每一劇本的故事、唱詞、做工、配合的音樂，全部加以細心領會，所以她的作品，總比別人講究。再看看孟小冬是怎樣的演出態度，她在對其弟子李猷說《失空斬》時說：

諸葛亮空城坐帳。眼神要定，表現出凝重之意，而肩項部分，尤其注意弛鬆，使其帶龍鍾之意。定場詩後，鑼鼓的尺寸，實為下文「老夫」二字之尺寸，故不能過長，「派一能將，前去防守」作思忖狀，語氣亦然，然後招呼各位將軍，但頭並沒有自左移右，或自右移左，眼神均停滯，方合格。「馬將軍願往麼？」語氣有不信任的意思，接著囑其「不可輕敵」，再告示「干係甚重」。語氣莊嚴鄭重，迨立軍令狀後即令候令，輕輕帶過，並問眾將又如前狀。唯「哪位將軍，願帶領人馬，協同馬謖鎮守街亭，當帳請哪令」數語，則眼神先注意眾將，然後虛指街亭方向，再以扇指令箭，表示當帳請令。其餘吩咐趙雲、馬岱，則較隨便。馬謖二次入帳，則諄諄告誡，情見乎詞，為後段斬馬謖的張本，此節越鄭重，則將來應斬之原因更明顯。「將軍聽了」之末二字與普通不同，「聽」字不墊「哪」字，令其自然歸束，然後出「了」字，則神情莊重無比了。「大顯威靈」唱完後，轉身作下場狀，但一回頭，兩目集中，向空中作祈求先帝保佑之意，又覺祈求之不足，再上前一步，其

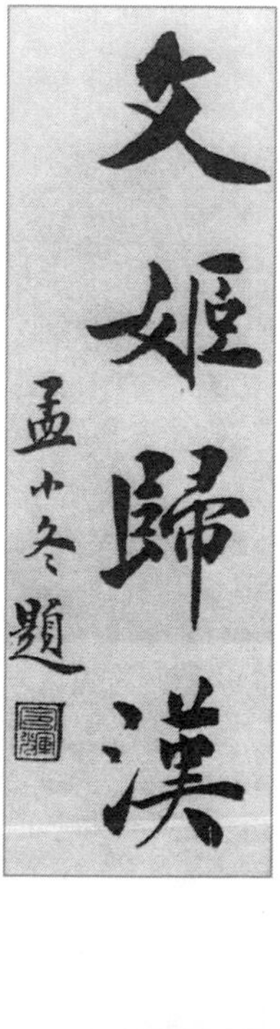

孟小冬為程派名票高華題書

> 忠誠謀國的心境畢現了。「斬馬謖」見王平詞「抬頭只見小王平，我也曾吩咐你，靠山近水紮大營，大膽不聽我的令，失守街亭你的罪不輕」，「我也曾」用扇自指，「吩咐你」用扇指王平，「靠山近水」指遠處，「大膽」指王平。兩眼要有怒意，頭部作老年人因憤怒而不能支持之狀。唱「四十棍」句時，將扇由右手交左手，右手以四指作四十的表示，當王平被責打同時表示注意靜聽狀。「再帶馬謖」，作左右尋看狀。至「無用」二字，則摸鎮木，以下連拍，作恨極狀。馬謖唱「年邁的媽」後，接唱「見馬謖只哭得珠淚灑」幾句，眼神漸作思忖狀，並有考慮為馬開脫的意思。第一次與馬謖對立三叫頭時，因呼威之聲，凜乎法律森嚴，無法可施，實在覺得殺之非常可惜。待招回來時，明知馬謖依然失望，但不過盡袍澤之誼，為其老母安頓，使其死能瞑目，故第二次對馬謖叫頭，是最後訣別，眼神漸斂，表示無法挽救，然「斬」字尚遲不出口，必待呼威之後，始斬釘截鐵，將其斬首，蓋其心中情法交戰，結果不能不斬。

我們從孟小冬的教誨中可以找到她與一般的腕兒最大的不同，所以她即使在盛年時的每場演出，都令她疲憊不堪。她不是如一般演員在台上只是亮亮嗓子、走走過場，而是要力求把劇中人物的精氣神演出來，使整齣戲活起來，她強調的是劇中人物要有「神」。孟小冬打破了「演員可以在台上閉著眼唱，觀眾在台下閉著眼聽」的戲迷只為聽唱而來的傳統習慣，她把唱、唸、做、打，以至每一舉手投足，都融入到劇情之中，豐富提高了京劇舞台表演藝術水準。

在眾多受益於冬皇的弟子中，值得一提且鮮為人知的是台灣前海基會董事長辜振甫先生。辜先生十分愛好京劇，從六七歲起就與京戲結緣。早年辜家院子裡有演京戲的戲院子，辜從小就耳濡目染。上世紀三十年代，辜振甫曾到北京、上海拜師學戲。他認為，在他的戲曲人生中，最值得回憶也是影響他最深的，則是他二十歲左右在北京的那一段日子。一九四九年底，辜振甫從台灣攜新婚夫人嚴倬雲避禍香港，在旅港居留三年期間，曾在琴師王瑞芝指導下，專學余派。他後來又經王的介紹拜到孟小冬門下，成為其少數弟子之一。辜先生不僅是票友客串登場，京劇還影響了其人生哲學。一次孟小冬在授課時，忽然問起這位出自名門的台灣青年，為什麼會如此喜愛京劇，辜振甫思考片刻說：「京劇裡面包含了中國人的歷史，忠孝節義、禮樂教化、諄諄教誨全在裡頭。」聽了這瘦高個子青年彬彬有禮，又充滿哲理和文化修養的答覆，孟小冬欣慰地笑了。此後孟師手把手地向辜振甫傳授了她的拿手戲《洪羊洞》。也許她不會想到她的這位

辜振甫飾《空城計》之諸葛亮

弟子，在四十年後，以其高深的文化底蘊和智慧，成功地構建海峽兩岸溝通的橋樑——達成海峽兩岸國共兩黨的「九二共識」，受到全體中華兒女的敬重。他還在交流中，利用京劇藝術溝通民族情感，藉戲表達政治觀點，充分展示了紅頂商人辜振甫的政治智慧。一九九八年十月十四日，離開大陸五十三年的辜振甫攜夫人辜嚴倬雲重歸故土，在上海和平飯店八樓與汪道涵和夫人孫維聰親切會晤。辜振甫欣然登台，清唱了幾折京劇選段，包括《洪羊洞》和《借東風》，贏得了滿堂喝彩。《洪羊洞》說的是為國守疆的故事，第一句唱詞便是：

「為國家哪何曾有半日閒空……」

這一亮嗓震得滿堂掌聲不斷，之後辜振甫又在空檔清唱了一段「借東風，……共作商量」，更是寓意明確，且余派韻味十足。唱罷，同樣是戲迷的汪道涵走上前去向他握手道賀。一九九八年十月十七日，大陸海協會假北京長安大戲院，舉辦了一場名家薈萃的京劇晚會，藉此款待台灣「著名票友」辜振甫夫婦（辜振甫夫婦是台灣的「名票」。為歡迎他們前來大陸訪問，有關方面此前已在上海特意安排了一場京崑劇折子戲專場）。辜振甫興之所在，欣然登台唱了幾段。在長達兩個小時的演出中，辜振甫先生看戲一直非常投入，看到興起時，還用手在坐椅扶手上輕輕擊節，令人印象頗深。

在港期間，除錢、趙、辜以外，向孟問藝者不乏其人。知名的票友有李猷、趙從衍、李相度、蔡國蘅、劉嘉猷、黃金懋、丁存坤、張雨文、沈泰魁、汪文漢、龔躍顯等。這些孟門高徒在繼承余派的唱工藝術方面，由於得到孟小冬的親傳和指點，打下了深厚的唱工基礎。談到余派在海外的影響和流傳，自然是余叔岩演唱藝術本身的巨大魅力所在，同時與他身後的主要傳人——孟小冬在港台傳藝的重要作用是分不開的。有研究家評論說：「余氏的絕藝，或能因此再傳，而發揚光大，則孟氏之功偉矣。」

在港期間，其後經熟友懇商來學戲者，概未舉行正式拜師手續，其中冬皇最得意之弟子，為嚴欣淇夫人許頌輝女士，以其嗓音極好，高低寬細，無往不宜，天資聰穎，善能領會，屢次登台，俱博好評。冬皇頗想悉心教授，期其大成，奈許頌輝已是祖母輩分，家務煩瑣，焉能有暇專心學戲。一九六五年，香港最大的慈善團體東華三院，又來請嚴夫人義演京戲，以助冬賑，希望有新穎戲碼，易於號召。嚴欣淇夫婦來懇冬皇教授《搜孤救孤》一劇，冬皇慨允。於是嚴家天天派車來接冬皇，實行教授，唱唸做工，練之又練。三月有餘，大致完成。嚴夫人自從冬皇學戲後，其藝更進，屆期東華三院義演登場，嚴夫人蕙質蘭心，對於冬皇所授，心領神會，照本演出，尤其嗓音寬亮，高唱入雲，彩聲久久不息，譽滿港九。

孟小冬後又親授過《珠簾寨》一劇，由許密甫、沈泰魁兩位弟子先後露演。許密甫在香港麗都戲院演出《珠廉寨》飾李克用，黃金懋飾程敬思，蔡國蘅飾大太保，孟小冬親自把場，並代付文武場面的費用。密甫事後才知此事，深為感動。沈泰魁所演則是在香港大會堂劇院演唱，事前由小冬教授排練，亦近三月。此戲李克用須表現出一個老而頑強的老大王，聽報救命恩人程敬思到來，即命擺隊相迎，下位走到台口，轉身向上場門一望，左手起掏翎子，右手撩袍，舉步緩緩進場，此時老大王氣派之大、威嚴之重，全在這幾步路顯出來。冬皇教時，口唸鑼鼓，緩步而行，一遍又一遍，每天總是要走幾次。三個「嘩啦啦」唱段演唱時，有三個不同的身段，冬皇一面唱一面做，亦教了數天。沈泰魁聚精會神，整天習練，屆期登場，果然不負師傳。由此沈以此戲拿手，享譽票壇，名重一時。

當時曾有傳言曰「孟氏不肯教人」，對於所謂「孟氏不肯教人」，許密甫甚抱不平，他說：

> 拜孟氏為師者，為錢培榮、趙培鑫、吳必璋三人，三人就各有不同。至於不能按部就班教授，原因很多，其中之一，是生活習慣——孟氏二十餘年來幾乎每日習慣『衛生麻雀』八圈，午夜後始隨便談戲，求授者在時間上實有困難。雖然如此，除拜師者外，餘如劉丕基、張雨文、李相度、蔡國衡、趙從衍、王統元、王芹孫、王妹妹、沈泰魁、李北濤、李猷、劉牧民、周慰如、丁寶麟、劉源沂、徐基元、黃金懋諸輩及余本人，亦皆收穫不少，豈能說其不肯教人哉？
>
> 一九五二至一九五五年，余與孟氏按部就班追隨時間最多，最得意及最欣賞者，為每日聽其吊嗓。瑞芝兄操琴，我則以月琴和調，平時不能聽到之戲，都能聽到。與瑞芝兄合奏，亦屬過癮非常，實為余學戲之黃金時代。嗣瑞芝離港，孟氏唱興大減，足見當時唱興大好者，實非因我月琴彈得好也。

一九五七年，冬皇五十壽辰。友朋弟子設宴共祝遐齡，賓客甚多。冬皇應眾之請引吭高歌，音韻之佳不減當年，眾賓鼓掌，歎為稀有。逾日，李北濤向冬皇建議：「老師趁此精神甚好，何不灌幾張片子，以留紀念？」而她對保留自己的錄音標準要求極高，平時她唱曲時不許錄音，拒絕在不具備條件的情形下灌唱片。甚至吊嗓子，也緊閉門窗不讓人聽。頗有余師之風骨。有一天，她女兒杜美娟把答錄機放在床下偷錄，被她發現，二話不說，將答錄機摔到樓下去。針對李的建議，冬皇說：「要辦就得像樣，須有杭子和之鼓，王瑞芝之琴方好。」而此時王瑞芝已回大陸，冬皇又是體弱多病的人，平時就是怕動。而她又對錄音、灌製唱片的伴奏樂隊要求甚高，符合其條件者已去，故雖有此議，亦終未獲實現！

孟小冬十四歲開始在「百代」、「麗歌」和「長城」等公司灌製唱片，冬皇所灌唱片，音調鏗鏘，銷售頗暢，可惜均為早期未入余門之作品，拜師余門後並未灌過唱片。另外，片段錄音，隻鱗片爪，是難得的機會所錄，僅《二進宮》、《烏盆記》、《捉放曹》、《御碑亭》的幾個片段而已。一九七八年後台灣出版了她的《凝暉遺音》中之《搜孤救孤》，係孟氏一九四七年之錄音，由廣播電台用鋼絲所製，後由許密甫及孟門弟子蔡國蘅，再從鋼絲轉錄裝成錄音帶，逐漸輾轉流傳，唯內有沙音不少，甚至偶有唱腔缺少半個「眼」，唸白丟了一個「字」的情形。新出版的錄音帶，經過「波麗」音樂公司技術調整後，沙音已相當減少，唱唸亦較一般流傳者清晰。

再則就是著名國畫大師張大千曾收藏珍貴的冬皇錄音帶一盤。提起張大千所藏冬皇的錄音帶，曾有下面一段趣事：一九六一年，大千居士離開香港上飛機時，孟小冬特請老友李祖萊夫人把一卷錄音帶轉交大千夫人，並帶口信說：「裡面有新錄的幾段戲，是唱給大千先生夫婦聽的，別讓別人轉錄。」大千先生恪守諾言，赴美後常提起這個錄音帶，但是說：「要聽孟老師的戲，一定要有一個特別的機會才行。」一九七三年農曆年三十，大千夫婦在環蘿庵，請友好數十人吃年夜飯，慶祝新年，客人中有國劇名家「余派老生」盧李冬真夫人、「梅派青衣」金素琴女士，大千先生特放冬皇的錄音，計除上述《搜孤救孤》外，另有《罵曹》（「平生志氣」及「讒臣當道」兩段）、《珠簾寨》（太保傳令）、《洪羊洞》（為國家當即慎重關照，及歎楊家）、《沙橋餞別》（提龍筆）、《八大錘》（怎夠）。每一劇目，都由冬皇親自題注，楷書十分清秀。後來大千居士返台定居，特請王渤生教授轉錄為卡式音帶。比較起來《罵曹》（讒臣當道）、《洪羊洞》、《沙橋餞別》、《八大錘》的四段，《凝暉遺音》內都沒有，不知道負責出版的「國劇推行委員會」，事前是否知道大千居士藏有這幾段的錄音，或者只從孟氏自己存有的錄音內去選錄，或者沒人向大千先生提起此事，或者大千先生為恪守「諾言」，不願讓這份帶子轉錄，不得而知。不過沒能把這幾段收入，充實《凝暉遺音》，頗為可惜。

新中國成立後，隨著大局逐漸穩定，流落在香港的京劇演員馬連良、張君秋、楊寶森等在周恩來統戰政策的感召下返回內地。孟小冬也是統戰政策爭取的對象之一，周恩來總理曾委派姜妙香、章士釗多次赴港做孟小冬的工作，說服她回歸，並允諾安排她到中國戲校教戲；為其拍攝京劇舞台藝術片。當時孟母張雲鶴女士尚住在北京，本以為是水到渠成的事，且這些籌碼不能不說對孟小冬有相當的誘惑力。而孟小冬深知自己非馬連良、張君秋輩可比，一則是梅蘭芳的政治地位今非昔比，已經榮任中國戲曲研究院院長，是中國戲曲舞台的領軍人物了。性格使然的孟小冬，哪能再回頭喝那酸梅湯。二則，畢竟自己沾上了杜月笙的黑鍋，她隨杜多年深知其中的深淺，讓她回頭也難。再加之身體不佳，難以完成拍片及教學演出任務，故婉言謝絕了大陸的邀請。一九五七年章士釗曾寫條幅贈孟小冬：

當時海上敞歌筵，贈句曾教萬口傳。
今日樊川歎牢落，杜秋詩好也徒然。
絕響譚余跡已賒，宗工今日屬誰家。
合當重啟珠簾寨，靜聽營門鼓幾撾。
丁酉春在香港右詩奉詒 令輝仁嫂夫人用資笑粲。

詩句表現了章士釗多次說服不成的無奈與喟歎。

孟小冬雖然沒有返回內地，但她在港期間，也十分關心內地的戲曲事業的發展；當內地崑劇舞台藝術片《十五貫》在香港上映時，她竟然不顧身體虛弱，先後到影院觀摩了十五場次之多。她在看了七次之後，激動之情難以言表，在給友人許姬傳的信中，盛讚崑曲《十五貫》的演出：

浙江崑劇團拍攝的《十五貫》電影在港上演，我連看七次。周傳瑛的況鍾，神情瀟灑，身段熨貼，台步尤佳。王傳淞的婁阿鼠，獐頭鼠目，活現出小偷賭徒的習性。「訪鼠測字」一節，旗鼓相當，最為精彩，可惜沒有看到舞台演出，未免遺憾。

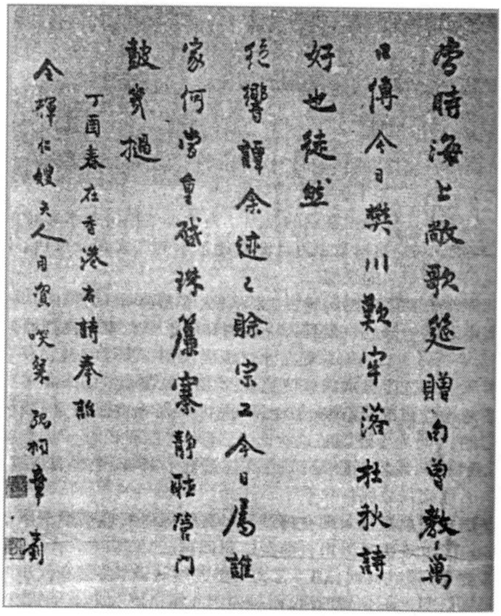

章士釗書贈孟小冬詩幅（一九五七年春）
（香港唐楚男律師提供）

我們從時年剛好五十歲的孟小冬留下的舊墨蹟裡，看到的不僅是她對中國戲曲藝術事業發展的關心，也從中隱隱體會到，一位身懷絕藝的京劇表演藝術家，被迫過早地離開舞台於心中埋下的傷痛。

28 互相觀摩惺惺相惜

一九六三年四月，京劇名角馬連良、張君秋、裘盛戎等率領北京京劇團赴香港演出，歷時三個月。期間，孟小冬曾與馬連良、裘盛戎、張君秋等老朋友親切地會面和敘舊，對新中國的戲曲發展及創新劇目層出不窮讚歎不已。譚富英因疾未隨團赴港，孟小冬非常關心並再三詢問病情，讓譚元壽帶藥給其父並轉達問候之意。孟小冬在與眾人合影留念後，還特別拍著譚元壽的肩膀說：「爺們兒，你別走，咱們爺們兒得單獨照一張。」後來她還專程去觀看了譚元壽主演的《失空斬》。

這是孟小冬最後一次和她的大陸菊壇弟兄相聚。由於孟小冬一向喜靜，不善交往，故引來孟性情孤傲之說。其實孟在學習余派藝術上，長期堅持虛心求教同行、票友、劇評人、甚至普通戲迷等不計其數，數十年如一日，可謂是多方學藝，這種精神和當初余叔岩學譚的精神毫無二致。同樣，馬連良也是和孟小冬一樣的途徑闖出來的藝術家，其刻苦學藝、虛心求進的精神不亞於「冬皇」。而孟小冬對馬連良宗譚，宗余，自創「馬派」也是十分敬佩，並不因為自己恪守余派而對馬派歧視。

《盜宗卷》本是余叔岩的拿手傑作之一，也是孟小冬拜余後所得劇目。而馬連良在學余之基礎上，經吳幻蓀編劇，排了一齣《十老安劉》，包括《淮河營》、《監酒令》、《盜宗卷》、《焚宮牆》四折。馬連良的唱腔，譽之者讚其獨樹一幟，毀之者稱其油腔滑調；但是他做派細膩，身段邊式，卻是被大家一致公認的。

一九三六年，馬連良為改革京劇徵股籌建新新戲院（後改為首都電影院），孟小冬特在新新戲院演出《盜宗卷》，她飾張蒼，鮑吉祥的陳平。唱工自是余派法乳。在做表上，雖與陳平開玩笑，卻保持大臣風度，自然而得體（與論認為馬連良此戲，稍嫌油滑），張蒼持刀打算自刎，又拋刀於地那個金雞獨立的身段，挺拔而邊式，歎為觀止。孟演出此戲那天

孟小冬與馬連良合影（一九六三年）

晚上，馬連良特地前往觀摩，參考余派演法，並在余派傳統的基礎上創新。而馬連良的《十老安劉》演出，孟小冬亦沒有放過觀摩的機會，也是虛心學習馬的「獨樹一幟」之長。馬連良知道她去，特別歡迎，在下場門給她留了一個包廂。孟演馬看，馬演孟觀，相互學習，惺惺相惜，成為一段佳話。

馬連良是繼余叔岩之後，於四十至六十年代聞名中國的京劇馬派老生創始人。他字溫如，回族，回名尤素福。北京人。八歲入喜連成（後改富連成社）科班。十一歲時同時學演老旦、丑和小生戲，有時扮演龍套。十四歲開始主演老生。十五歲變聲後，學習重唸劇目《審潘洪》、《十道本》、《胭脂褶》、《盜宗卷》。十七歲，學藝十年期滿出科，應邀去福州擔任主演。十八歲北返，聲譽鵲起。南赴福建之後，繼續深造之心迫切，再次坐科三年以上。每天清晨去西便門外喊嗓、練唸白，回

孟小冬與右起費彝民、孟秋江、薩空了、梁威林、薛恩厚、蕭甲合影（一九六三年）

家吊嗓，堅持不輟，不動煙酒，嚴格律己。富連成社科班每天演出日場，他為學習前輩藝術成就，則於晚間看戲。二十一歲時初演於上海，標以譚派鬚生。當時變聲尚未恢復，嗓音較低，但已讚聲四起，灌製唱片數張，風行各地。他艱辛地廣徵博採與不斷地舞台實踐，使他的表演藝術不斷精進。一九三一年與周信芳同台演於天津，技藝精湛，各具風采，被譽為「南麒北馬」。一九四八年冬，由滬赴港。一九五一年十月一日，馬連良因渴望早日返回內地，謝絕了台灣的約請，祕密乘車至羅湖經深圳到達廣州，隨即轉往武漢與張君秋組成中南聯誼京劇團演出。一九五五年，馬連良京劇團與譚富英、裘盛戎之北京市京劇二團合成北京京劇團，馬連良任團長。次年底，張君秋領銜之北京市京劇三團併入。此後，該團與中國京劇院合作排演《赤壁之戰》，與譚富英、張君秋、裘盛戎等人合演《秦香蓮》、《趙氏孤

孟小冬與裘盛戎（左）、李慕良（右）合影（一九六三年於香港）

兒》、《青霞丹雪》、《官渡之戰》、《海瑞罷官》、《狀元媒》。一九六二年，兼任北京市戲劇專科學校校長。

孟小冬一直十分惦念自己的老母親和體質素弱的胞弟學科，始終未中斷過對家人的接濟。其母過世後，仍然不忘關照胞弟學科。這次趁馬連良等來港之便，孟小冬又拜託馬為其弟帶錢、帶藥、帶補品，馬先生欣然效勞，完成此任，代孟送達手足親情。一九六三年夏，孟學科患了肺病，起初還以為是胃病作怪，耽誤了治療。待到協和醫院確診，結果全肺都不行了，轉往地壇醫院住院治療了三個月，還是不治去世。

一九六六年，中國大陸開始了一場史無前例的浩劫，所謂「無產階級文化大革命」的駭人聽聞的消息紛紛傳至香港，孟小冬聽說了作家老舍不忍屈辱，投湖自盡；當年遊說自己出演義務戲的言慧珠，在一次備受摧殘的批鬥之

孟小冬在香港

後，在自家浴室自縊身亡。極度震驚之餘，她歎息地說：「慧珠才四十七歲呀！一個唱戲的，有什麼罪呀！」不久，又傳來馬連良慘遭批鬥後去世的消息。悲痛惋惜之餘，孟小冬望著杜月笙的遺像，想起他生前面對複雜的局面，取「接淅而行」之策，笑指照片上的杜月笙說：「你這個鬼精靈呀，什麼事情都讓你看透了。」她雙手合十，向她夢中的知己拜了拜，又自言自語道：「我這後半條命是你給我的呀！」

與女兒基金會董事長杜美霞及女婿金元吉先生合影

29 大千居士：小冬大家

在孟小冬不多的戲曲圈外的交友名錄中，交情深厚者當屬國畫大師張大千了。他一八九九年出生在四川省內江縣城郊安良里象鼻嘴堰塘灣的一個書香門第的家庭。原名張正權，又名爰，字季爰，號大千，別號大千居士。傳說其母在其降生之前，夜裡夢一老翁送一小猿入宅，所以在他二十一歲的時候，改名猨，又名爰、季爰。後出家為僧，法號大千，所以世人也稱其為「大千居士」。張大千是二十世紀中國畫壇最具傳奇色彩的國畫大師，無論是繪畫、書法、篆刻、詩詞都無所不通。早期專心研習古人書畫，特別在山水畫方面卓有成就。張大千與孟小冬的相識是在一九五二年五月，當時小冬住在香港使館大廈，上海名士李祖萊，乃張大千紅粉知己李秋君的胞弟。李氏與張氏為世交，李又是杜月笙的門生，也住在使館大廈，因此大家時常在李家聚晤，張大千與孟師余叔岩有舊誼，而孟與其又同係佛門弟子，故對孟小冬另眼相看。大千酷愛京劇，並與京劇名伶梅蘭芳、金少山、楊小樓等都有私交；孟甚喜書畫，交往之中自然頗有共同語言。張大千自一九四九年因甘肅有誤，誣其破壞敦煌壁畫之說而離開大陸，雖暫居香港，但經常是周遊列國，來去不定。時正值大千遠遊南美阿根廷返港，籌畫移居南美。為籌措旅費，而又不使自己收藏的文物落到外國人的手中，由國學大師徐森玉先生之子徐伯郊牽線，與時任文化部文物局局長的鄭振鐸聯繫，他低價把所藏的《顧閎中韓熙載夜宴圖》、《瀟湘圖》、宋人冊頁等文物賣給了大陸，由國家文物局收購，使國寶回到了祖國。

這次在港做短暫停留期間，在李祖萊家中結識孟小冬，可謂一見如故。平日好靜不善交際的孟小冬，和張大千相識後，竟破例赴九龍青山別墅張大千寓所，賞閱字畫，吊嗓清唱，不僅讓這位國畫大師過足了戲癮，也使自己的書畫鑑賞大開眼界。是年秋，在張大千僑居阿

張大千贈孟小冬《六條通景大荷花》合影（一九六三年）

根廷餞別宴會上，孟小冬即席反串《貴妃醉酒》助興，並贈大千自唱錄音帶一盤。

一九六二年，香港大會堂落成，香港博物館主辦「張大千畫展」，為大會堂揭幕首展。時隔十年，舊友重逢，張大千百忙之餘，專程到摩登台小冬寓所拜訪敘舊，並於暨年專誠為孟小冬作畫《六條通景大荷花》。大千為作此畫專門在下榻酒店另闢一室，囑其諸弟子說：「明天你們都不要來了，我要為孟老師畫大畫。只要張耀祖一個人來，幫我磨墨牽紙就可以了。」孟小冬聽說大師要送大畫給她，喜出望外，遂告訴大千的女弟子馮璧池，請其轉告大千請署款「小冬」，不要再題「令輝」了。大千欣然從命，所以在大千送給孟的字畫中，只有這《六條大通景荷花》是署款稱「小冬大家」的。據張大千向香港《大成》雜誌主編沈葦窗解讀：「這『大家』兩字要讀作『大姑』。」

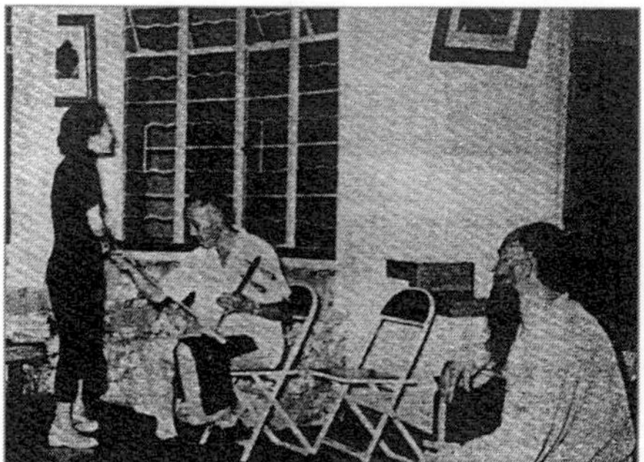

孟小冬在張大千家吊嗓，琴師王瑞芝。（一九五二年）

照常理、常人無論如何也不會把「大家」讀作「大姑」的，張大千為何有此「大姑」之解讀呢？在後來致孟小冬輓聯中，他一語道破天機：「魂歸天上，譽滿人間，法曲竟成廣陵散。不畏威劫，寧論利往，節概應標列女篇。」孟小冬一生脫俗且信奉佛事，自號「孟居士」。而張大千也是佛門弟子，法號「大千」，自號「大千居士」，故大千在署款上稱「小冬大家（姑）」，其意暗喻孟小冬是信教在家的佛教徒，其「姑」字音源如元關漢卿《望江亭》第一折：「逐朝每日到俺這觀裡來，與貧姑談話。」又如《清平山堂話本·快嘴李翠蓮記》：「夫家、娘家著不得，剃了頭髮做師姑。」可見張大千用心良苦寓意深遠。而他畫荷花贈孟小冬則意在讚譽其出污泥而不染，其心志如荷花一般淨潔，確實恰如孟小冬其人也。

大畫完成後特送到日本精工裱好，還訂做了一個大匣，張大千親筆題簽以示隆重，

孟小冬與張大千及名票高華合影（一九七七年）

還特別告訴孟小冬說，這是他心情最好的時候畫的。

一九六五年春，張大千又為孟小冬畫了《開歲百福》寄贈賀新春，在署款上，張大千仍稱「令輝大家」，足見二人摯情一斑。

張大千被西方藝壇讚為「東方之筆」，與西畫泰斗畢卡索齊名，被稱為「東張西畢」。他榮獲了國際藝術學會的金牌獎，被推選為「全世界當代第一大畫家」，並被世界輿論稱之為「當今世界最負盛譽的中國畫大師」，為中華民族贏得了巨大榮譽。他一九五一年到了台灣，從此開始了台灣、香港、巴西、阿根廷、美國、歐洲等地漂泊不定的遊子生活。在國外期間他的一首詩句寫道：「行遍歐西南北美，看山須看故山青。」從這首詩中可以讀出深深的鄉情。張大千晚年，仍孜孜不倦從事中國畫的開拓與創新，在全面繼承和發揚傳統的基礎上，開創了潑墨、潑彩、潑寫兼施等新貌，給

孟居士與大千居士晤談

中國畫注入了新的活力，影響廣泛而深遠。孟小冬能和這樣一位大師結下忘年之誼，足見其道藝高雅絕非常伶所能及呀。

孟小冬不僅喜歡收藏名人字畫，自己對書畫也頗有造詣，最擅長畫蘭花，大概是因她原名若蘭有關。早在一九三七年一月七日（丙子年十二月二十五日）軍閥吳俊升的兒子吳幼權在地安門黃化門錐把胡同府中，為其母辦五十壽誕堂會，特請余叔岩出演《李陵碑》，吳幼權、吳彬青兄妹也雙雙登台，分別出演《青石山》和《空城計》。吳彬青趁余叔岩高興，請他寫了幅扇面，正面係〈聖教序〉一段。而蹊蹺的是扇面的主人卻讓扇背空白了六年。吳彬青在結識了孟小冬後，又請孟小冬在扇背上補畫了一株蘭花，才最終成為一幅完整的余孟師徒書畫扇。就在這無意中，相隔六年完成一幅師徒的歷史巨構。此時，余叔岩剛剛去世未過百日。

題識：令輝大家乙巳（一九六五年）開歲百福
大千張爰三巴八德園寄奉以代春酒之介

孟小冬的親傳弟子錢培榮曾保留孟的信函手跡，據他介紹，從信中可以看出孟小冬的筆法嫻熟，行書流利，透出一種清秀儒雅的氣質。這是孟小冬與乃師劉源沂一起研究書法、篆刻的結果。這封信函的內容，是孟小冬聽了錢培榮寄來的《戰太平》、《洪羊洞》和《烏盆記》三劇的唱腔錄音後，給予肯定和指點的意見。信中稱讚：「錢培榮的唱如功夫不到家，不能有此地步。」可見錢培榮的唱腔錄音大都是經孟小冬老師聽後審定嘉許的，也說明孟小冬在海外傳藝的真實情況。

冬皇所留翰墨有《孟法師碑》，僅就目前我們能欣賞到的她的字畫看，孟小冬仍不虛小冬大家之名。

國畫大家曾后希先生贈之劇照

30 絕藝一身葉落台灣

一九六七年，大陸「文革」之紅色風暴向香港襲來，和平的港灣也不再安寧，在台北的姚玉蘭及嗣女杜美霞多次力邀之下，六十歲的孟小冬終於無奈之中選擇了她人生最後的歸宿，去台灣定居。

據一九六七年九月十四日台灣《聯合報》報導：

上海聞人杜月笙的夫人，在菊壇中有「冬皇」雅譽的余派傳人孟小冬女士，昨（十三）日下午一時三十分乘安慶輪抵達基隆。杜氏在台的親屬、學生及平劇界人士金素琴等，均趕到基隆碼頭歡迎。孟小冬昨日下午抵達台北後，曾至臨沂街十三巷十六號杜家次女公子杜美霞家稍事逗留，旋由其親屬陪同，赴陽明山別墅靜養。」

「孟小冬本來預定住在台北市臨沂街十三巷（杜美霞家）的，由於坐了兩天船，精神實在感覺太疲倦，臨時住在陽明山一座別墅裡。當孟小冬知道有很多人曾到臨沂街去看她，空勞往返的時候，她非常惋惜地說：「這太抱歉了，改天兒，我一定跟這些朋友見見面，好好聊聊。」

孟小冬抵台定居，受到媒體的關注和追捧，熱鬧了好一陣子。本打算圖清靜的孟小冬不得不應新聞界的一再要求，於十月六日假借陸京士公館客廳舉行了新聞記者見面會（詳見附錄五）。這是一向不善應酬的孟小冬在台灣第一次也是她最後一次公開亮相。後來賃居台北信義路，終日閉門靜養，不再參加任何活動，過起隱居的生活。定期去昆明街法華寺念佛誦經，並在家中設佛堂每日誦經。平素以看電視、打牌消遣，篆刻印章、臨寫《孟法師碑》。每天陪著她的還是姚玉蘭與杜美霞，孟小冬自己經常唸叨：「她（姚）來我這裡一坐，我就定心，她一天不來，我這日子就不知怎麼過。」聽說有人勸姚玉蘭投資做生意，孟小冬力勸她不要參加，並推心置腹地對姚玉蘭說：「我們的錢足夠維持生活了。經商有賺有賠，並且刀把子在別人手裡，不可輕信。有人也來找過我，我婉言拒絕了。」姚玉蘭聽了她

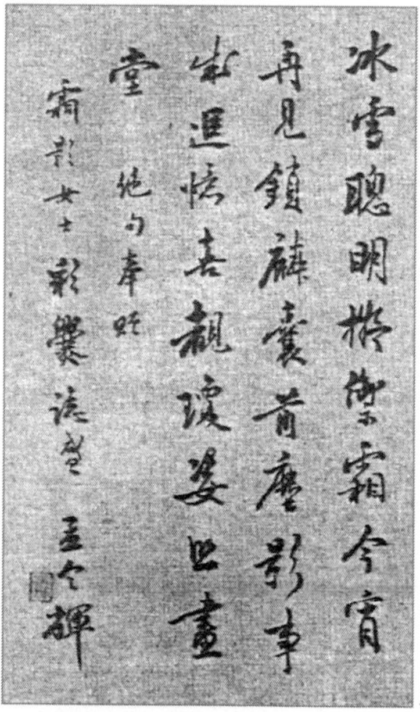

孟小冬書法

的勸告，就沒有投資。

孟小冬的衣食非常簡樸，生活有規律。早晨起得很晚，因此她是不吃早飯的，中午一般做點她最愛吃的炸醬麵；晚餐一條魚，一個雞蛋，一碟鹹菜，粥或米飯；宵夜一杯茶，一碟煮、炸花生米，一個饅頭。這些生活習慣是她幾十年演藝和獨居生活所養成的。偶爾孟小冬也在姚玉蘭的陪同下去吃西餐換換口味。

她的日常生活完全由嗣女杜美霞照顧，每天由其負責家務，照料孟的起居飲食及一切生活細節。孟也將一切內外大事，都託付杜二小姐掌管。如萬一美霞有事不能分身，也必要給媽咪打幾次電話叮嚀囑咐。而能在孟面前能進言的，也唯二小姐一人，可謂母女情深。杜美霞大家都稱呼她英文名字Ella，是金廷蓀之子金元吉的夫人。為人聰捷過人，反應快，理事明斷，性格爽朗，不讓鬚眉，饒有乃父之風，算得上是位女中丈夫。她自幼由孟小冬撫養帶

姚玉蘭在台北家中

大，孟遷台北後，杜美霞侍母至孝，照顧得無微不至，孟亦是非常疼愛及依賴她，故其對孟的感情勝於生母姚氏。據杜美霞女士回憶：「在台北每天必親臨信義路寓所請安，媽咪授課時，必須隨侍在側，若因事耽誤未到，老人家一定等我到現場才開課，否則當天的課程絕對取消不上。我和大姐均習小生，大姐杜美如是姜妙香的親授弟子，而我自己的小生藝術維妙維肖，卻沒有人知道那是媽咪親自教授的。」「媽咪非常喜歡小狗，她從香港來台定居，還把她養的『貴賓』、『馬爾濟斯』狗帶到台北來，她常像孩子似的逗狗玩耍。」孟小冬非常鍾愛她的小狗，她飼養的狗兒們時時抱不離手。有一次，她的管家打了一下她的「寶貝」，她立即教導那位管家：「狗是不會說話的動物，怎麼可以欺負不能開口的動物？」

小冬晚年生活中常有港台恆社弟子前去看望請益，由李慧岩為學生吊嗓。弟子、名詩人李猷則常陪其談字論畫，關心她的生活起居。青年演員葉復潤、崔富芝以及名演員哈元章、周正榮、李金棠、秦慧芬，老友章遏雲及名票高華等均常登府拜望，談天說地，氣氛融洽。所以杜府每天晚上，幾乎是賓客滿堂，倒也熱鬧得很。杜府中人，對姚玉蘭稱為「娘娘」，對孟小冬稱為「媽咪」。姚入杜門很早，主持中饋多年，一般恆社弟子，也皆稱其「娘娘」。因此，這「娘娘」二字，成了姚的官稱。一般人稱孟為「老師」，青年晚輩則稱其為「婆婆」。

孟小冬日常消遣是看電視，客廳裡常開著兩台電視機，好來回轉著看三個台的節目。尤為喜歡看電視劇，常常誇獎一些青年演員會演戲，有「心氣兒」。

令筆者感到十分驚愕的是，大陸與台灣隔絕了半個多世紀，兩岸的政治氛圍也截然不同，然而所謂國劇的京劇卻幾乎同時從繁榮走向滄桑，這種戲曲文化興衰現象，非常值得海峽兩岸在為振興京劇而奮鬥的業內人士深思。

曾任哥倫比亞大學東亞系教授的王德威，以一位老戲迷的眼光，說出了他對台灣京劇發展的感歎：「這幾年崑曲在台灣大行其道，相形之下，京劇表演顯得尷尬。五十年來京劇在台灣的起落，正說明了一種戲曲的滄桑傳奇。國民黨到台灣時，追隨而來的名角屈指可數，出了一位顧正秋已經是難能可貴。然而基於軍中娛樂的需要，各軍種紛紛成立劇團，京劇因緣際會，成了國劇。不少大陸來台的青壯演員，從李桐春到哈元章到張正芬，有了出人頭地的機會。更重要的，劇校成立，培養了又一輩的人才——尤其是旦角。當年集眾愛於一身的徐露，接下來的鈕方雨、邵佩瑜、姜竹華、楊蓮英、張安平、郭小莊、胡陸蕙等，都出身此一傳統。魏海敏就是隸屬海軍的海光劇校訓練出來的。一九六〇至一九七〇年的台灣，京劇曾經風光一時。金素琴的告別演出、章遏雲的重登舞台、杜月笙夫人姚玉蘭的祝壽公演、顧正秋偶一為之的特別獻演，外加『冬皇』孟小冬隱居台北，神龍見首不見尾，都曾成為台灣菊壇風靡一時的話題。與此同時，周正榮、胡少安領銜的四大鬚生，銅錘陳元正、馬維勝，『活關公』李桐春與環春兄弟，名丑周金福、于金驊，與眾家青衣花旦，把菊壇點染得多彩多姿。但『台灣製造』的後起之秀，才是值得注意的現象。」

31 冬皇之胞妹孟幼冬

「冬皇」有一胞妹，名幼冬，小名銀子，人呼以「三小姐」。一九一九年十月二十七日出生，年幼胞姐小冬十二歲。八歲時曾過繼給仇月祥，即改姓仇，名樂弟。一九二六年，孟小冬將其隨父母、仇月祥及兄學詩一起由上海接到北平，同住在東四十三條二十五號。一九二七年，由於大姐小冬有人撮合其與梅蘭芳結合，師傅仇月祥極力反對，與小冬脫離了師徒關係，帶仇樂弟回到上海法租界白爾部路（今重慶中路）合興坊居住。在上海讀書、練功學戲。仇月祥原來教小冬學唱的是老生，而教樂弟也同樣是文武老生戲。樂弟長得稍胖，和乃姐小冬一樣中等身材，皮膚白皙，就是腦門大點，也是和小冬一樣的平時不大愛打扮，也是一位脫盡脂粉氣的姑娘，但舉止不俗，品貌端莊。由於仇月祥的精心栽培，還特請琴師馮鶴亭每日不間斷地吊嗓、習唱，進步很快。她先在上海二馬路（今九江路）時代劇場清唱，由於演唱富於激情，且嗓子寬亮高亢，而饒有韻味，受到聽眾的歡迎。後來她還和另一位女老生筱蘭芬合作，演於「大世界」遊樂場「大京班」，常演的劇目有《上天台》、《白蟒台》、《三娘教子》、《桑園寄子》、《碰碑》等。和筱蘭芬曾合演《群英會・借東風》，仇樂弟前魯肅後孔明，還特邀其六叔、名丑孟鴻茂配演蔣幹，甚是精彩，由此而紅。

一九四〇年春，仇樂弟在北京組班、挑大樑。向乃姐小冬請益求助，並更名孟幼冬，在長安戲院演出一個時期，紅極一時。舊時梨園有條不成文的規矩，一過臘月二十三（祭灶日，也稱小年），各戲班都要在演完本年度的最後一齣戲之後，把放置服飾、道具的衣箱封存起來。行裡人謂之「封箱」，而這場年終「告別」演出則稱之為「封箱戲」。一九四〇年二月一日（即農曆臘月二十四）出版的《戲劇報》，頭版頭條就是〈孟幼冬今晚封箱〉，副標題為「慶樂演出擊鼓罵曹」。其下還有一則消息：〈趙嘯瀾明晚封箱・演反串法門

孟幼冬

寺〉。把封箱一事放在如此醒目位置並廣而告之，足見媒體的關注程度。而戲迷最關心的是這場封箱戲，因為為答謝觀眾一年來的捧場，各戲班的名角無不傾情奉獻，演出拿手戲、「雙齣」或難得一見的「大反串」。可見幼冬初登北京舞台時，即受到界內關注與好評。

幼冬曾拜鮑吉祥、譚小培為師，得真傳。演出劇目為《失空斬》、《定軍山》、《轅門斬子》等戲。一九四一年在天津中國戲院搭班給鄭冰如掛二牌演出，一九四二年在北京給童芷苓掛二牌。在北京期間，三哥孟學科曾關心四妹，讓她先把嘴裡的唸白多加訓練，並在家讓其多吊嗓子。更曾經冬皇改正腔調不少，扮相、嗓音，就連性情也頗似其姐，喜靜，寡與人合。時常赴東四三條看望其母與姐兄等。幼冬全部精力集中於藝術，冬皇對她此精神亦極稱讚，預卜其未來必有作為。但她對幼冬的要求非常嚴苛，其時小冬正拜入余門，聽幼冬來

《群英會》孟小冬飾諸葛亮，孟幼冬飾魯肅。

家吊嗓，嫌幼冬唱得不規範，反而出面干涉，以余叔岩要求自己的方式要求幼冬，一齣戲學不到家，不讓唱。孟幼冬要唱，要維持生計，不久就去了東北，從此姐妹二人便分道而行，再未謀面。幼冬遂先後在瀋陽、長春、丹東，乃至內蒙流浪演出，漂泊不定，期間曾和裘派花臉方榮翔合作。一九四五年定居瀋陽，成為東北著名余派女老生。常演出的劇目有《失空斬》、《借東風》、《四郎探母》、《打登州》、《逍遙津》、《大登殿》、《轅門斬子》、《打棍出箱》、《讓徐州》、《白蟒台》、《捉放曹》、《坐樓殺惜》和《武家坡》等。孟幼冬在瀋陽期間迎來了遼瀋戰役的勝利，據當年參加遼瀋戰役的一位老幹部回憶：「另外還有個原來的京戲班子，演什麼戲隨他們去，用不著審查。但裡邊有個名角女老生，叫孟幼冬，據說是孟小冬的妹妹，她有鴉片煙癮。一九四九年後我們嚴禁毒品，斷絕了

孟幼冬《沙家浜》沙奶奶劇照

她的鴉片來源。班主向我們求救，我只好請示張聞天。他認為對這種名藝人應當加以照顧，幫她慢慢戒掉，不可影響她的演出和生活。」一九五〇年，到哈爾濱、牡丹江、長春、錦州、漢口等地演出；一九五二年，到大連、吉林、鶴崗等地獻藝。一九五三年，加入河北省京劇團。一九五五年二月，孟幼冬隨河北京劇團來京巡迴演出。我們從當年的戲單上看到河北京劇團所演劇目，皆為中國京劇院二團首演的新編歷史劇：

六日日場，吉祥《三打祝家莊》閻俊英、孟幼冬、李斌華、崔樹愷、何郡英、張榮興、陳茂春、郭景春、鄒鳴述、李硯秋、齊蘭秋、關鴻賓。

六日夜場，吉祥《獵虎記》孟幼冬、李斌華、李硯秋、郭景春、鄒鳴述、陳茂春、關鴻賓、何郡英。

七日日場，長安《江漢漁歌》李硯秋、李斌華、張榮興、鄒鳴述、陳茂春、侯金波、閻俊英、何郡英、常梓卿、王鈞衡。

七日夜場，中和《三打祝家莊》同上。

一九五六年，內蒙昭烏達盟京劇團演出科長、旦角及小生演員郭韻榮邀她到赤峰演戲，定為文藝五級，月薪三百元，從此走紅赤峰，並定居於此。在當地各級領導關心下，她主動提出給學員班教戲，並隨劇團下鄉演出，後增補為盟政協委員。一九六一年夏，老舍、葉聖陶、梁思成、戴愛蓮等到赤峰訪問，觀看了她的《坐宮》，給予了很高的評價。她在現代戲《沙家浜》中扮演沙奶奶，在《奇襲白虎團》中扮演崔大娘，成功地塑造了這些人物，受到好評。

孟幼冬在「文革」期間受到批鬥，後參加當地「五七」幹校接受勞動改造。一九六九年在得知自己沒有政治問題的結論後，一夜未眠，因過度興奮而突發腦溢血去世，年僅五十歲。其直系親屬只有女兒張小雲、女婿劉國柱。幼冬比起胞姐小冬，其命運亦屬更為可悲可歎，令人酸楚不已！

孟小冬自四十年代初與幼冬分手後，相互之間再無音信。六十年代北京京劇院訪港期間，孟小冬曾關切地詢問打聽了幼冬的近況。但對胞妹幼冬於一九六九年的英年早逝，由於海峽兩岸消息閉塞，她至死都不曾知道。

孟小冬侄孟俊泉先生

32 張群贈輓絕藝貞忱

孟小冬身體素弱，患哮喘病多年。她這哮喘不是因氣管炎而發，而是肺氣腫所致，很難根治，平常就用治標的藥來對付著。一九七六年農曆十一月十六日，是她六秩晉九華誕，港台門人弟子和在台親友慶祝了兩天。壽星很愉快興奮，而也就因此累著了一點，一直患些感冒什麼的，身體不適。今春哮喘加劇，次年五月中用成藥對付不成了，延醫來家診治，醫生主張住院，孟氏堅持不肯，只說：「你們等我決定，聽我的信兒。」一家人親友再勸急了，她就不耐煩地說：「你們談點別的好不好？看電視吧！」別人也就不好意思再提此議啦。

到了五月二十日以後，醫生發現肺部有積水現象，力促住院，仍不獲首肯。二十五日晚上一陣哮喘，低頭昏迷過去了。家人急送往中心診所診治，經割開喉管將痰吸出，但仍昏迷不醒。延至二十六日晚十一點五十分，以肺氣腫及心臟病併發症終於棄世，享壽足足七十歲。

孟小冬居士一生信佛，來台北家居後，每年必到西寧南路法華寺執香拜佛數次，早已決定將來死後葬於佛教公墓，託陸京士先生代為物色墓地。臨終兩個月前，台北縣樹林鎮山佳佛教公墓有一塊墓地的地主全家遷美，將地出讓，經陸京士密告，孟氏囑即代為買下，隨即請人設計墓園形式，畫了兩次圖樣全不滿意，五月二十四日對第三次圖樣認可了，而二十五日就病危入院了，亦云巧矣。

二十七日晚，杜府及恆社人士集會商議治喪事宜，以孟氏無所出，研究如何發布訃聞，終由杜月笙長子杜維藩出名，稱孟為「繼妣杜母孟太夫人」，訃告各界，在台於六月六日刊《中央日報》，在港刊《工商日報》。杜家親友與社會各界一致認為杜維藩此舉頗識大體，倍加讚譽。

二十八日，台灣各大報刊紛紛以大字標題報導：「杜月笙夫人・孟小冬病逝！」「國劇名伶、余派鬚生，孟小冬溘然病逝」的消息。台灣《中國時報》特稿曰：「余大賢唯一女弟

左起：張大千的公子、李祖萊夫婦、孟小冬、張大千夫婦及杜美霞

子，孟小冬不愧是傳人。粉墨登場、嗓音雄厚不帶胭脂氣。篤守禮教、器度恢宏儼然大宗師。」一文又評曰：「她是一個極守禮法的人，直到她去世前，年年過年，給張大千拜年時，她行的卻是跪拜禮。在為人處事上，孟小冬人前人後，都是器度恢宏，被人讚不絕口。立法委員陸京士表示：孟小冬女士是位了不起的女性，在初赴香港，杜月笙去世前的一兩年，他們的物質生活清苦，孟小冬仍然甘之如飴。多年與杜月笙相處，雖無正式名分，她卻願委身結合，以報知遇之恩，這一點是一般伶人很難做到的。很多人說：孟小冬女士為人瀟灑，是位女中丈夫。不少人成為她的座上客，純粹是因為仰慕她的飽經世故、見解深刻、處事條理分明，而自然產生敬佩之情。

六月八日在台北舉行了一千餘人參加的盛大公祭儀式和葬禮。下午，杜府在台北市立殯儀館景行廳設奠，一時半家祭，二時起公祭。

張大千偕夫人向孟小冬靈前獻花圈

嚴家淦「頒賜」匾額「藝苑揚芬」，張群輓以「絕藝貞忱」，陳立夫輓以「菊壇遺愛」，著名書畫家張大千特送輓聯曰：

魂歸天上，譽滿人間，法曲竟成廣陵散；
不畏威劫，寧論利往，節概應標列女篇；

友人趙班斧〈輓孟夫人小冬先生〉曰：

選事話當年，是藝苑奇珍，今成碩果；
往生哀此日，看燕都眾相，後繼何人。

其弟子李猷輓詩〈哭凝暉師〉曰：

十載蓬瀛住，登堂喜復頻。感寒愁咳緊，上氣但眉顰。
強語傳珍祕，持生極苦辛。全歸悲永訣，天不憖斯人。

杜母孟太夫人墓（張大千敬題）

其他社會名流、親朋好友、家人弟子的輓聯排滿禮堂，院子裡則擺滿了花牌、花圈。

公祭單位裡，恆社弟子由陸京士主祭。門生十二人由呂光主祭，錢培榮、李猷、趙從衍、蔡國蘅、沈泰魁、黃金懋、丁存坤、李相度、汪文漢、龔耀顯、張雨文陪祭。恭讀祭文，備極鄭重。國劇欣賞委員會由主任委員吳延環主祭，全體委員陪祭。再興小學由校長朱秀榮主祭。其他還有復興航業公司等幾個單位公祭。

國劇界四個軍中國劇隊暨訓練班全體到場公祭，隊伍整齊，態度嚴肅，俱見對這位國劇前輩的尊敬。陸光國劇隊暨訓練班由大隊長陳耀宗主祭，海光國劇隊暨訓練班由大隊長任民三主祭，大鵬國劇隊暨大鵬戲劇學校由大隊長吳楓主祭，明駝國劇隊由聯勤藝工大隊長陳青麟主祭，國立復興戲劇學校由李熙祕書代表王振祖校長主祭。

孟門弟子靈前合影

名流前往致祭者有：顧祝同、王叔銘、陶希聖、張大千、王新衡、陶百川、程滄波、陳紀瀅、曾后希等多人。國劇界到者有：粉菊花、章遏雲、秦慧芬、顧正秋、張正芬、李桐春、胡少安、哈元章、李金棠、周正榮、徐露、姜竹華、郭小莊等多人。大殮已畢，三時十五分起靈。起靈前全體公祭，由吳開先先生主祭，發引赴台北縣樹林鎮淨律寺旁山佳佛教公墓，四點二十五分到達。送葬到墓地的有家人、門生、至近親友，京劇界有粉菊花、章遏雲等四五十年的伶界摯交，也有姜竹華、江長文、關勇等演藝界新人。四點四十分開始葬禮，再舉行一次全體告別公祭，由陸京士主持，五點葬禮完成。墓銘「杜母孟太夫人墓」，由國畫大師張大千題寫。

遠在大陸的余叔岩的好友、余派票友張伯駒先生得知孟小冬去世的消息後，慘然提筆寫詩一首，表達不無惋惜之意：

梨園應是女中賢，余派聲腔亦可傳，
地獄天堂都一夢，煙霞窟裡送芳年。

33 兩岸再傳冬皇餘音

一九七八年，由「冬皇」親友及弟子出資在台北組織成立「孟小冬國劇獎學金基金會」，由女杜美霞擔任董事長，每年在各劇校選拔優秀學生頒發獎學金，連續二十年，激勵了眾多京劇青少年後起之秀。為台灣的京劇發展，起著重要的推動作用。孟小冬是迄今為止，在中國京劇史上，堪稱當之無愧的首席女老生，可與京劇史上四大鬚生相媲美的藝術家，她被譽為「冬皇」，已在海峽兩岸戲曲界得到共識。身後有《凝暉遺音》錄音帶傳世。

而「冬皇」在中國大陸沉寂了半個多世紀後，其名其聲終於回歸故土，在京劇戲迷中，再起「冬皇」旋風。

二〇〇四年，由余叔岩孟小冬藝術學會和天津市中華民族文化促進會聯合製作，天津市文化藝術音像出版社出版《孟小冬唱腔及為錢培榮說戲錄音集粹》。

二〇〇四年秋，一位署名花映紅的德籍華人買下了北京東四北大街轎子胡同八號院，那是孟小冬一生中唯一一所曾經的私宅；並將其

修復一新交由北京東方餘韻文化交流中心管理。二○○八年四月二十日，熱愛孟小冬藝術的北京瑞府戲苑的戲迷、票友舉辦了紀念孟小冬誕辰一百週年女鬚生演唱會，同時隆重舉行了孟小冬私宅開宅式及新聞發佈會。

二○○七年是她的百年誕辰，凡是聽過她演唱錄音的，沒有不懷念、不敬佩這位奇女子的。為紀念孟小冬先生百年誕辰，二○○七年十二月由余叔岩外孫劉真與張業才先生合編的《孟小冬藝事》問世。《中國京劇》雜誌社於二○○八年第一期出版了《紀念孟小冬百年誕辰專輯》。北京戲曲藝術發展基金會與長安大戲院、北京戲曲藝術職業學院於二○○八年三月十五日晚在長安戲院舉辦紀念孟小冬誕辰一百週年南北女鬚生專場演出。由來自全國各地的著名女鬚生王佩瑜、姜培培、孫惠珠、周夢梅、楊淼、由奇、曾純、哈福麗、王文端、楊雙赫等，演唱了孟小冬的經典作品《搜孤救

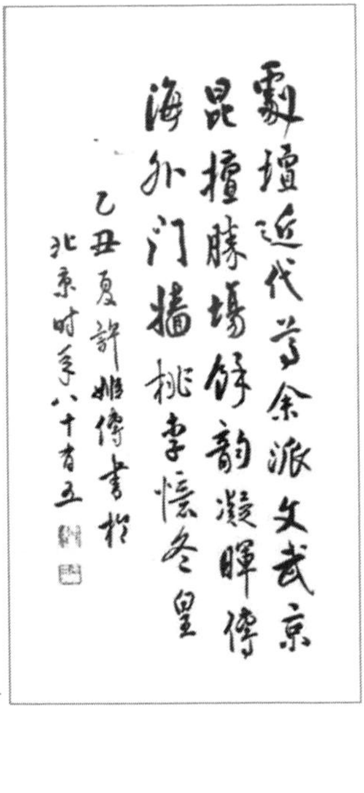

許姬傳一九八五年夏書憶孟小冬

孤》、《洪洋洞》等劇目。

著名影星章子怡在電影《梅蘭芳》中飾演了冬皇孟小冬，據悉她也被孟小冬的人生傳奇深深感動，對孟的仰慕之情油然而生。不管有關部門如何嚴格限制「梅孟」情結，設置人為禁區，觀眾還是要目睹新中國銀幕上首次展現冬皇——孟小冬魅力無窮的風采了。

最值得孟小冬在天之靈欣慰的是，她的高足，京劇名家票友錢培榮先生。錢是杜月笙的徒弟，也是享有「冬皇」美譽的余派著名女老生孟小冬正式收在門下的弟子之一。我們不僅要感謝他為後人留下了孟小冬的寶貴錄音資料，同時也感謝他晚年將自己經商所得用作大陸的慈善捐贈事業。一九九八年，「錢培榮基金會」成立。二〇〇三年，該基金會與碩放的慈善基金會合併。從那時開始，錢培榮老先生每年都向基金會捐贈二十萬元。二〇〇五年與張古愚、新豔秋、王琴生同獲粉墨春秋榜之榮

二〇〇八年北京東城輎子胡同孟小冬私宅恢復原貌

譽國寶大獎。錢培榮十多年來無私奉獻，向家鄉的學校和敬老院捐贈了近三百萬元。學校用上了嶄新的桌椅，現代化教學設備一應俱全；敬老院裡每個房間都有彩電、空調。慈海祥雲，大愛無聲！錢培榮雖有萬貫家產，但他沒有獨自享用，卻把吃盡千辛萬苦得到的甘甜奉獻給家鄉，奉獻給鄉親，奉獻給許許多多需要幫助的人。

斯人已去，但「冬皇」影響不絕。孟小冬能在六十年前，經過自己在人生道路上的奮鬥，創造了「冬皇」藝術的輝煌。人們也不會忘記她的多姿多彩的一生，同時也會同情她在感情生活中的不幸，「冬皇」為後人留下了太多說不盡的話題。近年來有關她的音像資料及傳記先後面世，其昔日音容紀錄源源再現，她的光輝舞台藝術形象將永遠活在人民之中。

晚年最後的留影於台北家中

附錄一：記者筆下的孟小冬

孟小冬的八次舞台代表作

薛觀瀾於一九九八年在台灣《藝海》雜誌第三期列舉孟小冬的一生幾次著名的演出，稱之為「八次代表作」，現抄錄於此：

第一次代表作《黃鶴樓》：一九一九年三月，十二歲的孟小冬在師傅仇月祥和父親孟鴻群的帶領下，赴無錫開始了她一生的首次營業演出獲得成功。七月，二下無錫曾在袁世凱的女婿劇評人薛觀瀾家中唱堂會，演出《黃鶴樓》。小冬飾劉備，其中「休提起當年赴會左河梁」一句，唱得特別好，彩聲四起。所以薛觀瀾晚年在台灣《藝海》雜誌第三期，列舉孟小冬的「八次代表作」時，把這次堂會中所唱之《黃鶴樓》列為她首次代表作。

第二次代表作《探母回令》：一九二五年六月五日，孟小冬初到北京，搭永盛社坤班在前門外大柵欄「三慶園」首次演出的《探母回令》，一炮打紅，名震京城。當日演出劇目如下：

㈠王金奎《草橋關》
㈡姜桂鳳《花蝴蝶》
㈢金蓮花《嫦娥奔月》
㈣孟小趙碧雲《探母回令》

這次演出被薛觀瀾稱作孟小冬的第二次代表作，其時她是學譚（鑫培）後在京的首次亮相，但當時她還未完全放棄原來「海派」的藝術表演形式和劇目。這次演出可謂孟小冬舞台表演藝術的轉捩點，帶有標誌性的意義。

薛觀瀾評：唯有窈窕淑女的孟小冬，異軍突起，頗受歡迎，足見她的藝術必有可觀者矣。以上一台戲就是她的舞台生活之中的第二次傑作。此係首次在北京公演，故而值得紀念。因為她的容貌明慧，早有「長安麗人」之目，依人一齣，音調諧潤，抑揚頓挫，曲盡其妙。總而言之，在孟小冬的舞台生活中，最關鍵的是這一台戲。

第三次代表作《擊鼓罵曹》：一九二六年三月十七日，孟小冬已是坤班「慶麟社」的台柱；是日，她在新明大戲院演出，當晚劇目如下：

㈠金友琴《烏龍院》
㈡杜雲峰《拿高登》
㈢雪豔琴《六月雪》
㈣孟小冬《擊鼓罵曹》

這次演出被薛觀瀾譽為孟小冬舞台生涯的第三次代表作。當時雪豔琴已經是坤角青衣中的魁首，花旦金友琴和武生杜雲峰也都是坤伶中的佼佼者。此時的孟小冬已經是名冠津京，大紅大紫了。

第四次代表作《探母回令》：一九三三年九月二十五日，深受婚姻失敗打擊後東山再起，重獻身於紅氍毹上。是日，在北平東安市場內吉祥戲院演出《四郎探母》，當晚演出劇目如下：

㈠周少安《南陽關》
㈡陳喜星《黃金台》
㈢李春恆《草橋關》
㈣周里安、侯喜瑞《連環套》
㈤俞步蘭、楊寶義《鴻鸞禧》
㈥孟小冬、李慧琴、姜妙香、諸如香、鮑吉祥《四郎探母》

孟小冬此次演出《四郎探母》再次被薛觀瀾譽為其舞台藝術生涯的代表作，是因為孟小冬雖尚未正式拜余叔岩為師，但這次他是首次以余派唱法演出了這個劇目，當是藝術造詣大有進步的標誌性傑作。因此值得紀念。

薛觀瀾評：此時孟小冬已拜鮑吉祥為師，鮑吉祥是余叔岩的老搭檔。時則孟小冬正在銳意揣摩余叔岩的玩意兒。當一九三三年余叔岩久已輟演，楊小樓年事已老，梅蘭芳則逗留於南方，北京老生有馬連良、高慶奎、言菊朋、王又宸、譚富英等，旦角有程硯秋、尚小雲、荀慧生、小翠花等，坤旦有雪豔琴、陸素娟、新豔秋等。此時北京改稱北平，世面已呈不景氣，京劇亦臨迴光返照的時候。然而，孟小冬東山再起之後，她的藝術頗有進步，所以她比以前更紅了。

第五次代表作《捉放曹》：一九三五年九月二十七日，孟小冬在北平吉祥戲院演出的《捉放曹》，被薛觀瀾譽為其第五次代表作。是夕「福慶社」貼出的戲碼如下：

㈠周少安《開山府》
㈡李春恆《御果園》
㈢李多奎《釣金龜》
㈣周里安《安天會》
㈤李慧琴《女起解》

㈥孟小冬、王泉奎、鮑吉祥《捉放曹》

此時的平劇在北平已走下坡路，唯有章遏雲甚紅，她以《燕子巢》、《紅刺虎》等新劇目為號召，吸引了不少觀眾。在北平的眾多鬚生名角中，孟小冬則是碩果僅存之坤角鬚生；她在演出時於唱做方面極力揣摩余叔岩，其味當於雋永中求之，深為眾多戲迷推重。

第六次代表作《法門寺》：被薛觀瀾稱之為第六次代表作的《法門寺》，是孟小冬於一九三七年十二月二日，在北平新新戲院演唱的義務戲。此次義務戲演出陣容規模龐大，名角如林，分兩場演出。十二月二日晚場劇目如下：

㈠諸子良《渭水河》
㈡李萬春、毛世來《武松打店》
㈢孟小冬、尚小雲、郝壽臣、小翠花、慈瑞全《法門寺》
㈣楊小樓、陸素娟、王鳳卿、姜妙香、《霸王別姬》

十二月三日晚場劇目則是：

㈠陶默庵《女起解》
㈡葉盛章《三岔口》
㈢金少山《刺王僚》
㈣荀慧生《小放牛》
㈤程硯秋、王又宸、譚富英、俞振飛、《四郎探母》

抗戰期間，北平淪陷，眾多愛國名伶都停止了營業演出，在許多底層藝人生活難以為計的情形下，京劇界為幫助貧窮的演員或參加賑濟災荒，慈善事業募捐等社會公益活動，聯合各戲班的名角，舉行盛大演出。演出的收入，除必要的開支外，悉數交梨園公會或有關機構，這樣的演出叫義務戲。上述兩場義務戲的角色，都是各班的台柱。北京的義務戲向來是鄭重其事的，這次演出連高慶奎、言菊朋、徐碧雲這樣的名角都沒排上號。而這次孟小冬、尚小雲、郝壽臣合演的《法門寺》壓軸，足以顯示孟小冬當時在鬚生行中，儼如匡廬獨秀了。

第七次代表作《洪羊洞》：孟小冬於一九三八年十二月二十四日在新新戲院日場公演的《洪羊洞》，是她舞台生涯中最璀璨的一頁，當日劇目如下：

㈠高維廉《轅門射戟》
㈡吳彥衡《挑滑車》
㈢李慧琴、李多奎《六月雪》
㈣孟小冬、李春恆、裘盛戎、鮑吉祥、慈瑞全《洪羊洞》

這是孟小冬拜余叔岩為師之後的唯一一次公演，此後她只在北平、上海唱過幾次義務戲、堂會戲。

孟小冬這次獻演《洪羊洞》，全神傾注，一唱三歎，聽之令人迴腸盪氣。余叔岩親自為愛徒小冬把場。他站在場門「亮相」片刻，使現場觀眾見之大為轟動，一時膾炙人口。

薛觀瀾評：當時余叔岩曾經誓言不再收徒。所以他雖教過吳彥衡、陳少霖、譚富英三個內行，但未曾正式收他們為徒。直到一九三八年十月十九日，他忽而改變初衷，先收武生李少春為徒，所授第一齣戲為《戰太平》。兩日後（即十月二十一日），又收坤角孟小冬為徒，所授第一齣戲為《洪羊洞》。

余叔岩最喜歡武戲，他拜譚鑫培為師之後，還想以武生應行，但被袁世凱一句話提醒了，然後才死心踏地地鑽研譚派鬚生。起先余叔岩甚喜李少春，曾勸少春不要再唱《打金碑》這類顛倒史實的戲，又囑咐少春留在北平學戲，不要到關外去跑碼頭，一唱便是幾年。但因李少春家累太重，他不能聽信老師的話，余叔岩心裡當然不大開心。李少春是一個文武全才，但他又拜周信芳、蓋叫天為師，藝或流於龐雜，實可慮也。

孟小冬素性謹慎，她視其師儼如天神一般，所以很得余叔岩的歡心。凡是孟小冬的信徒，尊余（叔岩）甚於尊譚（鑫培），觀瀾期期以為不可。孟小冬又與叔岩次女歡子（余慧清）相友善。我記得歡子幼時就愛撿拾她父親所寫的戲詞，但是余氏夫婦不許他的女兒哼哼，又不許他的女兒出來與他的朋友們見面。總之，余叔岩喜動筆頭，他的劇詞時有更改，但是一到台上，他的戲詞和行腔都是一成不變的。余叔岩的值得佩服即在此。

第八次代表作《搜孤救孤》：一九四七年九月為陝西水災義演暨賀杜月笙六十歲生日，七日、八日孟小冬在中國大戲院連演兩場《搜孤救孤》。一次杜月笙六十華誕祝壽義演，為何曾轟動全國，被愛好京劇者視為京劇演出的里程碑？最主要的原因之一是天下獨一無二的老生泰斗余叔岩的傳人孟小冬破天荒的露演。此次盛況在前文書中已表，在此無須重述。孟小冬亦從此告別舞台，至逝世為止。薛觀瀾氏稱此次孟小冬的兩場《搜孤救孤》演出，為其第八次代表作。

薛觀瀾評：孟小冬的第八次傑作係於一九四七年九月間，在杜月笙先生的生辰堂會中，孟女士特演《搜孤救孤》，飾程嬰；以裘盛戎飾屠岸賈；名票趙培鑫飾公孫杵臼。茲按《搜孤救孤》原係全本《八義圖》之一闋，至光緒初年已淪為開鑼戲。旋經「小叫天」（即譚鑫培）改削之後，這齣《搜孤救孤》又紅起來了。到光緒八年，「小叫天」和孫菊仙、穆鳳山在「四喜班」合演此劇，曾經轟動帝京，至今膾炙梨園。劇中〈公堂〉一場，火爆至極。余叔岩在「三慶園」亦常演此劇，唱作俱臻化境，令人難忘。其次要數到貴俊卿，但是他的嗓子太差。後來高慶奎曾編全本《搜孤救孤》，亦僅全本《八義圖》之片段而已。談到孟女士所演《搜孤救孤》，當時我在播音中曾把她的唱唸全部記錄下來，現在還都記得。她的唱工，爐火純青，可謂句句珠玉，扣人心弦，如白雪陽春，調高響逸，故一時傳為絕唱，而印象至今猶新。唯其白口太慢，稍覺美中不足。此後孟女士未曾登台演唱，然負時名，嚮往者眾矣。

琴師任萃壽（左）、票友沈泰魁（中）和孟小冬（右）

附錄二：巾幗鬚眉孟小冬

莫陸

寫在前面　用嚴格眼光看一看近二十餘年來，坤伶鬚生中的超然派人才，恩曉峰、李桂芬在其所習派別立場上，已經是很罕見的恩物了，可是論聲勢以及在一般人印象中的地位，似乎要推孟小冬後來居上！

小冬未拜叔岩之先，聲勢已經相當赫赫，所演劇如《奇冤報》、《空城計》、《捉放曹》等等，既受外行的歡迎，更為內行所折服！一自拜入余門，則越形烜耀，尤以首演叔岩代為修正的《搜孤救孤》之後，更在梨園界中造成一個新紀錄。一般人對於孟小冬，與景仰她師傅一樣，全抱著一種神聖心理，而「聽孟小冬去」也成了社會上一句「誇富」的口號！不是嗎？她在「開明」首演營業戲之夕，一張站票居然賣到十三元。這雖然不是小冬的本意，但是也可以測驗觀眾聽孟小冬的興趣來。

我們就是在那天，打算照兩張她扮戲或者是上裝以後的照片，給讀者一點新的欣賞，可是為了人地不宜，未能實現，在第三天才特蕙去拍了這幾幅未能使讀者十分滿意的畫面。

她對於她師傅　頭一次會談（採訪）的孟小冬，給於我們的印象是出乎意料之外的那

麼「彬彬有禮，瀟灑磊落」。她的態度雖然是「不酸不款」，同時她的談話也「不支不離」，所以劈頭一句，我們就問到她師傅——余叔岩。

從她談話的意境上，就可以推測到她對於她師傅，比對於她父母還「恭敬孝順」。以他們「爺兒倆」的感情來說，叔岩對於她，簡直當作自己的女兒那樣。不過，教上戲卻一點不肯馬虎，比如給她修正過一齣戲之後，且得讓她溫習。如果有一點不十分到家的地方，她師傅必笑著告訴她：「好，妳下期再唱這齣吧！」

同時她師傅對於她，愛護無微不至！遇到某一齣中很重要的一個腔兒，她師傅必給她說三種唱法，一個高的，一個低的，一個「中路」的。因為她師傅已經是身經若干戰的老將了，深知「上場」的甘苦，倘或遇上個嗓子臨時有變故，那麼就可把所說的三個「腔兒」，「隨機應變」去使，以免當場出醜。不過有一節，你要是把地方給做錯了，那師傅是絕不會答應的。

然而她師傅對於她，總是抱著「原諒」的心理。記得她頭一回唱叔岩給她修正的那齣《洪羊洞》，師傅下到後台去，拍著她的肩頭囑咐她說：「你甭害怕，沉著了氣！」可是她呢，卻越發感到「如臨深淵，如履薄冰」那樣的恐懼！結果，戲唱完而得到師傅的好評之後，她才把一顆心沉穩下來，精神安貼地長出一口氣。

她對於師傅所說的，全敬謹遵奉，絕不敢有絲毫「大意」；所以，她要新學一齣戲，最少用六七個月的時間。她說：「這不是別的，關係師傅的名譽。我心裡沒有十二分把握，簡直不敢率然說會！」

她最佩服師弟李少春，她總認為李少春比她聰明，不但學的時候比她會得快，上台唱的時候瞧著也比她來得「寫意」！

她對於自己的嗓子　曾有人要送她一份擴音器按嗓子來說，現在的孟小冬和五年前的孟小冬確是有點變化了。但是在唱唸的韻味方面，現在的孟小冬和五年前的孟小冬也的確不一樣了。到現在一談韻味這一層，我還對她在「新新」演的那齣《搜孤救孤》，不由得還心嚮往焉。那句「白虎大堂……」【倒板】，那段「娘子不必……」的【原板】，尤其是與公孫杵臼說的那句「只是她不肯哪」，「神容並茂，超然物外」這八個字，真是當之無愧，同時也是旁人所不及的。

她對於自己的嗓子，倒是不表示遺憾。她只是著急她身體太弱，太愛病。不然，她的嗓子絕不至及此而已。

偶然從劇場的設備，也曾說到這個問題。她說在事變以前，有她一位朋友，要送她德國製的擴音器（麥克風）。據說那種擴音器是最新式的，是專用於舞台上的，構造上是八個紅色銅質的圓管子，用的時候分列在台旁，與台上短欄杆沒什麼差別，擴音的程度是遠近全聽到一樣的聲調。可惜因歐戰爆發，這種東西就運不過來了。不然倒是觀眾一點耳福呢！

她對於《四郎探母》　過去不久我聽到一位接近「余迷」的朋友說，小冬有幸要唱《探母》，這消息雖然是好消息，可惜太空洞。同時，她真要唱《探母》，一切配角也似乎是個問題。所以當我第一次會談（採訪）的時候，我首先問了一句：「您是不是預備要唱《探母》？」她聽了略一沉吟說：「這個戲太累！往往唱到後部就筋疲力盡，而『乏善可陳』了。所以從那年張宅堂會之後，一直沒動過這齣戲，現在也沒這種準備！」

後來談到「嘎調」【注】以及唱「嘎調」到底是真嗓子或是假嗓子的問題。她說「嘎調」沒有假嗓子，假嗓子的「嘎調」是假嗓子「嘎調」的味兒。同時她還認為譚富英過去的「叫小番」沒嘎上去，那是一時的「心氣兒」作用，憑他那條嗓子要「嘎」不上去，那絕對不讓人相信的。

吊嗓帶演說　在一般人們想像中的孟小冬私生活，十位有九位會失之於太理想了。實際上，孟小冬的私生活是非常的規律化。她如果沒有病的時候（可惜是病的時候太多！），在一定時間起來之後，料理一兩樁非經她同意的家事，到四點左右王瑞芝早就到那兒伺候著，於是開始吊嗓。她所謂唱工，大致不是在場上所唱的並為一般觀眾所最期待而推稱為名貴的。《二進宮》的大段的唱，《四郎探母》的大段【西皮】，有時精神太好的時候，「叫小番」是越然一嘎而上。

同時當她吊嗓子的時候，如果趕上李玉芝在那兒，她也讓她吊一段聽聽。聽完之後，她再給她加以指正，不厭其詳地像是一位著名演說家，在做有系統、有聲有色的演說。她說明哪一段是某老闆怎麼唱，你將來的時候可以用上；同場角色在唱某一處的時候，你應當同時做什麼樣的表情動作，千萬不可在一旁傻站住，聽奉官的蹭戲。你這樣做不但給同場角色應有的幫助，對於你自己也會有人贊成！

讓我們再來告訴您，她在吊嗓而附帶著演說的時候，總常常談到《四郎探母》。她雖談

【注】：嘎調，在京劇唱腔中用特別拔高的音唱某個字，這種拔高的音叫「嘎調」。「嘎調」只限於本嗓之老生、武老生、紅生、老旦諸角用之，若用假嗓或變嗓之旦角、小生、淨角，則無法使用嘎調。許多年來所謂名鬚生倘能將「探母」之「叫小番」使一嘎調，聽者即讚歎不已，認為難能可貴。其實此種嘎調，猶嘎調中之最普通而最易為者。若靠把老生戲「戰太平」及老旦戲「目蓮救母」中之二黃嘎調，不但不似「叫小番」之音短而促，且須於嘎調中使一長腔，倘本錢不足之伶工，莫不視為畏途，絕不敢貿然問津。

到《四郎探母》是多麼難唱，可是窺其意旨對《探母》這齣戲，又彷彿感覺很濃郁的興趣！我想在一般戲迷，或者要自今天看到這件消息起，天天禱告，我們冬皇有一天無病而特高興的時候貼出來這一齣！

她說：真得問問那個「活犄角」，余先生這樣的好人，為什麼會得這樣的病　小冬對於她們余先生那份兒孝順，連余家的兩位姑娘都深表同情。就是余先生的一些朋友，也無不誇讚她對於師傅那樣的孝心。的確，小冬對於師傅之孝，甚於孝順她的父母。像對於余先生的病，她真著急。她恨不能有那麼一位神仙一把抓的神醫，一下子就把余先生的病根子給抓出來，好得那麼復舊如初，恢復了十幾年前的健康！

她最近聽起李玉芝談起有一個「活犄角」是如何地神通廣大，如何能下陰曹遊地獄，常到酆都城去巡禮，順便可以同閻王爺（假使有閻王爺的話）那兒打聽點什麼消息。小冬聽說，當時面現喜色，問玉芝說：「噢！真有這樣的人哪？我真得上一趟ＸＸ去找找他，求他辛苦一趟，問問閻王爺，到底是怎麼回事，拿我們先生這樣的好人，會得這樣的病?!」

這時琴師王瑞芝正在旁邊坐著，他就插嘴道：「對！您要去了順便給我問問，多俉我才受夠人罪！」玉芝笑了，小冬也笑了。

原載北京《三六九畫報》一九四二年
十五卷十一期、十八卷十七期

附錄三：

名伶訪問記（節錄）

有記者於一九四一年採訪孟小冬及胞弟孟學科後，撰文〈名伶訪問記——孟小冬〉發表於《立言畫刊》一九四一年一四六期，盛讚「冬皇」為人，筆者認為此乃直接採訪孟氏的特寫，遠比當今一些人散佈的已無從考證的流言要可信得多。特選其中部分章節摘錄如下：

近數月來，本刊時接讀者或函或電，詢問冬皇身世以及未來演出計畫，不常露演營業戲之原因？更有詢諸「名坤伶訪問記」為何不早日將孟列入者？記者為盡忠實報導責任起見，特冒溽暑赴東四三條二十五號孟之寓所拜晤。承孟及弟學科君接見，述說身世、學戲經過及現在生活情形、未來個人志願等頗詳，「不演營業戲原因」亦有圓滿答覆，後並承劇學家汪俠公、鮑吉祥二君輔助材料不少，彌足珍貴，不啻為《孟小冬小史》。茲披錄於後，記者自信此行不虛矣！

為三輩梨園　祖俗名「老孟七」
乃父名鴻群　工文武老生

孟之原籍多有認為天津者，實則為山東。「山東孟家」，固為望族也。孟為梨園世家，迄今已經三輩梨園，乃祖俗稱「老孟七」，工武花臉，腹內淵博，能排新戲，中年落戶於上海，素喜三國馬超，《詐歷城》、《冀州城》等戲即為「老孟七」一手編製。逝於滬，迄今已經數十年矣。遺六子，中間均以「鴻」字排輩。冬皇之父行五，名孟鴻群，工文武老生，能戲亦多，在申江頗有地位，十年前逝於京。有三女一男，長即冬皇，故人每以「大小姐」呼之。次女適外行人。三女為幼冬。男即學科也。母仍健在，迄今已六十高齡矣！以上為孟之大概身世。

九歲從仇月祥學戲　今年三十四歲

孟九歲時即開始學戲，今年三十四歲，迄今已有二十五年歷史矣！仇月祥彼時正在滬，仇為孟之姨夫，工老生，在滬收弟子極多。冬遵父命，即從仇正式學戲。

開始向譚派諸大名家學藝　請鮑吉祥說戲

孟在京既得內外行之特殊重視，於一個前後時期從陳彥衡、王君直、楊寶忠、言菊朋等研究譚劇。人謂孟之玩意有今日之講求，固非一朝一夕之功，尤非一人教授之力也！不久又從徐蘭沅學戲。按徐亦為昔年老譚之琴師，劇學淵博。孟從之學凡一年餘，《捉放曹》、《四郎探母》等戲均經徐之指正。後並經多人介紹，請鮑吉祥說戲。按鮑為鬚生前輩，彼時正與余叔岩合作，《奇冤報》、《盜宗卷》等戲，均為鮑之傳授。學就《盜宗卷》後，師徒曾合攝該劇戲像一幀，迄今孟鮑手內亦存放大相一張，極為珍貴。

工書喜靜　最喜收藏名人書畫

冬皇在舞台上凡二十餘年，潔身自守，侍母極孝，生來喜靜，繁華場所固不能見其蹤跡。尤喜書畫，自己對書法亦頗有研究，每喜收藏名人之手筆。其弟學科曾在行政部、財政部、稅務署等處服務，現在華北演藝協會經理科供職，文學亦具根底，時與乃姐相互研究，凡數年，從無一日輟。在今日坤伶中求孟之藝本難，求孟之人格則更難矣！

祈禱乃師病癒

自師余氏後，凡兩年餘，經余改正者有《失街亭》、《珠簾寨》、《搜救孤》、《奇冤報》、《洪洋洞》、《定軍山》、《戰太平》、《寧武關》等。按《二進宮》一戲，冬皇曾聯合李慧琴、裘盛戎演此。此次經余之指正，自更精彩……此次乃師病尤為關心。每日環視左右，更念佛祈禱早日病癒。

與李少春感情融洽

冬皇入余門，與李少春同時，因年紀長於少春，少春乃以「師兄」呼之。二人每晚同時學戲，大賢有此男女佳徒亦頗興奮。冬皇與少春感情極融洽，少春有戲，冬皇必往觀；冬皇有戲，少春亦必往觀。孟前次在新新演《搜孤救孤》，少春是晚原定在長安演《定軍山》，為尊重同門義氣，臨時回戲。是晚少春赴新新為之照料一切，二人並相互研究余腔。乃師病二人均曾兩晝夜未眠。據聞余氏對此亦頗感動，曾聲言一俟病癒，各戲當繼續為之改正，冬皇及少春對師傅如此愛護亦感激不盡。

時常演出者十餘齣戲

人謂冬皇之戲不多，其個人亦有鑑於此，能戲與譚富英不相上下。今後將再以五年工夫致力余派戲，未嘗不為此也！其常演者《珠簾寨》、《四郎探母》、《失街亭》、《洪羊洞》、《奇冤報》、《搜孤救孤》、《捉放曹》、《擊鼓罵曹》、《盜宗卷》、《二進宮》、《托兆碰碑》等及新學就之《定軍山》，以及正學之《戰太平》、《寧武關》等十數齣戲。與旦角之對戲極少演唱。冬皇不願演唱之戲亦不少，即開蒙之《斬子》、《斬黃袍》，亦全置諸高閣。今後隨乃師學大量余派戲，未來能演者當超過今日。有人詢及個人以何戲為拿手？其則表示無所謂拿手得意，舉凡自己時演之戲均有莫大興趣。冬皇夙日抱定齣齣講求一句一字亦不肯將就，此為其演戲之宗旨。

不忘鮑吉祥的師生情

雖拜余，然對鮑先生始終不忘，蓋亦「飲水思源」之義也。每一有戲必約鮑加入，一戲可得數十金。鮑老境亦不強，除演戲外，亦時常接濟。鮑每一提起「大小姐」亦頗感念，師生之情極為融洽，十幾年來並無絲毫裂痕。鮑獲此佳徒，亦足堪告慰矣。鮑今年五十九歲，老當益壯，桃李頗眾，在京者不下三四十人，冬皇固為其中最著之一也！諸弟子擬於明年鮑之六十整壽，仿王瑤卿例，舉辦一次慶壽戲。

舉凡在京各弟子均加入露演，擬以冬皇演大軸。按此事冬皇亦極贊助。果能實現，對鮑精神上自有莫大安慰，經濟上當亦有相當輔助。一般人咸盼如期實現，實為一舉兩得，對鮑自有莫大幫助。

稱讚楊寶森　謂楊玩藝規矩

每演各戲，事先均經過鮑為之再說一遍，以期場上應付裕如。鮑三五日必去孟府一次，師生研究戲中之唱作。鮑現在每日午後三時起在家教徒，每日往學戲者為「三李」，即李宗義、李菊茹、李毓琦也。宗義之《托兆碰碑》即為新從鮑學就者，已公演一次，成績頗佳。菊茹為坤伶，宗余派，嗓音、扮相頗佳，內外行對之印象頗好，現學《搜孤救孤》，用功極勤，鮑對之頗寵愛。毓琦則正熟習《捉放宿店》，亦有長足進展。按鮑有二子均逝去，只留一孫，現在亦學戲。鮑對此子期望極殷。現楊寶森每一有戲，必往看場（按寶森曾從鮑學戲）。冬皇對寶森之藝亦頗稱讚，每與人談及寶森玩藝規矩。寶森談及冬皇亦讚揚不置。今日之鬚生孟楊均為志同道合之余派中堅分子也。

侍母最孝　為人所最稱道

生平最孝，此為內外行最稱道。乃母稍有小恙，即廢食忘寢；乃母有任何吩咐，亦必唯命是從。現家中人口極簡，除母、弟外有弟媳一（即學科之媳），侄男女各二。更是囑弟及弟媳對母務恭順，以期老年人精神愉快也！乃母現對家中事物鮮少過問，對冬皇清高孤傲之人格表示滿意，與人談及每謂：「我們大小姐那份會孝順人，真是難得……」，語畢時呈歡愉情色。老人家子孫環膝，更有孝女鬻藝奉親，衷心自亦堪告慰矣。

偉大女性

冬皇今年三十四歲。在此過程中自然備嘗辛酸，無一日、無一時，不為藝術而奮鬥！素日對任何事均頗消極，遑論「婚事」。曾一再表示個人志願，每謂「絕以演戲為終身職業，抱『獨身主義』孝母養親，不作其他之想矣！」此種清高之人格，實良可欽佩。今日詭譎之社會，求諸如孟之偉大女性，鮮矣！

以上為孟之身世，學戲經過及其他一切，為孟及其弟學科君述。記者筆記，遺漏自屬難免。辭出孟府時已是萬家燈火矣！

《立言畫刊》一九四一年第四六期

此文當是難得的較為準確的記實採訪報導，其真實性遠勝於近年來那些煞有介事、譁眾取寵的文章，爆料一些什麼「孟小冬非孟氏所生」之類的無從考證的奇談怪論，這些作文章的先生名曰紀念孟小冬，實為不負責任地在「冬皇」先靈的不幸命運傷口上又撒上一把鹽，實在有違仁者道德良知。

附錄四：孟小冬未得一物

哈殺黃

坤伶鬚生中，孟小冬算是王座了！不僅坤伶鬚生，就是譚（富英）、馬（連良）、奚（嘯伯）、楊（寶森），也須有愧色，除去小冬唱上稍微帶一點女人聲音外，論唱唸做均在其他以上，可惜身體多病，不能常演。最近有人見到她，在入秋以後，更覺得不大舒適，連吊嗓子也擱下了。有人約她出演，恐怕不很容易吧！小冬成名，並不是拜余起始，其實她早已成名；如《捉放》、《罵曹》、《失街亭》一類戲，確乎為鬚生中所少見。她拜余動機固然很早，總是沒有機緣；拜余之後，實際得余親傳的，只是很有限的幾齣，大部都是余給改正。說到小冬學戲也是很難很難。有一次叔岩聽到她《失街亭》打引子的「車」字不很妥當，就說：「妳明天到家裡我給妳改正一下。」小冬在聞師命之下，當然非常歡喜；但是第二天到余家，在客廳裡等候數小時之久，最後師母出來敷衍幾句，說：「師傅沒起來哪。」其實余早等得不耐煩了，結果弄得師徒兩方不能見面。又有一次叔岩說給小冬說《洪羊洞》，小冬準時到師傅家中，又趕上師母第二天壽日。小冬見著師母，師母就說想吃蘋果。那時正當春盡夏初，蘋果正在缺乏，小冬親自到果店給買蘋果，找了十幾家，才買到四十個，親自送到家，這才見到叔岩，給說了一個《洪羊洞》的架式。至於叔岩入協和醫院的時候，小冬日夜侍奉，叔岩也很受感動，他歎口氣說：「連自己親生女兒，也未必如此呀！」後來叔岩病重臨危之前，當面許給行頭等物，一部贈與小冬，一部贈與少春。後來叔岩病後，久未提到，小冬方面一件未得。據聞師母對於行頭一事，寧可拍賣，也不能送人，還說了許多絮絮叨叨的閒話。小冬在一氣之下，將幼年所穿行頭，盡數贈送給（尚小雲辦的）「榮春社」，一則因為小冬侄孟喜平在「榮春社」坐科之故，一則以留異日之念。最近有去孟家的人們，孟老太太就把這事前前後後說個不住，在哪裡會看見余叔岩半件行頭啊！孟小冬從余學藝之難，大致如上述。蓋余生前對傳藝一事，並非隨隨便便，而友朋與叔岩往還者，南天北地，無話不談，唯一談戲，輒閉口不言，甚至吊嗓亦在後院，以防人偷學。

北京《立言畫刊》一九四三年二六二期

附錄五：

滿目山河空念遠　廣陵絕響說冬皇

朱向敢

霏霏細雨，略感寒意的天候，帶給人一份冬天即將蒞臨的感覺。「冬皇」孟小冬，這位繼承余派衣缽，並且在愛好國劇者腦海裡有著拂不去懷念情愫的藝人，選擇了這一天和新聞界見面晤談。

孟小冬上今月十三號就回台定居了。但是三週以來，沒有一個新聞記者見到她。對於許多人來說，這是一個極大的遺憾。

風神雅談可想當年

直到昨天下午，在杜月笙門下陸京士的家裡：「冬皇」才把她的廬山真面目，呈現在大家面前。大家都有吃一驚的感覺。因為面對著的這位安詳、淡雅，但是表情堅毅的婦人，絕對不像六十歲的樣子。「冬皇」的牙齒是整齊的。她穿了一身咖啡色的旗袍，黑色平底鞋和老式黑皮包。頭髮也是漆黑的，找不著一根銀絲，整齊地往後梳成一個髻。

在整個談話過程中，開始比較拘謹，陸京士一再希望記者們不要把場面弄得太緊張，怕身體不適的「冬皇」會適應不了。然而這份拘謹後來被融化了，凍解了，整個客廳裡洋溢著親切的笑聲。談話的內容多半染上了懷念的味兒，而懷念的感覺似乎有點不勝依依。

一開頭，有人問「冬皇」今後還會不會唱戲。

「我已經有幾十年沒唱戲了，」從嘴裡吐出清亮地道的京片子，「冬皇」頓了一下說，「身體不好，年紀大了，唱不動，以後不會再演出了。」

名畫清曲亦佳話

聽了有點失望。於是把話題轉到她今後準不準備收弟子的問題上。

「冬皇」的回答是簡短的「以後再說」四個字。不過孟小冬顯然對收徒仍然有興趣，她補充地表示：一旦自己身體轉好之後，她會認真地考慮這件事。

廣播記者想錄段「冬皇」清唱的音。並且引用一段故事做引子。這段故事是：孟小冬是位虔誠的佛教徒，國畫大師張大千為她畫了張佛像，「冬皇」也破例地為張大千錄了次音。「冬皇」仍然不為所動。她表示沒法子唱，過去的錄音帶都是在家裡唱的，也都沒有鑼鼓伴奏。

「那麼，您能不能談談您在香港的生活，以及返台後的觀感？」

孟小冬說，在香港她每天和醫藥作伴。她說台灣的一切都很繁榮，非常安定。

她的回答都是非常簡短的幾個字。大家再換個題目，放在她唱戲的過程上。

曾紅遍大江南北

孟小冬說她從十六歲開始唱，唱到二十六歲【按：「冬皇」在答記者問時，把自己正式開始唱戲的時間推遲到十六歲，按實足年齡算應當是指一九二四年北上北京開始；而把不再真正從藝的時間也提前到二十六歲，即一九三四年十二月經楊梧山在楊宅家宴上初拜余叔岩止。可見她對自己舞台生命界定的自我嚴求。她認為一九二五年立足京津舞台是她京劇舞台表演藝術的真正起點，一九三五年在上海因病中途輟演後，基本結束了以演藝為生的營業演出活動，而以此定為她從藝之終點，也是別具匠心的。而「冬皇」的實際演藝生涯是從一九一九年三月十一歲首次赴無錫正式演出營業戲開始，至一九四七年九月年近四十週歲時，為陝西水災義演暨賀杜月笙六十歲生日演出止】。

「您最喜歡哪齣戲？」

「老師教的，我都喜歡。」

「能不能談談您的老師余叔岩？」

「大家都非常瞭解他，不必我講了。」

「冬皇」說，她一共能唱幾十齣戲，但是談不上什麼拿手的。《搜孤救孤》是她最後唱的戲，唱的地點在上海中國大戲院，時間是抗戰勝利之後。唱這齣戲是為了杜月笙過六十大壽。孟小冬承認《搜孤救孤》是她最喜歡的戲。和孟小冬同台唱過戲的人很多。她說和許多「老先生」們同過台，包括梅蘭芳在內。

有人請她詮釋「冬皇」的意義。

孟小冬笑了起來。她說自己的名字有個「冬」字，這個稱呼是喜歡藝術的人，捧場的意思。「冬皇」曾經在大江南北紅極一時，她說自己演唱的地點除了北京、上海以外，還有天津、濟南、漢口等地。

苦心孤詣得真傳

有人問她平常的消遣。她說偶爾抽幾支煙，打打小牌。不過沒人願意跟她打，因為她只願意打上兩三圈。「冬皇」又笑了起來。

有人關心地問候她的病。孟小冬說她的胃不好，而且有氣喘病。天氣不好感到氣悶。這毛病在上海就有了，現在已經有十多年了。有人建議她到榮總醫院徹底檢查一下。「冬皇」欣然接受，她說她有這個意思。

話題又移到唱戲上。孟小冬說她十幾歲就決定了要學唱戲，沒有任何原因中斷了她這項意願。她不移的志願是：「我一定要學下去！」在二十幾歲的時候，孟小冬開始拜余叔岩為師。後來繼承了余派的衣缽。

「在向余叔岩學戲的時候有沒有什麼有趣的掌故？」

「冬皇」的答案是：「每學到一齣戲，就是最有趣的事！」她說自己灌的唱片不少，大部分都是在拜余之前灌的。她說自己一共跟余學了八九年。

心領神會不落言詮

「可否談談您學戲的心得？」

小冬又笑了。她說：「這是只能意會，不能言傳的。」說到這裡，「冬皇」從皮包裡掏出一方絹製手帕來，摘下眼鏡擦拭了一下眼睛。在香港她偶爾聽聽戲，余派的戲唱的人不少。在台北，她有次看了電影京劇《寶蓮燈》，「冬皇」說成績很好。有十幾年孟小冬沒吊過嗓子了。她說自己只在情緒好的時候，偶爾「哼哼」而已。

孟小冬這次回台帶了幾段錄音帶來，有人問可不可以聽聽。「冬皇」說：「你總不好意思現在跟我回去開箱子吧？」「冬皇」說她還沒有寫回憶錄的打算。有位記者希望她把所說的話串連起來，一口氣再說一遍。微微地撇開頭，孟小冬說：「一口氣？饒了我這條老命吧！」

如入寶山空手回

許多人用話從旁刺激她，希望能從「冬皇」的嘴裡吐露更多大家要知道的事。有人表示，不希望正宗的余派，成為「絕響」。「冬皇」並不為之所動，她只是淡淡地一笑，吸一口清茶，輕輕地搖搖頭：「余派的人很多，比我好的人也多得是。」但是「冬皇」又不願說出「比她好」的人的名字。

在輕鬆、親切的談話中，有人向「冬皇」提出抗議，說對談話的內容很「失望」。在許多人示意下，記者會告一段落，「冬皇」也離開了陸京士家客廳到裡面去休息。包括陸京士、呂光、杜維藩都認為，「冬皇」的談話是一個非常好的開始，他們相信等她身體好一點之後，「冬皇」會考慮收徒，指導下一代的問題。據這些瞭解孟小冬的人說，叫她公開演唱，恐怕可能性甚微。

瀟瀟細雨洗清秋

大鵬劇團的創始人王叔銘將軍，在獲悉孟小冬返台消息後，也寫信給他們說：不要太勉強「冬皇」去唱戲，要好好地把她身體休養好，如果可能，希望她能為培育下一代盡點力。

大家從安東街陸京士公館出來，雨仍在飄落，打在臉上。寒意使人要拉高衣領。可是大夥腦海裡仍然浮映著「冬皇」的影子。那份超逸的、淡雅的、堅毅的而又落寞的神態，把雨絲和寒意抛得老遠、老遠，緊緊地扣在大家的心弦上。

摘自《台灣新生報》一九六七年十月六日第三版〈朱向敢專訪〉

附錄六：

先師孟小冬女士逝世三週年感言

李猷

孟小冬老師逝世到今，三年了，和她老人家談天說地的情形還像昨天一樣新鮮。每次走過金山街寶宮戲院那裡，不期然地兩足都會移向老師居住的那條巷子。這三年中，無論同學或同好們，談起國劇時總會想念到老師而嗟歎她這份藝術修養已經是「此曲只應天上有」了。譚鑫培、余叔岩二位宗師，現在劇藝界的年輕人能知道他們的名的已經很少了。至於譚的藝術已經貌若煙雲，到了無可尋的地步。余叔岩先生幸虧留著若干張唱片，還有各種書籍和雜誌上的一些記載，大家還能彷彿他的藝事的高超。而孟老師才逝世三年，而其藝術也有追隨著兩位老先生越隔越遠的趨勢。往日隨時可以討教之人，而今已隔人天，真是令人悲慟！所幸孟老師的基金會在前年製作了一些孟師生前的錄音帶，瓊瑤欬吐，尚在人間。現在《搜孤救孤》一劇，已經有青年們刻意模仿，在台上表演，也有幾分神似。以她（他）們的這樣用功，老師如尚在世，在電視機中看到也會高興（孟老師返台後未嘗一日涉足劇場，唯電視機中有平劇節目，每以觀賞為樂）。可惜唱、唸之外的身段神情，縱然能夠聰明體會，但未蒙她親自指點，總還有些距離，因為在做工和唸白方面也有深刻的表情需要加以精研的。

嚴格說，在一種規範之內，用心揣摩，不離傳統，有至好的表現，是應當算優秀的。這裡邊就有個「深度」問題。老師自己是冰雪聰明的人，再接受余先生的指點，余先生是繼承譚鑫培的經驗而自己加以體會修正的，所謂「弟子不必不如師，師不必賢於弟子」和「青出於藍而勝於藍」，藝術的道理本來如此。老師到了晚年，在台北談戲的時候，與二三十年前在香港所唱，已經有些不同。我們不能說前者好或後者好，只能說好像書畫家的作品有中、晚期之別。有一天，我陪老師閒話，我說：「余先生五十三歲時就已逝世，老師今已七十歲，這二十年來雖不吊嗓了，但窺察老師有時也在瞑目沉思，是不是也有所啟發而改進？」她聽我這話後，矍然正容說：「我哪裡敢對師門的藝術有所改進，我不過謹守弗失而已。」這種尊師重道的精神，實在是可以欽佩。

一個人的藝術，無論書法、繪畫、唱歌以及種種，必然和身心心理相通。老師晚年的歌唱，亦不曾脫離這個原則。不論在港時家中吊嗓，或晚年在台說戲，她那份爐火純青、恰到好處以及意境蒼涼的境界，相信常和她往還的人士都能道出這種意味。蓋這一種意味不是在詞句之講究與否，也不是在板眼之間，也不是在調門高低方面，只要閉目細品她的錄音，那種沉鬱頓挫的勁兒，求諸並世，無人可敵。換言之，即使以余先生的十八張半唱片來衡量，也是激昂慷慨為多，沉鬱頓挫較少。為何我提出「沉鬱頓挫」這四個字呢？可以分別來說：「沉鬱」是她老人家晚年的心情（身體不適，最使她難受；十年台北，多半病中）；而「頓挫」則是她老人家晚年的功力，同樣一板三眼，而經她細心的安排，在這輕重快慢之間，就會發出另外一種面貌，即在極平易處、極易忽略處，她用了功夫。就拿《洪羊洞》那段【快三眼】中「有誰知焦克明他私自後跟」一句的「後」字來說，就是在不知不覺上變動挪移這一絲（即將「後」字第二重音一起放在頭眼）真是巧妙極了。可惜這些腔調無法用筆墨形容，要實際體會，所以對於老師的藝術，不可囫圇吞棗來學習。

有一天晚上，我忽然提出《黃金台》的一句【回龍】請教老師如何結尾。她閉目一想，半晌不語，然後鄭重地對我說：「你突然提出這一句，我得想一想，明兒再和你說。」到明天再去時，我因事要早走，她說：「等一等。你昨天問的那句【回龍】是這樣唱的。」就此一點，足見她老人家對於藝事的認真，真是一絲不苟的。不但從事劇藝的人應當效法，就是做學問、研究藝事的人，也應以此為法，可謂「治學不苟」，真是可以師法的。

老師有一種特別的修養，無論人前人後，從沒有聽到她批評人家一點不好，因為她自知在國劇中的地位，尊而無比，一褒一貶，影響人家前途甚劇。雖平時閒話，絕不會輕易批評一句。這種修養功夫，實在修持不易。但是有人提出問題，虛心請教，就戲劇上每一個問題她一定會有誠懇負責的答覆並糾正其不妥之處。這種實事求是的精神，也就是中國儒家傳統的心法，而老師是恪守的。

老師雖是一位老派女流之輩，卻具備著男子的俠義氣概。當然，從她幼年時就涉歷在外，閱歷甚多。有時有人和她商量外事之道，我從旁觀察老師所下結論，往往能衷於至當，普通男子還有所不及。還有見到人家急難，必然傾囊相助，至於自己的需要，可以擱置再說。與親友往來送禮，唯恐不豐。這種待人厚道、尊親重禮的精神，也不是一般人所可以比擬的。香港某年暴雨成災，平劇同行李宗英女士身受其禍。孟老師平素與李無甚交往，聞訊後亟加援手，其事為筆者所目擊。

老師過去在余門的好學精神，向為世人所稱道。到了晚年，無論研究經典，或涉獵文字，或探討一個問題，無不極度虛心誠懇向人請教，諦聽的成分多，發言的成分少，絕不以為自己的成就不能不恥下問。這樣開闊的心胸真是難得。還有在國劇方面，她的智識本來非常的淵博，見聞又廣，但她總是抱「知之為知之，不知為不知」的態度，不知的、沒有學過的，她一定會說：「我沒有。」絕不含糊充好漢，表示自己無所不通。

國劇一道，在藝術界中，可說是繁難的一環，不可以靠聰明取巧，一定要具備扎實的功夫方能表演出來。書畫家還可以換一張紙，或者修改塗抹一下，唯獨這行，站、坐、打、走各種姿勢，在氍毹上有確定的分寸，不可逾越一點，這是歷代藝人經驗積聚的所在。所以老師對這許多地方在排練身段時特別注意。例如《失街亭》諸葛武侯的出場，必在鑼鼓後之一剎那方稱合適。這就是「增一分太長，減一分太短」的道理。記得老師逝世前兩天晚上，我剛剛看過周正榮兄的《問樵鬧府》之後，向老師提到踢鞋、接鞋的技巧。她說周先生這樣做是對的。她又給我說了余先生表演的方法。老師自己不演此戲而精熟如此，所以老一輩人的功夫真是不可測度的。

老師平時非常迷信，居常說話，不吉利的字眼絕口不帶。在逝世前一個月，聽到樹林山佳那邊淨律寺旁開闢佛教墓地，即託陸京士先生訂了一穴之地。其事極祕，只有陸先生和世妹美霞知道。其間墳墓設計還親自提出意見。最後決定圖樣之日，即晚間舁入醫院之日，先後正好一月。莫非自知身體不好，早做準備，否則真是不可思議的了。

人逝了，就是千古。在她生前受過她指教的，都能說得出她的藝術高深所在從而懷念她。今年五月二十二日即舊曆四月初九日為老師逝世三週年忌辰，美霞世妹在台北西寧南路法華寺誦經追薦，大家仍和她往年生日的日子一樣，共聚一堂，藉吃素齋而追話老師生平的一切，亦有相當意義的。

香港《大成》雜誌一九八〇年第三八期

附錄七：京劇中的行當

扮演劇中人物分角色行當是中國戲曲特有的表演體制。行當從內容上說，它是戲曲人物藝術化、規範化的形象類型。從形式上看，又是有著性格色彩的表演程序的分類系統。這種表演體制是戲曲的程式性在人物形象創造上的集中反映。每個行當，都是一個形象系統，同時也是一個相應的表演程式系統。行當的主要類型分生、旦、淨、丑，各個行當都有各自的形象內涵和一套不同的表演程式和規制；每個行當具有鮮明的造型表現力和形式美。

行當的劃分由來已久，大約在七八百年以前，元人雜劇時代，就劃分出來很多行當。當時，這些行當的名詞叫做腳色，大致分成末、旦、淨三大類。末又分為正末、外末、沖末，旦又分為正旦、外旦、搽旦，淨又分為淨與副淨。其中扮演主要角色的是正末和正旦。當時這些行當（腳色）的劃分還不如現在的科學、細密，各種行當的涵義和表現形態，也和現在舞台上的行當，有很大的區別。等到明末清初，崑曲盛行的時候，行當的劃分就日益細密精確，已經劃分為十二種腳色（行當），被稱為江湖十二腳色：老生、正生（相當於小

生）、老外、末、正旦、小旦（相當於閨門旦）、貼旦、老旦、大面（相當於淨）、二面（相當於副淨）、三面（相當於丑）、雜。這些腳色在藝術上都有獨特的創造。不過對於京劇劃分行當影響最大的，應該說是漢劇。漢劇共分為十種行當：一末、二淨、三生、四旦、五丑、六外、七小、八貼、九夫、十雜。這十種行當所扮演角色的內容，大概是這樣：末是主要的男性角色，就是京劇裡邊的生行；淨與京劇裡的淨是一樣的，指的是花臉；旦就是京劇裡的旦，指的是女角色；貼，是貼旦的簡稱，京劇在早期劃分行當，也包括貼旦在內，指的是比較次要的旦行角色，俗稱二旦。例如現在京劇《紅娘》裡扮演鶯鶯小姐的，就是貼旦。夫，扮演車夫、轎夫、馬童、衙役一類角色。總的說來，漢劇的這十種行當，劃分得比較細緻，為京劇劃分行當，打下了基礎。京劇後來劃分為生、旦、淨、丑四大類型，似乎比較簡化精練，但每個大類之中，又包含若干小類，所以實際上是把這十種行當都包括在內了。不僅包括在內，而且更為細密嚴謹。唯一不同的是漢劇雖然有了生行，可他的主要行當和元雜劇一樣，還是末，而不是生。發展到京劇，生行就成為主要行當了。

生，扮演男性人物。生又分老生、小生、武生。老生因多掛髯口（髯鬚），又稱鬚生。扮演中年或老年男子，多為性格正直剛毅的正面人物，重唱功，用真聲唸韻白，動作造型莊重、端方。小生扮演青年男性，不戴髯鬚；多以假嗓（小嗓）為主，真假嗓結合。武生是扮演擅長武藝的青壯年男子，其中分長靠武生、短打武生兩類。長靠武生在裝扮上「紮」靠，戴盔，穿厚底靴子，扮演大將，一般使用長柄兵器。表演要求功架優美、穩重、沉著，具有大將風度和英雄氣魄。唸白講究吐字清晰，峭拔有力，重腰腿功和武打。短打武生：常用短兵器，表演以動作輕捷矯健，跌撲翻打的勇猛熾烈見長。舞蹈身段要求漂、帥、脆，乾淨利索。武生也兼演部分武淨戲。

旦，女角色之統稱。近代戲曲旦角根據所扮演人物年齡、性格、身分的不同，大致劃分為正旦（青衣）、花旦、武旦、老旦、彩旦等專行，表演上各有特點。正旦在近代戲曲中已成概括一定類型的獨立行當。主要扮演嫻靜莊重的青年、中年婦女。重唱功，多用韻白。因常穿青素褶子，故又名「青衣」。花旦多扮演性格明快或活潑放蕩的青年女性。表演常帶喜劇色彩，重做工和唸白。武旦是扮演擅長武藝的女性，按扮演人物的身分和技術特點，又分刀馬旦和武旦兩種類型。刀馬旦多紮靠，騎馬，持長兵器，表演重身段、工架、唸白；武旦穿短衣裳，重跌撲翻打，常扮演神怪，多表演「打出手」特技。老旦扮演老年婦女。唱念用本嗓，唱腔雖與老生相近，但具有女性婉轉迂迴的韻味。多重唱工，兼重做唸。彩旦又叫「丑旦」、「丑婆子」，扮演滑稽或奸刁的女性人物。表演富於喜劇、鬧劇色彩，實屬女丑，故常由丑行兼扮。

淨，俗稱花臉。以面部化妝運用各種色彩和圖案勾勒臉譜為突出標誌，扮演性格、氣質、相貌上有特異之點的男性角色。或粗獷豪邁，或剛烈耿直，或陰險毒辣，或魯莽誠樸。演唱聲音宏亮寬闊，動作大開大闔、頓挫鮮明，為戲曲舞台上風格獨特的性格造型。淨行根據角色性格、身分的不同，劃分為若干專行，表演上各有特點。大致分大花臉、二花臉、武二花、油花臉等。大花臉也叫正淨、大面。扮演劇中地位較高，舉止穩重的人物，多為朝廷重臣，故造型上以氣度恢宏取勝。表演上重唱工，唱唸及做派要求雄渾、凝重。又稱銅錘花臉。二花臉，又稱副淨、架子花臉、二面。大都扮演勇猛豪爽的正面人物。以做工為主，重身段工架，唱唸中有時夾用炸音，以點染特定人物的威勢和性格上的剛烈。一些勾白臉的奸臣，也屬二花臉範圍。武二花也叫摔打花臉、武淨。以跌撲摔打為主，不重唱、唸。油花臉俗稱毛淨。多用墊胸、假臀等塑型紮扮，以形象奇特笨重、舞蹈身段粗獷而嫵媚多姿為其特點，有時用噴火、耍牙等特技。有名的鬼魂形象鍾馗，就是紮扮造型，非常獨特。

丑，喜劇角色。由於面部化妝用白粉在鼻樑、眼窩間勾畫小塊臉譜，又叫小花臉。扮演人物種類繁多，有的心地善良、幽默滑稽；有的奸詐刁惡、慳吝卑鄙。近代戲曲中，丑的表演藝術有了長足的發展，丑的表演一般不重唱工而以唸白的口齒清楚、清脆流利為主。相對地說，丑的表演程式不像其他行當那樣嚴謹，但有自己的風格和規範，如屈膝、蹲襠、踮腳、聳肩等都是丑的基本動作。按扮演人物的身分、性格和技術特點，大致可分為文丑和武丑兩大支系，表演上各有特點。文丑包括人物類型極廣，除武夫外各種丑角均由文丑扮演。武丑俗稱開口跳。扮演機警幽默、武藝高超的人物，唸白口齒伶俐，吐字清晰真切，語調清脆，動作輕巧敏捷、矯健有力，擅長翻跳撲跌等武功。

參考書目

1. 沈鴻鑫，〈京劇第一女鬚生孟小冬〉，《上海文藝》。
2. 李炳莘，〈孟小冬生平與藝事〉，《中國京劇》二〇〇八年第一期。
3. 文震齋編輯，〈孟小冬年表〉，《中國京劇》二〇〇八年第一期。
4. 星翁，〈記孟小冬的謝幕演出〉，《中國京劇》二〇〇八年第一期。
5. 丁秉鐩，《孟小冬與言高譚馬》。
6. 李北濤，〈一代藝人孟小冬〉香港，《大成》雜誌一九七八年第五十一期。
7. 沈葦窗，〈憶冬皇〉香港，《大成》雜誌第四十四期。
8. 言慧珠，〈新秋傍晚訪冬皇〉，《三六九畫報》一九四五年三十五卷第二期。
9. 丁秉隧，〈孟小冬喪儀哀榮〉，《菊壇舊聞錄》中國戲曲出版社一九九五年。
10. 甄光俊，〈杜月笙與姚玉蘭、孟小冬的京劇情緣〉，《中國京劇》二〇〇五年第十一期。
11. 魏紹昌，〈杜月笙與孟小冬〉，《藝苑拾憶》上海三聯書店一九九一年。
12. 沈葦窗，〈張大千與孟小冬〉香港，《大成》雜誌第二五二期。
13. 諸廣森、郭淑文，〈晨星常伴日月明—記余派女老生孟幼冬〉，《塞外梨園譜》中國戲劇出版社一九九六年。
14. 許姬傳，〈漫談我所知道的孟小冬〉，《許姬傳藝壇漫錄》中華書局一九九四年版。
15. 劉嘉猷，〈冬皇遺音傳千古〉香港，《大成》雜誌一九七七年第四四期。

跋

孟小冬是一個塵封了幾十年的名字，所以歐陽中石先生為萬伯翱、馬思猛（馬思猛是戲劇家馬彥祥之子，其祖父是首任故宮博物院院長馬衡）合著的孟小冬傳題簽為《氍毹上的塵夢》。歐陽老是奚嘯伯唯一嫡傳，他對孟小冬當然應該是有所知的。現在的年輕人大概根本不知道當年這個如雷貫耳的名字。當然，如果僅看電影《梅蘭芳》，那並不能當作信史。

伯翱兄有志於為她立傳，我則首先有感於他的勤奮。若干年來，他出版了《元戎百姓共垂竿》、《三十春秋》、《四十春秋》、《五十春秋》等散文隨筆集，還創作了《賀龍釣魚》、《三個少女和她的影子》等影視作品。尤其是他有關體育題材的散文，在文壇產生了廣泛的影響。他一直不輟筆耕，甚於利祿之求，對於他而言，遠離誘惑，非常難能可貴。他退休後，擔任中國傳記文學學會會長，工作繁忙，還寫作戲劇名伶的傳記，一則得於他對京劇的熱愛，二則仍然得於他對文學事業的孜孜追求。近日與王蒙、萬雲大姑、伯翱兄

雅聚，當王蒙先生聽說伯翱兄關於孟小冬的傳記即將問世，大發感慨云：「伯翱是一個熱愛文學的人！」類似的話，蘇叔陽先生也說過。有一次參加伯翱兄體育題材散文研討會，王光英副委員長發言時竟然涕下：「老大（指伯翱）不容易呀！」這文學之路上的甘苦也許伯翱兄自己最心知。

孟小冬這個題材並非易寫，她的人生悲劇先淒惻於與梅蘭芳的悲歡離合（梅氏實際是納她為第三房妾），後委身於海上聞人杜月笙的金屋藏嬌（第五房小妾），一生芳名，明珠染垢，終息影氍毹，應該是令人惋惜痛心的遺憾！

在獨立人格這點上，她不如劉喜奎和袁雪芬。所以歷來微詞絡繹，台灣甚至有人公開譴責她是梨園罪人。但是以她的才藝，尤其是繼承余叔岩的真正衣缽，應該自有公論。晚年課帳收徒，對於余派藝術的傳播，未嘗不是一件幸事。我看過一些史料，從周恩來到章士釗，都曾勸她歸來。我想，倘若她真的渡海來歸，晚年的命運是否也如同馬連良相仿呢?!

所以，為人立傳，「知人論世」應該是一個最重要的準則。《孟子・萬章下》：「頌其詩，讀其書，不知其人，可乎？是以論其世也。」朱熹注《孟子》釋為：「論其世，論其當世行事之跡也。言既觀其言，則不可不知其為人之實，是以又考其行也。」對於孟小冬這位在中國戲劇史上堪與四大鬚生（馬連良、譚富英、楊寶森、奚嘯伯）相媲美的老生，藝術生涯不妨秉筆直書，但其兩次做妾的生活經歷又無法避諱。進而兩次做妾的痛史又直接影響了她的藝術生涯。所以許姬傳先生生前曾有文呼籲應該有一本更完備的孟氏傳記問世。

孟小冬非高官顯爵，可是不唯當事人避諱，他人也要避諱。梅蘭芳本人著述《舞台生活四十年》（包括《梅蘭芳文集》），隻字不提這段孽緣，似乎他與孟小冬的四年恩怨根本不曾發生過。梅先生的兒子梅紹武生前有數十萬言的《我的父親梅蘭芳》，當然更不便秉筆直書。他人所著和編撰的梅蘭芳傳記和年譜均付之闕如。我想，不是編著者不知道，那仍然是為名人諱的思維在作祟。近年來，始有學者如徐城北的《梅蘭芳百年祭》有所披露。

在舊時代，戲子屬下九流，連應試都不准許，是無社會地位可言的。莫說女伶，即使男伶也受盡侮辱。梅蘭芳本人在十幾歲時的痛史，是所有男伶基本要經歷過的，也是戲劇界盡人皆知的。但從來不見有人談及。作傳者，不必過高褒譽，但更不必隱去塵垢，這才是為名人作傳應有的準則。

對孟小冬的評價無論如何應該超越舊時代的文人和小報記者。否則，正如魯迅所不恥的：「文人搖筆則怵目驚心。」張大千先生堪稱大匠，在各個領域均有造詣。他贈孟小冬詩畫，款稱「大家」，這不是因為孟小冬亦擅書畫，也非孟小冬是女伶老生魁首，是尊重孟小冬。古時尊稱女子為「大家」（即「大姑」）。這裡張大千喻孟小冬得余叔岩嫡傳，比擬續寫《漢書》的班昭。

另外，有則掌故可資興味，亦不知伯翱兄傳記中談及否？已故的台灣海基會董事長辜振甫先生離開大陸五十三年後，於一九九八年返滬，在和平飯店演唱余派韻味的《洪羊洞》、《借東風》，始知他在一九四九年客港時專拜孟小冬為師，是少數弟之子一。辜振甫先生嘗謂：京劇使之人生充滿哲理。伯翱兄定會領悟，也相信伯翱兄能夠做到「知人論世」，這也是讀者的期待。況且，誠如馮其庸先生所說：孟小冬的一生「簡直可以說是半部民國京劇史」。對於京劇藝術的普及及研究，亦不無裨益。

伯翱囑為其傳記題詠，謅作俚句，以為結語：

未始明珠竟暗投，氍毹痛史已難收。
人間縱有多情筆，不斷春江入水流。

朱小平

二〇〇九年四月十三日雍和宮側

▲二〇〇七年五月十四日萬伯翱與杜月笙和孟小冬的女兒杜美霞在台北親切會面

▲二〇〇八年著名程派繼承人張火丁女士特邀萬伯翱為該團顧問

▲萬伯翱與當今戲劇名家李勝素在舞台上

▲二〇〇七年五月十七日萬伯翱向孟小冬陵墓敬獻鮮花深表哀思

◀二〇〇八年十月萬伯翱參加了中國戲曲文化大觀園奠基儀式後和中國戲劇家協會主席著名京劇藝術家尚小雲之子尚長榮談京劇藝術

▶萬伯翱與杜美霞母子台北合影留念

◀萬伯翱與京劇名家錢浩亮（右）在一起

▶萬伯翱與著名京劇表演藝術家
雲燕銘在一起

◀萬伯翱與著名京劇藝術家
李維康參觀龐中華硬筆書法展

▶萬伯翱臺北拜會國民黨名譽
主席吳伯雄

▲萬伯翱和梅蘭芳之女梅葆玥及老旦名角王樹芳在後台合影留念

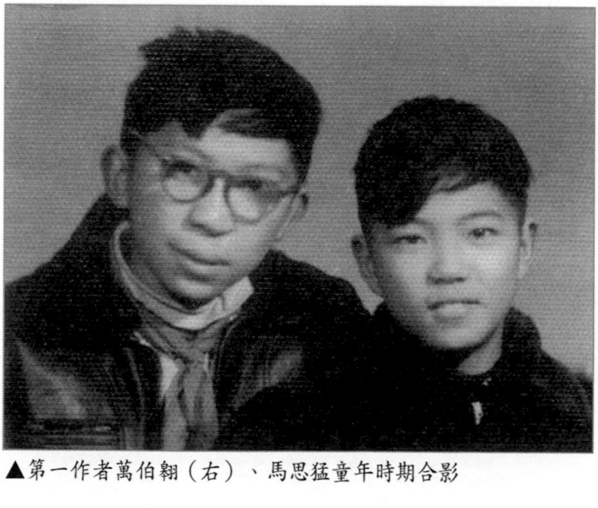

▲第一作者萬伯翱（右）、馬思猛童年時期合影

▲一九九三年梅葆玥（左二）、梅葆玖（中）姊弟首次來台與張學良先生（右二）和杜美霞女士（右一）合影

▲孟小冬女士國劇獎學金基金會頒獎典禮，董事長杜美霞女士與獲獎學生合影

SHOW藝術14 PH0062

孟小冬
——氍毹上的塵夢

作　　者 / 萬伯翱、馬思猛
主　　編 / 蔡登山
責任編輯 / 蔡曉雯
圖文排版 / 王思敏
封面設計 / 王嵩賀
策　　劃 / 財團法人孟小冬女士國劇獎學基金會

發 行 人 / 宋政坤
法律顧問 / 毛國樑　律師
出版發行 / 秀威資訊科技股份有限公司
114台北市內湖區瑞光路76巷65號1樓
電話：+886-2-2796-3638　傳真：+886-2-2796-1377
http://www.showwe.com.tw
劃撥帳號 / 19563868　戶名：秀威資訊科技股份有限公司
讀者服務信箱：service@showwe.com.tw
展售門市 / 國家書店（松江門市）
104台北市中山區松江路209號1樓
電話：+886-2-2518-0207　傳真：+886-2-2518-0778
網路訂購 / 秀威網路書店：http://www.bodbooks.com.tw
國家網路書店：http://www.govbooks.com.tw

2013年3月一版
定價：390元

國家圖書館出版品預行編目

孟小冬：氍毹上的塵夢 / 萬伯翱, 馬思猛著. -- 一版. --
臺北市：秀威資訊科技, 2013.03
面； 公分. --（美學藝術；PH0062）
ISBN 978-986-221-949-2（平裝）

1. 孟小冬 2. 京劇 3. 傳記

982.9 101006131

讀者回函卡

感謝您購買本書，為提升服務品質，請填妥以下資料，將讀者回函卡直接寄回或傳真本公司，收到您的寶貴意見後，我們會收藏記錄及檢討，謝謝！如您需要了解本公司最新出版書目、購書優惠或企劃活動，歡迎您上網查詢或下載相關資料：http:// www.showwe.com.tw

您購買的書名：________________________________

出生日期：________年________月________日

學歷：□高中（含）以下　□大專　□研究所（含）以上

職業：□製造業　□金融業　□資訊業　□軍警　□傳播業　□自由業

　　　□服務業　□公務員　□教職　□學生　□家管　□其它_____

購書地點：□網路書店　□實體書店　□書展　□郵購　□贈閱　□其他

您從何得知本書的消息？

□網路書店　□實體書店　□網路搜尋　□電子報　□書訊　□雜誌

□傳播媒體　□親友推薦　□網站推薦　□部落格　□其他__________

您對本書的評價：（請填代號　1.非常滿意　2.滿意　3.尚可　4.再改進）

封面設計____　版面編排____　內容____　文／譯筆____　價格____

讀完書後您覺得：

□很有收穫　□有收穫　□收穫不多　□沒收穫

對我們的建議：________________________________

____

____

____

請貼
郵票

11466
台北市內湖區瑞光路 76 巷 65 號 1 樓
秀威資訊科技股份有限公司 收
BOD 數位出版事業部

（請沿線對折寄回，謝謝！）

姓　　名：＿＿＿＿＿＿＿＿　年齡：＿＿＿＿　性別：□女　□男

郵遞區號：□□□□□

地　　址：＿＿＿＿＿＿＿＿＿＿＿＿＿＿＿＿

聯絡電話：(日)＿＿＿＿＿＿＿＿　(夜)＿＿＿＿＿＿＿＿

E-mail：＿＿＿＿＿＿＿＿＿＿＿＿＿＿＿＿